Captação de Recursos por *Startups*

Captação de Recursos por *Startups*

2023 · 2ª Edição
Atualizado com o Marco Legal Das Startups

Lucas Caminha
Gustavo Flausino Coelho

ALMEDINA

CAPTAÇÃO DE RECURSOS POR *STARTUPS*
ATUALIZADO COM O MARCO LEGAL DAS *STARTUPS*

AUTORES: Lucas Caminha e Gustavo Flausino Coelho

DIRETOR ALMEDINA BRASIL: Rodrigo Mentz
EDITORA JURÍDICA: Manuella Santos de Castro
EDITOR DE DESENVOLVIMENTO: Aurélio Cesar Nogueira
ASSISTENTES EDITORIAIS: Larissa Nogueira e Rafael Fulanetti
ESTAGIÁRIA DE PRODUÇÃO: Laura Roberti
DIAGRAMAÇÃO: Almedina
DESIGN DE CAPA: FBA
ISBN: 9786556277608
Janeiro, 2023

Dados Internacionais de Catalogação na Publicação (CIP)
(Câmara Brasileira do Livro, SP, Brasil)

Caminha, Lucas
Captação de recursos por startups : atualizado com o marco legal das startups / Lucas Caminha, Gustavo Flausino Coelho. -- 2. ed. -- São Paulo : Almedina, 2023.

Bibliografia.
ISBN 978-65-5627-760-8

1. Captação de recursos 2. Empreendedorismo 3. Inovação 4. Investimentos de capital 5. Políticas públicas (Direito) I. Coelho, Gustavo Flausino. II. Título.

22-136198 CDU-347.7

Índices para catálogo sistemático:

1. Startups : Captação de recursos : Direito comercial 347.7
Aline Graziele Benitez – Bibliotecária – CRB-1/3129

Este livro segue as regras do novo Acordo Ortográfico da Língua Portuguesa (1990).

EDITORA: Almedina Brasil
Rua José Maria Lisboa, 860, Conj. 131 e 132, Jardim Paulista | 01423-001 São Paulo | Brasil
www.almedina.com.br

À destruição criativa (e a quem a financia).

AGRADECIMENTOS

Definitivamente, minha vida de escritor não começou montando textos acadêmicos (com quatro anos, poderia ser difícil escrever com boas referências bibliográficas). Na verdade, desde que distingui vogal de consoante, me tornei *aficionado* por fantasia – por ler, assistir, jogar e escrever épicas aventuras e fantásticas narrativas que já desafiavam minha (ainda reduzida) compreensão.

Após vinte anos de educação criativa com J.R.R. Tolkien, Mario Puzo, George R. R. Martin, George Lucas e afins, eis que surgiu a inesperada transição de narrativas fantásticas para escrever "*narrativas*" acadêmicas – transição essa que (partindo para o que interessa: agradecimentos!) não teria sido possível sem o empurrão do meu orientador Gustavo Coelho, que me levou da graduação ao Mestrado em Empresa e Atividades Econômicas na UERJ.

Na largada, foi nítido que uma vida inteira como ávido consumidor de fantasia havia deixado sua marca no estilo da escrita acadêmica. Instigar o leitor parece ter mais importância do que a etiqueta acadêmica sugeriria. Flertar com os limites da formalidade é rotineiro. Acima de tudo, é constante o sentimento/responsabilidade de tentar mostrar para o mundo como uma obra jurídica/econômica pode ser – em si mesma – uma épica narrativa.

Dessa responsabilidade que emana a verdadeira função social do intelecto acadêmico – propagar conhecimento. Esse intelecto não é (apenas) um privilégio, mas sim um dever – "*and you use it for the good of mankind*". Sua personificação não está em explicar conceitos simples através de uma escrita complexa, mas sim o contrário – explicar conceitos complexos através de uma escrita compreensível e prazerosa. De uma narrativa(!).

Em suma, então, obrigado. Aos meus pais, por toda a base educacional e oportunidade literária necessária para chegar a esse intrigante posto de escritor. À Fernanda, amor da minha vida e coautora da minha história. Ao Gustavo Coelho, cuja orientação não só acadêmica, mas profissional e de vida foi/é fundamental. E, por fim, ao Banco BOCOM BBM (considerando especialmente Vitor e Elisa), que há muitos anos me permite atuar nesse apaixonante universo que é o sistema financeiro, estimulando a união entre bagagem profissional e bagagem acadêmica que está na alma da obra "*Captação de Recursos por Startups*".

Lucas Caminha (verão de 2020)

NOTA À 2ª EDIÇÃO

Com alegria, apresentamos às comunidades acadêmica e profissional a segunda edição da obra *Captação de Recursos por Startups.*

Após o lançamento da primeira edição em 2020, em meio às medidas restritivas decorrentes da pandemia, e do seu sucesso editorial, que resultou inclusive em sua transformação em *audiobook,* fomos estimulados pela editora Almedina e por diversos colegas, amigos e alunos a atualizar o livro com base *(i)* na vigência do Marco Legal das Startups (Lei Complementar nº 182/2021); *(ii)* nas alterações legislativas pontuais no Código Civil e na Lei das Sociedades por Ações; e *(iii)* nas mudanças normativas implementadas pela Comissão de Valores Mobiliários (CVM) durante os últimos dois anos.

Foi possível identificar um diálogo direto entre os pontos levantados no Capítulo 5 da primeira edição – intitulado *Lei Complementar nº 155/2016 – o investimento anjo é finalmente regulamentado (?)* – e a evolução normativa decorrente principalmente do Marco Legal das Startups. O atual cenário e os pontos controversos agora são endereçados na presente edição no Capítulo 5, que passou por reformulação substancial para refletir o novo quadro, evidente a partir do título, alterado para *Lei Complementar nº 155/2016 e Lei Complementar nº 182/2021 (Marco Legal das Startups).*

O livro mantém a estrutura adotada originalmente, com ampla consulta a fontes diversas. Em nova edição, os autores também completaram a missão de atualizar dados e adicionar pesquisas e publicações valiosas sobre captação de recursos por startups, Venture Capital e investimento anjo.

A pertinência do livro e de sua publicação em nova edição atualizada é evidente, frente ao crescimento da relevância das startups na economia pátria e mundial e às iniciativas legislativas recentes.

Como estudiosos e profissionais, temos o anseio de promover a reflexão sobre as fontes de captação de recursos por empresários e a estrutura de investimento em startups, dialogando com as práticas de mercado e as previsões legais e infralegais.

Desejamos que as bibliotecas das faculdades, escritórios e sociedades empresárias possam disponibilizar a obra para a consulta de diversos leitores que irão interagir com o mercado e ser afetados pelas operações societárias decorrentes de investimentos no Brasil.

Esperamos que o movimento de evolução normativa continue de forma similar à crescente relevância das startups na economia nacional, o que atestará a importância da presente obra e obrigará os autores a participar de diversos debates públicos e reservados e a elaborar nova edição quando pertinente.

Desejamos uma excelente leitura e agradecemos o retorno.

OS AUTORES (verão de 2022)

APRESENTAÇÃO

A tarefa de apresentar a presente obra – na qualidade de coautor – é realizada em meio ao amadurecimento de anos de pesquisa e à alegria de tangibilizar a produtiva parceria com o meu amigo Lucas Caminha.

A origem da presente obra me faz regressar há quase quatro anos, quando conheci um jovem engajado no setor bancário que buscava concluir o curso de Direito na prestigiada Faculdade Nacional de Direito. No rico período de docência como professor substituto de Direito Comercial – que representava o retorno à minha *alma mater* – tive a oportunidade de oferecer a matéria eletiva Direito Societário Aplicado no segundo semestre de 2016. O então graduando Lucas apresentou-se ao professor com sincero entusiasmo, indicando que faria a disciplina mesmo sem precisar dos créditos, pois maravilhava-se com a possibilidade de abordar temas avançados de direito empresarial durante a sua graduação.

O entusiasmo inicial de Lucas permaneceu durante o ano, quando apresentou seminário sobre aquisição de poder de controle em companhias com capital diluído e abordou discussões sobre *Law & Economics* em conversas extraclasse. Mas o seu encantamento era com o investimento anjo e a dinâmica de captação de recursos por empreendedores, especialmente em relação a negócios disruptivos.

Reservo este espaço precioso para contar a dinâmica inicial da relação dos coautores como gratidão ao período especial e homenagem à obra gerada. Da primeira versão apresentada em versão monográfica sob minha orientação, sob o belo título shakespeariano de *Unsung heroes: investimento anjo como fonte de captação de recursos para startups e incentivos ao empreendedorismo*, passando pelas pesquisas adicionais e recortes relacionados à dinâmica de captação de recursos por *startups*, o presente livro tornou-se uma obra singular, marinada em meio aos estudos no Programa de Pós-Graduação *stricto sensu* em Direito da UERJ nos últimos dois anos.

O reconhecimento de sua profundidade pelo Conselho Editorial da prestigiada Editora Almedina coroou a jornada da pesquisa até o momento. Espero que a obra possa humildemente auxiliar os leitores e contribuir para o acesso das bibliotecas nacionais, ciente da pertinência temática e do dinamismo das reflexões.

O livro *Captação de Recursos por Startups* inicia por desvelar a importância da inovação e as fontes clássicas de captação de recursos por sociedades empresárias. Após constatar a existência de uma lacuna estrutural para obtenção de investimento pelos empreendimentos, o leitor é conduzido ao universo do investimento anjo, com acesso à vasta literatura internacional sobre o assunto, e convidado à imersão na experiência brasileira.

Com sensibilidade, a obra endereça os aspectos jurídicos e financeiros do investimento anjo, reconhecendo o papel do direito empresarial em meio às decisões negociais e à estruturação adequada da captação a depender do negócio e da fase da *startup* destinatária dos recursos captados.

Por fim, a leitura despertará reflexões sobre a recente experiência brasileira no campo legislativo e os impactos na prática e estruturação das captações realizadas no Brasil, o que resultará na identificação de novas fronteiras para avanço das *startups.*

A presente obra destina-se à leitura ávida de todos os que buscam compreender a dinâmica da captação de recursos por *startups*, traçando paralelo riquíssimo entre o fenômeno econômico no mundo e no Brasil.

Espero que todos possam ser capturados pela obra, fruto de intensa pesquisa e genuíno interesse acadêmico e profissional, servindo de contribuição sensível para o crescimento do fluxo de investimento no Brasil e a melhor preparação dos empreendedores para as oportunidades presentes atualmente.

Rio de Janeiro, verão de 2020.
GUSTAVO FLAUSINO COELHO

SUMÁRIO

INTRODUÇÃO

Não, esse livro sobre *startups* não é tão velho a ponto de trazer aquela introdução padronizada sobre como o empreendedorismo está aumentando ao redor do mundo. Sabemos que não é necessário falar sobre como as inovações da Meta (Facebook), Uber, Amazon, Google, C6 Bank, iFood, Nubank e vários outros impactaram radicalmente o nosso estilo de vida, tanto no Brasil quanto no exterior. Até aí, o leitor interessado no tema já está a par.

Mas é sim necessário chover no molhado no seguinte sentido: eminentes autores da literatura econômica ensinam que a inovação – que nada mais é do que o produto do empreendedorismo – é um dos motores do desenvolvimento das nações, discurso esse que se confirma cada vez mais por pesquisas empíricas.

Em que pese essa atenção (ou glamourização) no empreendedorismo, ainda são tímidos o debate e a iniciativa parlamentar sobre incentivos à inovação e às *startups* nas audiências públicas do Congresso Nacional, com pouquíssimos projetos de lei relevantes sobre o tema. Uma das razões levantadas para esse atraso é a existência de poucos estudos acadêmicos a respeito, principalmente com *viés jurídico e econômico.*

Nosso livro não pretende exaurir os pontos que poderiam fundamentar tais debates e iniciativas parlamentares. Espera-se apenas que a presente análise de diversas pesquisas e avaliações do Brasil e do exterior (todas bem listadas para o leitor que quiser se aprofundar na temática) seja suficiente para dar o pontapé inicial em discussões sobre o tema – um pequeno impulso ao estímulo público que beneficiaria a sociedade brasileira como um todo.

Para esse fim, será percorrida uma extensa trajetória que parte da própria razão de ser do empreendedorismo.

O Capítulo 1 começa falando sobre o objetivo de desenvolvimento nacional que deve ser perseguido pelo Estado, descrito na Constituição Federal de 1988. Como ela não estabeleceu trajetórias pragmáticas para seu cumprimento, o ideal de Joseph Schumpeter será adotado como um paradigma: o desenvolvimento econômico de uma nação pode ser atingido quando o seu mercado é estimulado a inovar.

No Capítulo 2, explicamos as quatro etapas cronológicas da vida de uma *startup* – compreensão essa necessária para entender as fontes de captação de recursos que estão disponíveis para o empreendedor no caso a caso. Começamos com as opções de financiamento disponíveis a qualquer empresa: capital próprio e de *family, friends and fools*, crédito bancário e mercado de capitais.

Ainda no Capítulo 2, estando entendidas essas fontes de recursos mais básicas, passamos a abordar as fontes que existem especificamente no microssistema das *startups*: incubadoras (que mais funciona como um fio condutor aos que financiam de fato), aceleradoras, *Equity Crowdfunding*, Fundos *Venture Capital* e Fundos *Corporate Venture*. A partir de uma abordagem analítica/empírica, analisa-se os aspectos históricos e jurídicos de cada uma das fontes levantadas.

No Capítulo 3, finalmente, estudaremos um dos agentes mais importantes para o empreendedorismo – o *investidor anjo*, que aplica seu próprio capital e sua *expertise* profissional/acadêmica em *startups* promissoras, oferecendo mentoria e *networking*. Nesse momento, avaliamos a natureza dos anjos em viés conceitual e econômico, definindo seus principais perfis e práticas de mercado. No fim, apresentamos um estudo comparado das políticas públicas que influenciaram positivamente o investimento anjo das nações que as implementaram, especialmente Estados Unidos, Europa, Ásia e Israel. Os estudos e pesquisas podem embasar políticas públicas que fomentem o empreendedorismo brasileiro, norteando o objetivo constitucional do desenvolvimento nacional.

No Capítulo 4, em uma abordagem mais pragmática, serão destacados os aspectos jurídicos e financeiros das operações de investimento anjo. Percorreremos, em ordem, cada etapa do processo, desde os instrumentos preferidos do mercado (em principal, o mútuo conversível) até acordos de confidencialidade, *due diligence*, cláusulas relevantes, efetivação do investimento, monitoramento do dia a dia da *startup* e desinvestimento.

O derradeiro Capítulo 5 focará na Lei Complementar nº 155, que finalmente tipificou o investimento anjo no Brasil em 2016. Nessa seção, serão endereçados os usos e costumes dos anjos no mercado brasileiro anterior à lei, as principais preocupações acerca do regime jurídico que ela criou, pontos relevantes e possíveis consequências. Por fim, tentamos responder a pergunta que o mercado de anjos faz desde 2016 – vale mesmo a pena aderir ao regime específico (não obrigatório) de contrato anjo da Lei Complementar nº 155? Caso não valha a pena, não deveríamos tentar adaptá-la à realidade? Será esse livro um subsídio adequado para a possível reforma?

CAPÍTULO 1
OBJETIVO DE DESENVOLVIMENTO NACIONAL DA CONSTITUIÇÃO FEDERAL DE 1988 – A INOVAÇÃO É O CAMINHO?

Desde 1988, o desenvolvimento nacional consta expressamente como um dos objetivos fundamentais da República Federativa do Brasil. O inciso II do art. 3º da Constituição Federal[1] estabelece que é dever do Estado garantir o caminho para o crescimento da economia, medindo sua intervenção a partir da livre iniciativa, livre concorrência e valorização do trabalho humano.

Dentro do contexto constitucional, não se trata apenas de um crescimento econômico em números, mas de efetiva melhora nas condições de vida da sociedade. Esses conceitos, de acordo com Eros Grau, são divididos em **(i)** *desenvolvimento quantitativo* (crescimento econômico em sentido estrito, medido por critérios objetivos como PIB, número de atividades econômicas, arrecadação estatal, criação de empregos etc.); e **(ii)** *desenvolvimento qualitativo* (elevação do nível cultural/intelectual da sociedade, redução das diferenças socioeconômicas e maior atendimento às demandas sociais mais básicas)[2]. Ambos os conceitos, unificados, materializam o objetivo do desenvolvimento nacional.

Esse objetivo, segundo o Ministro Luís Roberto Barroso[3], se encaixa no ordenamento como um princípio, e não como uma regra (ambas

[1] "Art. 3º Constituem objetivos fundamentais da República Federativa do Brasil: (...) II – garantir o desenvolvimento nacional".

[2] Grau, Eros Roberto. *A Ordem Econômica na Constituição de 1988.* 17ª ed. São Paulo: Malheiros, 2015.

[3] Barroso, Luís Roberto. *Curso de Direito Constitucional Contemporâneo:* os conceitos fundamentais e a construção do novo modelo. 5ª ed. São Paulo: Saraiva, 2015.

espécies do gênero "*normas jurídicas*")[4]. Traçando uma subdivisão, José Gomes Canotilho[5] ensina que o objetivo de desenvolvimento nacional deve ser chamado de *princípio impositivo*[6], uma vez que impõe ao Poder Legislativo e à Administração Pública o dever de elaborar fins e tarefas necessários para atingi-lo em nome do povo.

As perguntas que surgem são: como traduzir a teoria para a prática? Como cumprir esse objetivo?

[4] Além dos princípios, existem também as normas. Diferenciando esses dois conceitos – na definição de Robert Alexy, as regras são normas que podem ser cumpridas de forma clara, sendo verdadeiras determinações jurídicas contra o mundo dos fatos (*in* ALEXY, Robert. *Teoria dos Direitos Fundamentais.* 5ª ed. alemã, traduzida por Virgílio Afonso da Silva. São Paulo: Malheiros Editora, 2008). Na Constituição Federal, temos como exemplos de regras constitucionais positivas a obrigatoriedade de a Administração Pública contratar com particulares mediante licitação pública (art. 37, XXI) e os pré-requisitos processuais para conhecimento de recurso especial e extraordinário pelos Tribunais Superiores (arts. 102, III e art. 150, IIIPor outro lado, são regras constitucionais negativas as imunidades tributárias (art. 150, VI) e a vedação a instituir benefício da seguridade social sem uma correspondente fonte de custeio (art. 195). Percebemos intuitivamente que regras são desenhadas de forma clara, sendo hipóteses de aplicação "*tudo ou nada*" (nos dizeres de Luís Roberto Barroso), e, na maioria das vezes, a escolha de implementá-las no caso concreto não apresentará grandes dificuldades para o operador do Direito. Usamos esse mesmo raciocínio para ver que a busca pelo desenvolvimento nacional (ideal altamente abstrato) não se encaixa no conceito de regra. Pelo contrário: filósofos e economistas sempre divergiram tentando responder a pergunta sobre qual seria o caminho correto para alcançar a prosperidade. Então, esse objetivo jamais poderia ser aplicado pragmaticamente como regra constitucional. Por outro lado, em contraponto às regras, que são de conduta, nós temos os princípios, que são valorativos e finalísticos. Barroso ensina que princípios constitucionais são a porta pela qual os valores passam do plano ético para o mundo jurídico, irradiando para além da Carta Magna e refletindo em todo o ordenamento (efeito de contaminação). Princípios constitucionais apontam ideais a serem atingidos, sem método de aplicação pré-definido sobre como alcançá-los. Temos princípios que são valores a serem buscados (em razão da importância ética) e princípios que são fins públicos a serem perseguidos pelo Estado.

[5] CANOTILHO, José Joaquim Gomes. *Constituição Dirigente e Vinculação do Legislador.* 2ª ed. Coimbra: Coimbra Editora, 2001.

[6] Por outro lado, podemos propor classificações internas entre as normas que não se enquadram na aplicação "tudo ou nada" das regras: normas que buscam aplicar algum imperativo de justiça, honestidade ou qualquer direção moral são chamadas de princípios, mas normas que definem objetivos econômicos, políticos e sociais devem ser consideradas diretrizes.

A Constituição Federal admite que ele seja alcançado da maneira que parecer mais oportuna e conveniente ao Estado, pois, como qualquer outro princípio, não há um direcionamento objetivo para implementá-lo. Logo, na busca do caminho ideal para alcançarmos a prosperidade, retornamos ao marco teórico desse trabalho e ao seu ideal: inovação. De acordo com Joseph Schumpeter, o desenvolvimento econômico de uma nação vem quando seu mercado produz inovações de forma constante[7].

Quando pensamos em inovar[8], muitos já pensam na figura do empreendedor, e Schumpeter não é diferente. O autor define o empreendedor como um agente que destrói a ordem econômica existente com a criação de novos bens e serviços, construídos a partir do uso de novos recursos ou novas formas de organização. Alguém que combina os meios de produção já existentes (materiais e humanos) de forma diferente da que é implementada pelo seu mercado, desenvolvendo assim um novo produto.

Assim como o empreendedor é figura famosa (especialmente para quem estiver lendo esse livro), também é famoso o veículo que ele usa para materializar sua atividade inovadora – a *startup*, uma instituição humana estruturada para criar bens e serviços sob condições de extrema

[7] SCHUMPETER, Joseph. *Teoria do desenvolvimento econômico:* uma investigação sobre lucros, capital, crédito, juro e ciclo econômico (série "Os Economistas") São Paulo: Abril Cultural, 1982.

[8] Na Lei 10.973, chamada também de Lei da Inovação, o art. 2º, IV define inovação como a introdução de novidade ou aperfeiçoamento no ambiente produtivo e social que resulte em novos produtos, serviços ou processos ou que compreenda a agregação de novas funcionalidades ou características a produto, serviço ou processo já existente que possa resultar em melhorias e em efetivo ganho de qualidade ou desempenho.

incerteza[9-10]. Ela se difere de uma pequena empresa[11] porque oferece (seja no seu produto ou na sua organização empresarial)[12] certa espécie de inovação que se transforma em vantagem competitiva no seu mercado[13].

Já temos mapeados os conceitos de empreendedor e *startup*. Mas e o conceito de inovação, em torno do qual eles orbitam? Schumpeter nos reponde, mas antes, um ensinamento preliminar: o de que a economia

[9] RIES, Eric. *The Lean Start up*: how today's entrepreneurs use continuous innovation to create radically successful businesses. Nova York: Crown Publishing Group, 2011.

[10] Em 25 de abril de 2019, a Lei Complementar nº 123/2006 passou a vigorar com a redação alterada pela Lei Complementar nº 167/2019. Com a nova redação, passou a existir uma definição legal de *startup*. Segundo os §§ 1º e 2º do art. 65-A da Lei Complementar nº 123/2006, "considera-se startup a empresa de caráter inovador que visa a aperfeiçoar sistemas, métodos ou modelos de negócio, de produção, de serviços ou de produtos, os quais, quando já existentes, caracterizam startups de natureza incremental, ou, quando relacionados à criação de algo totalmente novo, caracterizam startups de natureza disruptiva", caracterizando-se "por desenvolver suas inovações em condições de incerteza que requerem experimentos e validações constantes, inclusive mediante comercialização experimental provisória, antes de procederem à comercialização plena e à obtenção de receita". Em setembro de 2021, passou a vigor também a Lei Complementar nº 182/2021, que estabeleceu o enquadramento jurídico de empresas startups, definindo-as – no art. 4º – como "as organizações empresariais ou societárias, nascentes ou em operação recente, cuja atuação caracteriza-se pela inovação aplicada a modelo de negócios ou a produtos ou serviços ofertados". Nos dois parágrafos do mesmo artigo foram estabelecidos critérios objetivos (tetos de faturamento e tempo de vida e autodeclaração) para o referido enquadramento.

[11] Para facilitar a o acesso a esse estudo por todos os interessados além de acadêmicos do Direito (i.e., acadêmicos de outras áreas, agentes públicos ou agentes do mercado), chamaremos a sociedade empresária de "empresa" em seu conceito vulgar, não devendo esse termo ser interpretado como o conceito de atividade econômica organizada do art. 966 do Código Civil.

[12] Sobre a estrutura de desenvolvimento das *startups*, Ries diz que elas "*possuem um norte verdadeiro, um destino em mente: criar um negócio próspero e capaz de mudar o mundo. Chamo isso de visão de uma startup. Para alcançar essa visão, as startups empregam uma estratégia, que inclui um modelo de negócios, um plano de produto, um ponto de vista acerca dos parceiros e dos concorrentes, e as ideias a respeito de quem serão os clientes. O produto é o resultado final dessa estratégia*", *in* RIES, Eric. *The Lean Start up*: how today's entrepreneurs use continuous innovation to create radically successful businesses. Nova York: Crown Publishing Group, 2011, p. 22.

[13] De acordo com o Ministério da Ciência, Tecnologia, Inovações e Comunicações, a *startup* é empresa recém-estabelecida, na qual se desenvolvem produtos, processos ou serviços com características inovadoras, garantidas por atividades de pesquisa e desenvolvimento, com o objetivo de inserção no mercado (art. 3º, I da Portaria nº 721, de 2012).

em sociedade é composta por "fluxos circulares" de negócios. Por exemplo: um produtor rural colhe a sua safra de grãos, uma indústria compra essa safra e a processa em bem de consumo, um distribuidor compra esse bem em larga escala e revende para varejistas, e, finalmente, o consumidor final compra o produto para si e sua família. Essa cadeia é uma série de fluxos que se repete sequencialmente na vida em coletividade e serve para satisfazer as demandas econômico-sociais do mercado.

Metaforicamente, a união desses fluxos é *uma sinfonia tocada indefinidamente através do tempo*, como uma grande orquestra em que cada agente do mercado é um músico. Mas essa melodia se renova. Ao invés de continuar a mesma, ela é influenciada por perturbações de ritmo que que Schumpeter chama de espontâneos e descontínuos, alterando a sinfonia produzida pelos fluxos passados.

Essas perturbações no ritmo do mercado são exatamente as inovações: ideias nascidas em agentes econômicos que são colocadas em prática e marcam a criação de novos produtos para o mercado. Essa criação perturba a melodia do mercado e lhe agrega um novo som, o empreendedor responsável pela inovação se torna mais um músico, e a sinfonia orquestral continua, sempre se renovando, uma verdadeira cacofonia. É aqui que está o gancho de Schumpeter: quanto maior for o número de perturbações ao ritmo sinfônico, maior será o grau de desenvolvimento econômico[14].

Schumpeter aborda cinco diferentes formas de inovação do mercado[15]:

(i) introdução de um *novo bem ou serviço* até então desconhecido para o mercado (i.e., computador pessoal da Microsoft e Apple, redes sociais, *smartphone*, *apps*);

[14] Via de regra, as inovações mais significativas não começam na esfera de necessidades dos consumidores finais, mas na própria cadeia produtiva e industrial. Será o novo produtor que trará a mudança econômica oferecendo algo que se destaca de tudo que o consumidor já viu até então, exatamente porque almeja uma posição de destaque em relação aos seus concorrentes. Não existe, então, uma demanda pré-existente, mas uma expectativa de demanda que será ou não materializada (determinando o sucesso ou fracasso do empreendimento).

[15] SCHUMPETER, Joseph. *Teoria do desenvolvimento econômico:* uma investigação sobre lucros, capital, crédito, juro e ciclo econômico (série "Os Economistas"). São Paulo: Abril Cultural, 1982.

(ii) criação de um *novo método de produção* ou forma de manejar comercialmente uma mercadoria (i.e., fordismo, toyotismo, método da *startup* enxuta, uso de plantas estrangeiras para reduzir custos de produção);
(iii) criação ou descoberta de um *novo mercado-alvo* para exploração (i.e., *fintechs*, que ofertam produtos financeiros com facilidades tecnológicas e preços acessíveis, e Uber, cujos preços expandiram os serviços de transporte particular);
(iv) criação ou descoberta de uma *nova fonte de matérias-primas ou de bens semimanufaturados* (i.e., tecnologia que permite a extração de certo princípio ativo de uma planta para fins farmacêuticos); e
(v) estabelecimento de um *novo arranjo de indústrias* (p. ex.: criação ou fragmentação de um monopólio, como telefonia e exploração de petróleo).

Por mais relevantes que sejam a inovação, o empreendedor e sua *startup*, muitas vezes eles precisam de financiamento externo para se sustentarem. Nas palavras de Delfim Netto, *desenvolvimento é pouco mais do que inovação e crédito*[16]. E isso quer dizer que *startups* precisam de capital para crescer, especialmente se o empreendedor não tem. Schumpeter concorda à sua maneira – diz que a *startup* raramente será financiada apenas pelo próprio empreendedor, sendo necessário algum tipo de financiamento externo.

Essa dependência de ajuda externa pelo empreendedor ganha um aspecto institucional, já que a inovação precisará não só de investidores, mas também do Estado, que deverá elaborar leis que tornam acessíveis a educação pró-empreendedorismo, as taxas de juros, o acesso a capital, os incentivos tributários para *startups* e seus investidores, entre outras políticas públicas (começamos a enxergar diretrizes práticas para cumprimento do objetivo constitucional de desenvolvimento nacional!).

A capacidade do empreendedor de, a um só tempo, se beneficiar das instituições existentes para nutrir sua atividade e desafiá-las trazendo desequilíbrio ao mercado[17], é vista por Schumpeter como uma grande

[16] Entrevista de Antônio Delfim Netto. *Época Negócios* (14.05.2012). Disponível em: <http://epocanegocios.globo.com/Informacao/Visao/noticia/2012/12/delfim-netto.html>. Acesso em 18.06.2017.

[17] É interessante notar que, ao mesmo tempo em que as instituições serão o maior apoio do empreendedor, também representarão a sua maior oposição. A destruição criativa trazida

soft skill, sendo capaz de atrair colaboradores que acreditam no empreendimento[18] (e que querem *stock options*).

O foco do presente estudo não é o empreendedor em si, mas a *startup* que o leva à inovação e os frutos colhidos pela sociedade com a perturbação da sinfonia mercantil.

1.1. Frutos da cacofonia – como as *startups* melhoram o mundo em volta

Líderes de diversos países vanguardistas no mundo de *startups* entendem que *startups* são um dos motores de sucesso mais importantes da economia moderna[19]. Essa visão é reforçada pelo fato de o empreendedorismo ter sido uma das principais forças nas economias dos Estados Unidos, Europa,

pelo inovador atacará exatamente o *establishment*: tanto as instituições (regras e convenções) de cultura, hábito, tradição e desejo humano por estabilidade, quanto as organizações econômicas (sociedades empresárias) que comandam as combinações atuais dos meios de produção, colhendo os lucros em posição privilegiada.

[18] Podemos dizer que o empreendedor vê seus obstáculos de forma secundária por estar tão "fanatizado" pela ideia de crescimento (Mintzberg, Henry. *Strategy-Making in Three Modes*. California Management Review, vol. 16, nº 2. Thousand Oaks: SAGE Journals, 1973, p. 44-53. Disponível em: <http://journals.sagepub.com/doi/pdf/10.2307/41164491>. Acesso em 12.05.2017). É uma liderança executiva que permite a criação de uma organização adaptativa para eventuais contratempos. Nessa liderança, que envolve centralizar para si o poder de controle da organização empreendedora (seja por decreto ou por carisma) ele incorpora a crença de que é capaz de conduzi-la de forma ousada contra a incerteza, e essa liderança encorajaria todos os demais com uma visão simples, desejável e energizante (Bennis, Warren; Namus, Burt. *Leaders:* the strategies of taking charge (2007). 2ª ed. Nova York: Harper Business, 1997). Curiosamente, essa visão romantizada do empreendedor tem fundamento tão intenso que atraiu a atenção até de profissionais da saúde. Um estudo da faculdade de medicina da John Hopkins University observou que um grande número de empreendedores possui traços fortes de hipomania: um estado psicológico caracterizado por energia, otimismo e autoconfiança, mas também por ansiedade e pouca aversão ao risco, *in* Gartner. John D. *The hypomanic edge:* the link between (a little) craziness and (a lot of) success in America. Nova York: Simon & Schuster, 2005. Diversos estudos também confirmam que o médio empreendedor tem, no mínimo, uma tendência ao otimismo exagerado, *in* Entrepreneurs anonymous. *The Economist* (2014). Disponível em: <http://www.economist.com/news/business/21618816-instead-romanticising-entrepreneurs-people-should-understand-how-hard-their-lives-can>. Acesso em 29.05.2017.

[19] Le Merle, Matthew; Le Merle; Louis. *Capturing the Expected Angel Returns of Angel Investors in Groups:* less in more – diversify (2015). Disponível em: <http://www.fifthera.com/s/2016-Fifth-Era-Less-in-more-Diversify.pdf>. Acesso em 02.04.2017.

China e outros países desde a década de 80, principalmente quando falamos de tecnologia[20].

Já para os países que não são considerados vanguardistas na era da inovação (como o Brasil, cuja produção de média-alta tecnologia é considerada inferior seguindo os critérios da OCDE)[21], o incentivo a novas *startups* é um requisito primário para que sentem à mesa de um novo tipo de rodada internacional de divisões industriais – uma condição essencial para o desenvolvimento econômico[22]. Um exemplo prático é o Vale do Silício, na Califórnia. As *startups* de lá ficaram marcadas por desenvolvimento tecnológico, geração de empregos e movimentação de renda.

Não foi acaso. A formação do Vale do Silício foi possibilitada por diversos aspectos econômicos e institucionais dos Estados Unidos (relativamente ausentes no Brasil): **(i)** transformações no mercado de trabalho que impulsionaram uma alta mobilidade (e empreendedorismo); **(ii)** ampla oferta de recursos para empresas no mercado de capitais que possibilitava o financiamento de empreendimentos mais arriscados (como *startups*); e **(iii)** um mercado de ações com alta liquidez[23].

Mas, tanto nos Estados Unidos quanto em outros países, é nítido que *startups* vêm criando um impacto sem igual. O relatório *Game Changing Startups 2022*, da plataforma de inteligência empresarial CBInsights[24], enumerou as nove áreas em que *startups* estão conseguindo fantásticos avanços:

[20] JENG, Leslie; WELLS, Philippe. *The determinants of venture capital funding:* evidence across countries. Journal of Corporate Finance, v.6. Amsterdã: Elsevier, 2000, p. 241-289.

[21] MORCEIRO, Paulo César. *Nova Classificação de Intensidade Tecnológica da OCDE e a Posição do Brasil.* Informações FIPE: Temas de Economia Aplicada, v. 461. São Paulo: FIPE, p. 8-13, 2019.

[22] YE, Huojie; ZHONG, Shuhua. *Business Accelerator Network*: a powerful generator of strategic emerging industries. Ontario: Ontario International Development Agency, 2009. Disponível em: <http://www.oidaijsd.com/Files/4-6-1.pdf>. Acesso em 31.05.2017.

[23] CHESNAIS, François; SAUVIAT, Catherine. *O financiamento da inovação no regime global de acumulação adotado pelo capital financeiro. In* LASTRES, H.; CASSIOLATO, J.; ARROIO; A., (coord.). Conhecimento, Sistemas de Inovação e Desenvolvimento. Rio de Janeiro: Editora UFRJ/Contraponto, 2005.

[24] Game Changing Startups 2022. *CBInsights* (31.08.2022). Disponível em: <https://www.cbinsights.com/research/report/game-changing-startups-2022/>. Acesso em 23.09.2022.

ÁREA	DISRUPÇÃO TRAZIDA PELAS *STARTUPS*
Sensores quânticos comerciais	Sistemas hipersensíveis que podem detectar a mais leve mudança em um ambiente;
Inteligência artificial aplicada à auditoria	Plataformas que controlam modelos de IA para proteger contra riscos como ciberataques e vieses ocultos;
Interface cérebro-computador	Uma abordagem mais segura e escalável para a tecnologia bastante badalada para controlar dispositivos usando a mente;
Diamantes cultivados em laboratório	Uma poderosa alternativa a materiais como silício, nitreto de gálio e sílica fundida, para uso em semicondutores, dispositivos médicos e outros;
Propriedade de dados pessoais	Utilizar a tecnologia de *blockchain* para permitir que os consumidores detenham, protejam e monetizem seus dados;
Codificação de células	Uma abordagem baseada em software para a biologia que reprograma as células para tratar doenças;
Computação neuromórfica	Usando sistemas de computador projetados como o cérebro humano para alimentar sistemas computacionais complexos;
Comércio descentralizado	Eliminar os intermediários de comércio eletrônico para reduzir os custos de transação e capacitar os vendedores;
Autenticação sem senhas	*Log-ins* "sem fricção" que reduzem o risco de *phishing* e quebra de dados em escala.

Naturalmente, essa lista é apenas exemplificativa e não exaure o mundo das *startups* e as inovações que empreendedores trazem para a mesa. Não só a sociedade se beneficia dessas perturbações nos fluxos circulares de forma direta (viés socioeconômico), mas também indiretamente (viés ambiental de algumas iniciativas).

Ainda na linha dos benefícios trazidos pelos pequenos negócios (*startups* ou não), é fato pouco controvertido que elas são grande parte da espinha dorsal da economia. Avaliando a economia dos Estados Unidos: **(i)** em 2004, 75% do total de empregos vieram de pequenas empresas e 95% da riqueza do país foi gerada por empresas apenas fundadas após

1980[25]; **(ii)** em 2014, 24% dos empreendedores ativos esperavam criar 20 ou mais empregos nos próximos 5 anos (percentual quase igual ao período anterior à crise de 2008, que era 26%)[26]; **(iii)** em 2016, *startups* que receberam capital de investidores institucionais mantinham por volta de 370 mil empregos[27]; e **(iv)** em 2021, startups que receberam capital de investidores institucionais (*Venture Capital*) mantinham aproximadamente 2.425.979 empregos[28].

Avaliando agora a economia brasileira, estudos do Sebrae apontaram em 2014 que as nossas micro e pequenas empresas **(i)** geravam 27% do PIB, havendo um salto de R$ 144 bilhões para R$ 599 bilhões em 10 anos; **(ii)** possuíam a média de 52% do total de empregos com carteira assinada; e **(iii)** respondiam por cerca de 40% dos salários pagos[29]. Em 2016, o Sebrae também indicou que 99,8% dos negócios brasileiros são micro e pequenas empresas. Em 2022, o Sebrae lançou um estudo denominado "Atlas dos Pequenos Negócios", indicando que a atividade dos Microempreendedores Individuais (MEI), em conjunto com as Microempresas (ME) e Empresas de Pequeno Porte (EPP), geraram uma renda anual de aproximadamente R$ 420 bilhões[30].

Temos diversos exemplos concretos de grandes *startups* brasileiras contribuindo para atender às demandas sociais do País. O Nubank é um banco digital que já conseguiu o *status* de unicórnio (superou US$1

[25] TIMMONS, Jeffry., SPINELLI, Stephen. *New Venture Creation*: entrepreneurship for the 21st century. 6ª ed. Nova York: Irwin McGraw-Hill, 2004.

[26] 2014 United States Report. *Global Entrepreneurship Report (GEM)*. Londres: 2015. Disponível em <https://fusionmx.babson.edu/__SP_T4/GEM%20USA%202014.pdf>. Acesso em 03.05.2019.

[27] NVCA 2017 Yearbook: the go-to resource on the venture ecosystem. *National Venture Capital Association* (2017). Disponível em: <http://nvca.org/blog/nvca-2017-yearbook-go--resource-venture-ecosystem/>. Acesso em 15.05.2019.

[28] NVCA 2022 Yearbook. *National Venture Capital Association* (2022). Disponível em: <http://nvca.org/wp-content/uploads/2022/03/NVCA-2022-Yearbook-Final.pdf>. Acesso em 23.09.2022.

[29] Micro e pequenas empresas geram 27% do PIB do Brasil. *Sebrae* (24.07.2014). Disponível em: <https://www.sebrae.com.br>. Acesso em 09.06.2017.

[30] Atlas dos pequenos negócios é lançado nos 50 anos do Sebrae. *Sebrae* (05.07.2022). Disponível em: <https://www.sebrae.com.br/sites/PortalSebrae/sebrae50mais50/noticias/atlas-dos pequenos-negocios-e-lançado-nos-50-anos-do-sebrae>. Acesso em 09.06.2017.

bilhão em *valuation*)[31] e já figurou desde aquela época no relatório "*2018 Fintech100 – Leading Global Fintech Innovators*" como uma das cem *fintechs* mais relevantes do mundo[32], com a posterior abertura de capital em dezembro de 2021. A PagSeguro, *fintech* especializada em meio de pagamento e carteira digital, abriu seu capital nos Estados Unidos e já mantinha direta e indiretamente mais de mil empregos[33]. Ainda no setor das fintechs, o C6 Bank é outro exemplo de um banco digital que atingiu o status de unicórnio, com um *valuation* de US$ 5 bilhões[34]. Já a 99, de transporte particular (*ride-hailing*), empregava diretamente mais de quinhentos funcionários no início de 2019[35]. Por fim, o iFood – clássico mercado de dois lados – é um marco de *startup* de *delivery* de refeições na América Latina que já atingiu um *valuation* de aproximadamente US$ 5 bilhões[36].

Essas são somente quatro entre milhares de *startups* brasileiras, cada uma fomentando de alguma forma o setor de mercado em que tumultuam as respectivas sinfonias.

1.2. O estado brasileiro na corrida da inovação

Já sabemos que o empreendedor precisa de apoio institucional – tanto de financiadores externos quanto do poder público – para conseguir implementar sua inovação. E nós também já estabelecemos que:

[31] Nubank is now worth $4 billion after Tencent's $180 million investment. *Crunchbase* (17.10.2018). Disponível em: <https://techcrunch.com/2018/10/08/tencent-cash-values-nubank-at-4-billion/. Acesso em 17.06.2019.

[32] 2017 Fintech100: Leading Global Fintech Innovators. *KPMG & H2 Ventures*. Disponível em: <https://s3-ap-southeast-2.amazonaws.com/h2vc/static/reports/innovators/2017/H2-Fintech-Innovators-2017.pdf>. Acesso em 20.03.2018.

[33] Conforme documento público submetido pela PagSeguro Digital Ltd. à agência reguladora do mercado de capitais dos Estados Unidos para realização de oferta pública de ações na bolsa americana. *In* Form F-1 Registration Statement Under the Securities Act of 1933. *PagSeguro Digital Limited* (2017). Disponível em: <https://www.sec.gov/Archives/edgar/data/1712807/000119312517378788/d417437df1.htm. Acesso em 17.06.2019.

[34] Cf. *Crunchbase*, disponível em: <https://news.crunchbase.com/unicorn-company-list/>. Acesso em: 23.09.2022.

[35] Conforme Crunchbase, disponível em: <https://www.crunchbase.com/organization/99taxis>. Acesso em 15.06.2019.

[36] Cf. *Crunchbase*, disponível em: <https://news.crunchbase.com/unicorn-company-list/>. Acesso em: 23.09.2022.

(i) a destruição criativa gerada por inovações é um caminho para o desenvolvimento econômico de uma nação;

(ii) o empreendedor pode não conseguir se sustentar sem ajuda externa, tornando muitas vezes necessário apoio público e privado para a geração de produtos inovadores; e

(iii) a Constituição Federal indica o desenvolvimento econômico nacional como um objetivo da República e princípio a ser observado pela ordem econômica, ainda que não aponte um caminho específico a ser trilhado para alcançá-lo.

Logo, a única consequência lógica é concluirmos que o Estado possui uma obrigação constitucional de ajudar a criar um ecossistema pró-empreendedorismo para que mais *startups* de sucesso sejam fundadas, e que cada vez mais elas levem a sociedade por arrastamento à prosperidade. Essa é uma missão do Estado.

Com tudo isso em vista, o que pensar então quando descobrimos que, em *ranking* de 190 países do Banco Mundial[37], o Brasil figura em 116º lugar no quesito "*facilidade de fazer negócio*" e em 124º lugar no quesito "*facilidade para abrir um negócio*"? Qual a única conclusão possível ao nos depararmos, no mesmo estudo, com custo médio de 17 dias e 11 processos administrativos para abrir uma empresa? Ou, ainda, quando descobrimos que, em ranking de 125 países da Universidade de Navarra[38], o Brasil ocupa o 124º lugar no quesito "*incentivos fiscais e carga administrativa*"?

Evidente que o Estado deve aprimorar a alocação de recursos/esforços para ofertar condições favoráveis ao decolar do empreendedor e da inovação, considerando não só o objetivo de desenvolvimento econômico nacional da República, mas também o dever de tratamento favorecido às pequenas empresas brasileiras (art. 170, IX da Constituição Federal).

A pretensão do estudo que se tornou esse livro foi dar o pontapé inicial em conversas sobre como podemos aliviar esse quadro para o empreendedorismo.

[37] Doing Business 2020: measuring regulatory quality and efficiency. *World Bank*. Washington: 2020. Disponível em: < https://archive.doingbusiness.org/content/dam/doingBusiness/country/b/brazil/BRA.pdf>. Acesso em 23.09.2022.

[38] The Global Venture Capital and Private Equity Country Attractiveness Index. *IESE Business School* (Instituto de Estudos Superiores da Empresa). Navarra: University of Navarra, 2021. Disponível em: <https://blog.iese.edu/vcpeindex/brazil/>. Acesso em 23.09.2022.

Essas conversas passam por pressionar o poder público a trabalhar em seu próprio favor, oferecendo condições para que o desejo de constituir e de investir em *startups* seja tão forte no Brasil quanto é nos Estados Unidos, Europa, China, Israel e em todos os polos que hoje em dia estão em verdadeiro desenvolvimento disruptivo – em plena cacofonia.

E o que isso quer dizer na prática?

Há inúmeras ferramentas à disposição do Estado para estimular o ecossistema de inovação – política educacional para ensino de empreendedorismo, política fiscal com incentivos tributários à pesquisa e desenvolvimento, política de intervenção direta com agências de fomento e incubadoras, política concorrencial (ainda que controvertida)[39] etc.

Como se vê, cada ferramenta acaba focando em uma das diversas etapas da inovação – formação educacional de empreendedores, facilitação regulatória para criação de *startups*, captação de recursos para viabilizar a sustentação e crescimento das *startups*, investimentos internos em pesquisa e desenvolvimento por grandes empresas etc. Dada a virtual impossibilidade de atacar cada uma dessas origens aqui (sem partir para uma série de tratados), nós focaremos nas *fontes de captação de recursos para viabilização de startups.*

E quantas elas são! Mesmo não parecendo, *startups* jovens e arriscadas contam com diversas fontes de capital para viabilizar suas atividades, com o pequeno (grande) detalhe de que a maioria das fontes começa inacessível e vai se tornando viável para o empreendedor conforme ele consegue avançar o seu negócio. Ainda que cada fonte de captação guarde próprias peculiaridades e idiossincrasias que produziriam livros autônomos, reservamos o Capítulo 2 para demonstrar suas respectivas estruturas jurídicas, interesses econômicos e como elas se encaixam no ecossistema empreendedor. A partir daí, passamos especialmente pelo fundo de investimentos de *Venture Capital*, e pelo *investidor anjo* – pessoas físicas de patrimônio relevante que financiam *startups* de alto potencial, na forma de participação societária ou de dívida conver-

[39] Um incentivo à inovação via política antitruste precisaria enfrentar o sensível debate sobre qual tipo de mercado é melhor para estimular inovações – um mercado concentrado, onde poucas empresas dominam o mercado, ou um mercado desconcentrado, povoado por inúmeros pequenos *players* competindo pela concorrência.

sível[40], agindo também como mentores da equipe fundadora[41] – famigerado *smart money*.

Começamos a abordar os investidores anjos desde o Capítulo 3 até o final do estudo, passando, naturalmente, pelo regime de investimento anjo criado que ele recebeu da Lei Complementar nº 155 e posterior aprimoramento pela Lei Complementar nº 155 (Marco Legal das Startups). No final, nós opinamos no debate que surgiu desde 2016 – o mútuo conversível em participação, após haver se tornado prática de mercado, continua sendo visto pelos investidores como a estrutura que melhor "para de pé"?

Para tornar nosso livro o mais perto da prática quanto possível, nós pesquisamos não só bibliografia jurídica, mas também econômica e de práticas de mercado/*business* no geral, com foco nos incentivos gerados para o comportamento dos agentes públicos (que escrevem e seguem as normas) e dos agentes privados (que seguem as normas). Quando uma ação pode ser explicada, ela pode ser prevista. Quando uma ação pode ser prevista, ela pode ser incentivada (ou desincentivada).

Agregando a teoria acadêmica com o pragmatismo inerente ao *business*, nossa intenção é que esse livro consiga agregar o verdadeiro melhor dos dois mundos (não se limitando à teoria e nem à prática).

Em suma, seguindo esse caminho, o livro condensa o maior número possível de informações relevantes sobre o mercado de captação de recursos para *startups* e respectivos instrumentos contratuais, tanto do ponto de vista econômico/negocial quanto do ponto de vista do advogado. Agora que tais informações estão aqui, elas podem ser entregues a quem têm poder de realmente usá-las em nome do desenvolvimento nacional – os investidores e empreendedores do mercado, os representantes do povo no Congresso Nacional e os dirigentes da administração pública.

E é daqui que nós começamos.

[40] SHANE, Scott. *The Importance of Angel Investing in Financing the Growth of Entrepreneurial Ventures*. SBA Office of Advocacy (2008). Disponível em: <http://signallake.com/innovation/AngelInvestingSept08.pdf>. Acesso em 31.03.2017.

[41] LOBO, Alexandre L.; POTENZA, Guilherme P. *Investimentos Venture Capital e Private Equity: Considerações Práticas e Jurídicas*. *In* BOTREL, Sergio. BARBOSA, Henrique (coord.). Finanças Corporativas: Aspectos Jurídicos e Estratégicos, Rio de Janeiro: Gen Atlas, 2016, pp. 267-316.

CAPÍTULO 2
FONTES CLÁSSICAS DE CAPTAÇÃO DE RECURSOS

A fonte de recursos que cada *startup* poderá acessar no caso concreto depende de diversos fatores, especialmente de qual estágio de crescimento ela está, já que, quanto mais avançada ela é, de mais capital precisa para continuar crescendo. Sendo assim, nosso primeiro passo deve ser analisar cada um desses estágios e a diferença entre cada um deles. Como tais diferenças podem ser tênues, o importante na prática é entender qual o conceito por trás de cada etapa e por quê ela abre ou não certas portas de financiamento.

Nesse livro, por ser a forma de classificação mais usada na nossa bibliografia, serão adotadas as classificações da *National Venture Capital Association* (associação do exterior de investidores em *startups*)[42], com a ressalva de que alguns estudos podem optar por classificações diferentes[43]. Na sequência, nós destrincharemos cada uma dessas etapas, desde

[42] NVCA 2017 Yearbook: the go-to resource on the venture ecosystem. *National Venture Capital Association* (2017). Disponível em: <http://nvca.org/blog/nvca-2017-yearbook-go--resource-venture-ecosystem/>. Acesso em 15.05.2019.

[43] Alguns estudos se baseiam em fases diferentes. Por exemplo, o estudo da Invest Europe, abaixo, considera *seed stage, early stage* e *later stage*; a ABDI e FGV também consideram a existência do chamado *"start-up stage"*, em que a empresa já está desenvolvendo seu produto, pode ter começado contratação de profissionais, exaurido os estudos prévios necessários e até começado a divulgação, mas ainda não chegou no divisor de águas que é o lançamento ao mercado. Vide (1) O Investimento Anjo como Fomentador do Empreendedorismo. *Associação Educacional Dom Bosco* (AEBD). Rio de Janeiro: 2008. Disponível em: <http://www.aedb.br/seget/arquivos/artigos08/347_Artigo_SeGET._2008.pdf>. Acesso em 30.05.2017; (2) 2º Censo de Private Equity e Venture Capital. *ABDI & FGV* (2011). Disponível em:

a concepção da atividade da *startup* até ela se tornar uma empresa estável e consolidada.

a) Estágio embrionário (*seed stage*)

Conforme sugere a semântica, essa é a primeira etapa da formação de um ser. Para um novo organismo, o estágio embrionário é responsável pela correta constituição do mínimo necessário para que ele consiga sobreviver. Para uma *startup*, é uma fase pré-operacional para o desenvolvimento de uma ideia, projeto e/ou produto, incluindo *brainstormings* e testes iniciais de mercado (possivelmente em alguns poucos clientes *beta*)[44].

Por ainda ser uma estrutura amorfa, a *startup* provavelmente ainda não concluiu o desenvolvimento do produto, estudos de viabilidade de demanda, de barreiras de entrada, de resistência esperada dos incumbentes, etc. Dado que ninguém ainda sabe ao certo a chance de sucesso da *startup*, o risco de se investir logo cedo é significativo, e, por isso, conseguir a primeira rodada de investimentos logo nessa etapa não é fácil ou comum[45].

Em 2018, a média mundial de investimentos institucionais em *startups* de *seed stage* foi *US$ 1,55 milhão* (US$ 2 milhões nos Estados Unidos, US$1,15 milhão na Ásia e US$ 1,15 milhão na Europa)[46]. Em 2021, a média de investimentos institucionais em *startups* em *seed stage* nos

<https://bibliotecadigital.fgv.br/dspace/handle/10438/8419>. Acesso em: 03.04.2019; e (3) Christofidis, Constantin; Debande, Olivier. *Financing Innovative Firms through Venture Capital*. Luxemburgo: European Investment Bank, 2001. Disponível em: <http://www.eib.org/attachments/pj/vencap.pdf>. Acesso em 08.06.2017.

[44] Fortuna, Eduardo. *Mercado Financeiro*: produtos e serviços. 20ª ed. São Paulo: Qualitymark, 2015.

[45] O Investimento Anjo como Fomentador do Empreendedorismo. *Associação Educacional Dom Bosco* (AEBD). Rio de Janeiro: 2008. Disponível em: <http://www.aedb.br/seget/arquivos/artigos08/347_Artigo_SeGET._2008.pdf>. Acesso em 30.05.2017. Mas não é impossível – pode acontecer de um investidor ficar tão interessado na *startup* ou no empreendedor a ponto de investir desde já, inclusive com a vantagem de desembolsar menos capital por uma fatia maior de participação (dado o *valuation* ainda pequeno e o risco que está assumindo).

[46] National Venture Capital Association Money Tree™ Report Q4 2018. *PwC*. Disponível em: <https://www.pwc.com/us/en/moneytree-report/moneytree-report-q4-2018.pdf>. Acesso em 15.06.2019.

Estados Unidos foi de US$ 2 milhões, que representa um aumento de 43% quando comparado com os dados do ano de 2020[47].

b) Estágio inicial (*early stage*)

Define o estágio em que a *startup*, via de regra, já tem uma administração consolidada, um conceito estável de produto e uma estratégia de *marketing*. Nessa etapa, ela está se preparando para oferecer seu produto comercialmente ou já está no mercado há três anos ou menos[48], mas provavelmente ainda não atingiu faturamento superior a R$ 8 milhões[49]. A *startup* ainda precisa de mais capital para o começo ou manutenção de atividades operacionais[50], mas já está provavelmente na primeira ou segunda rodada de investimentos.

Em 2018, a média mundial de investimentos institucionais em *early stage* foi *US$ 5,9 milhões* (US$ 7,1 milhões nos Estados Unidos, US$ 6,1 milhões na Ásia e US$ 4,7 milhões na Europa)[51]. Em 2021, os investimentos institucionais em *early stage* atingiram um novo recorde nos Estados Unidos, com 4.747 operações fechadas e um uma média de US$ 10 milhões[52].

c) Estágio de expansão (*expansion stage*)

Conceitualmente, o estágio de expansão começa quando a *startup* possui uma estrutura interna razoável e pronta para alcançar outros mercados

[47] NVCA 2022 Yearbook. *National Venture Capital Association* (2022). Disponível em: <http://nvca.org/wp-content/uploads/2022/03/NVCA-2022-Yearbook-Final.pdf>. Acesso em 23.09.20122.

[48] NVCA 2017 Yearbook: the go-to resource on the venture ecosystem. *National Venture Capital Association* (2017). Disponível em: <http://nvca.org/blog/nvca-2017-yearbook-go-resource-venture-ecosystem/>. Acesso em 15.05.2019.

[49] 2º Censo de Private Equity e Venture Capital. *ABDI & FGV* (2011). Disponível em: <https://bibliotecadigital.fgv.br/dspace/handle/10438/8419>. Acesso em: 03.04.2019.

[50] Christofidis, Constantin; Debande, Olivier. *Financing Innovative Firms through Venture Capital*. Luxemburgo: European Investment Bank, 2001. Disponível em: <http://www.eib.org/attachments/pj/vencap.pdf>. Acesso em 08.06.2017.

[51] National Venture Capital Association Money Tree™ Report Q4 2018. *PwC*. Disponível em: <https://www.pwc.com/us/en/moneytree-report/moneytree-report-q4-2018.pdf>. Acesso em 15.06.2019.

[52] NVCA 2022 Yearbook. *National Venture Capital Association* (2022). Disponível em: <http://nvca.org/wp-content/uploads/2022/03/NVCA-2022-Yearbook-Final.pdf>. Acesso em 23.09.20122.

(seja do ponto de vista geográfico ou de público-alvo), já vendendo seus produtos razoavelmente e com receita/estoques em ascensão[53]. Apesar de as vendas já estarem aquecidas, a *startup* pode não estar gerando caixa necessário para cobrir suas despesas (conceito de *breakeven*)[54].

Nessa etapa, o capital eventualmente investido na *startup* provavelmente será usado para desenvolvimento de novas versões do produto, construção de novas plantas de produção, distribuição, *marketing* ou contratações. Também é provável que o capital venha de mais investidores institucionais do que antes e já seja a terceira ou quarta rodada de investimentos[55].

Em 2018, a média mundial de investimentos institucionais em *startups* de *expansion stage* foi de *US$ 16,5 milhões* (US$ 16,9 milhões nos Estados Unidos, US$ 17,9 milhões na Ásia e US$ 14,7 milhões na Europa)[56]. Em 2021, a média de investimentos institucionais em startups em *late-stage* nos Estados Unidos se manteve em US$ 16 milhões[57].

d) Estágio avançado (*later stage*)

Por fim, temos a etapa em que a *startup* já provou seu conceito, atingiu renda significativa e chegou/está chegando no *breakeven* (o que não significa dizer que a *startup* gera lucro). Tipicamente, o estágio avançado já está de 6 a 12 meses de distância de um *evento de liquidez* – uma oportunidade para fundadores e investidores venderem suas quotas/ações (desinvestimento). O acontecimento de um desses eventos é um dos mais relevantes para investidores e é discutido no Capítulo 4.7.

[53] NVCA 2017 Yearbook: the go-to resource on the venture ecosystem. *National Venture Capital Association* (2017). Disponível em: <http://nvca.org/blog/nvca-2017-yearbook-go-resource-venture-ecosystem/>. Acesso em 15.05.2019.

[54] 2º Censo de Private Equity e Venture Capital. *ABDI & FGV* (2011). Disponível em: <https://bibliotecadigital.fgv.br/dspace/handle/10438/8419>. Acesso em: 03.04.2019.

[55] NVCA 2017 Yearbook: the go-to resource on the venture ecosystem. *National Venture Capital Association* (2017). Disponível em: <http://nvca.org/blog/nvca-2017-yearbook-go-resource-venture-ecosystem/>. Acesso em 15.05.2019.

[56] National Venture Capital Association Money Tree™ Report Q4 2018. *PwC*. Disponível em: <https://www.pwc.com/us/en/moneytree-report/moneytree-report-q4-2018.pdf>. Acesso em 15.06.2019.

[57] NVCA 2022 Yearbook. *National Venture Capital Association* (2022). Disponível em: <http://nvca.org/wp-content/uploads/2022/03/NVCA-2022-Yearbook-Final.pdf>. Acesso em 23.09.20122.

Em 2018, a média mundial de investimentos institucionais em *startups* de *later stage* foi de *US$ 44,5 milhões* (US$ 34,8 milhões nos Estados Unidos, US$ 81,8 milhões na Ásia e US$ 16,8 milhões na Europa)[58].

As médias mundiais de investimento em cada uma das quatro etapas foram destacadas para ratificar o que foi afirmado no início desse capítulo – *quanto mais avançada for a startup, de mais capital ela precisa continuar expandindo.*

Essas são as quatro categorias cronológicas da vida de *startups* que serão adotadas nesse livro. A partir delas, serão estudadas as fontes de captação de recursos disponíveis ao empreendedor, destacando-se quais são mais adequadas para cada etapa.

2.1. Capital próprio e *family, friends and fools*

Não importa se uma *startup* está sendo criada por alguém sem experiência ou por um empreendedor serial. Na verdade, não importa nem se é uma *startup* ou uma empresa qualquer. Fato é que, salvo raríssimas exceções, a primeira fonte de captação de recursos de uma empresa será o bolso do próprio fundador. Faz sentido, de fato, que o primeiro a assumir o risco da atividade seja o próprio empresário (como é a natureza da atividade econômica organizada).

Naturalmente, o capital próprio tem limites. E aí que entra a segunda fonte de recursos mais comum para *startups* embrionárias.

Iniciar um empreendimento do zero não é uma atividade que se resume a horário comercial. Quando alguém se aventura a tirar sua ideia do papel, naturalmente a atividade produzirá efeitos em todas as áreas da sua vida e se tornará parte quase integral do dia a dia. Naturalmente, isso é perceptível pelos cofundadores, funcionários e investidores, mas também – e especialmente – pelos entes queridos.

Os familiares, amigos e cônjuges dos empreendedores testemunham não só o empenho do empreendedor, mas também as implacáveis horas de trabalho. Em artigo denominado *Entrepreneurs Anonymous*, a revista The Economist destacou os desafios financeiros e emocionais que fundadores enfrentam enquanto tentam construir as bases das suas *star-*

[58] National Venture Capital Association Money Tree™ Report Q4 2018. *PwC*. Disponível em: <https://www.pwc.com/us/en/moneytree-report/moneytree-report-q4-2018.pdf>. Acesso em 15.06.2019.

tups[59]. De acordo com Phil Libin, criador do Evernote, *"it is amazingly difficult work – you have no life balance, no family time, and you will never work harder in your life"*. E os entes queridos do empreendedor assistem tudo-caminho.

Acompanhar a jornada do empreendedor pode gerar incentivos para apoiá-lo. Se uma tia ficou compadecida pelas longas horas de trabalho, ela pode entender que seu sobrinho merece algum capital para facilitar o sucesso do projeto. Se um amigo ficou admirado pelo empenho, pode acreditar que vale a pena investir baseado na confiança de que o empreendedor seguirá o caminho certo. Se um ex-colega de faculdade que ganhou uma herança ouviu falar nos reencontros de turma que há um empreendedor no grupo, ele poderá decidir impulsivamente investir parte da herança sem fazer muitas perguntas.

O ponto comum entre essas três pessoas é que suas razões para investir no empreendedor não são estritamente econômicas na lógica do agente maximizador, mas usualmente afetivas ou impulsivas. Chamamos esses investimentos de *love money*[60], ou *close money*[61], e chamamos tais investidores de *family, friends and fools*: os Três F's. Sendo típica do estágio embrionário, essa costuma ser a primeira fonte de recursos a que o empreendedor tem acesso, e, junto com o capital próprio, também a mais frequente. O relatório da FinTech Hub, iniciativa da CVM, verificou que *67% das fintechs abordadas só se financiaram com recursos do próprio empreendedor e de seus familiares*[62].

Dada a alta taxa de mortalidade de *startups*, os três F's não têm muita expectativa de conseguir lucrar com o investimento, normalmente se

[59] Entrepreneurs anonymous. *The Economist* (2014). Disponível em: <http://www.economist.com/news/business/21618816-instead-romanticising-entrepreneurs-people-should-understand-how-hard-their-lives-can>. Acesso em 29.05.2017.

[60] Spina, Cássio. *Investimento Anjo*: guia prático para empreendedores e investidores. São Paulo: Nversos, 2011.

[61] McKaskill, Tom. *An Introduction to Angel Investing.* Melbourne: Breakthrough Publications, 2009. Disponível em: <https://www.angelcapitalassociation.org/data/Documents/Resources/McKaskill-_Intro_to_Angel_Investing.pdf?rev=CF33>. Acesso em 09.05.2017.

[62] Pesquisa CVM sobre novas tecnologias financeiras (FINTECH). *CVM* (06.06.2017). Rio de Janeiro: 2017. Disponível em: <http://www.cvm.gov.br/export/sites/cvm/noticias/anexos/2017/20170606_relatorio_pesquisa_FINTECH.pdf>. Acesso em 06.06.2017.

dando por satisfeitos quando conseguem recuperar o principal[63]. Na média brasileira, esse principal investido pelos Três F's é baixo quando comparado às demais classes de investidores, variando entre R$ 5 mil e R$ 50 mil. Adicionalmente, dado que o dinheiro provém de relações pessoais e não de *expertise*, provavelmente esses investidores pouco ou nada agregarão no direcionamento da *startup*[64].

Conforme relatos ouvidos por McKaskill[65], alguns problemas podem surgir dessa motivação afetiva do investimento dos Três F's. Ainda que seu incentivo para investir tenha sido extraeconômico, o investidor poderá se sentir no direito de fazer algumas exigências em casos de preocupação, ainda que não tecnicamente fundamentadas. Se a *startup* perder um administrador relevante, passar por um período longo sem gerar receita, ou sofrer qualquer outro evento que faça seu futuro parecer incerto, o *family, friend or fool* pode se sentir prejudicado ou até enganado. Dado que esse financiamento nasceu da relação afetiva, qualquer problema em um será refletido na outra (não só a relação entre empreendedor e investidor é desgastada, mas podem ser envolvidos outros familiares e amigos)[66].

Há também o risco de um dos investidores de *love money* tentar resgatar seu investimento antes do desinvestimento. Provavelmente, essa tentativa de saída não causaria grandes riscos à *startup* em razão de cláusulas contratuais e direitos de preferência de outros investidores (melhor detalhados no decorrer do estudo), mas o conflito ainda poderia desgastar as relações pessoais do empreendedor, o que sempre pode prejudicar o *business* a reboque. Nesses casos de ruído (de até como prevenção de

[63] McKaskill, Tom. *An Introduction to Angel Investing*. Melbourne: Breakthrough Publications, 2009. Disponível em: <https://www.angelcapitalassociation.org/data/Documents/Resources/McKaskill-_Intro_to_Angel_Investing.pdf?rev=CF33>. Acesso em 09.05.2017.

[64] Spina, Cássio. *Investimento Anjo*: guia prático para empreendedores e investidores. São Paulo: Nversos, 2011.

[65] McKaskill, Tom. *An Introduction to Angel Investing*. Melbourne: Breakthrough Publications, 2009. Disponível em: <https://www.angelcapitalassociation.org/data/Documents/Resources/McKaskill-_Intro_to_Angel_Investing.pdf?rev=CF33>. Acesso em 09.05.2017.

[66] Naturalmente, o empreendimento nem teria sido colocado de pé se não fosse o afeto de um familiar, a camaradagem de um amigo, ou o otimismo de um tolo. Dessa forma, justo que sejam compensados devidamente se o investimento render frutos, e não "operados" pelo outro lado da mesa.

conflitos futuros), uma decisão estrategicamente adequada é esperar a próxima rodada de investimentos, sentar todos os interessados à mesa e negociar uma compra, por novos investidores, da participação dos Três F's[67].

2.2. Mercado financeiro – a fonte do bom e velho crédito bancário

O mercado financeiro é, por definição, o local em que empresas podem buscar financiamento externo para suas atividades, principalmente pela via do crédito bancário ofertado pelas instituições financeiras. No Brasil, esse é um mercado de elevados níveis de taxas de juros, concentração bancária e dificuldades na recuperação de crédito[68] – desde 2018, o *spread* bancário brasileiro segue como o segundo mais alto do mundo, ficando atrás apenas de Madagascar[69].

Antes de avançar no tema, dada a sua absoluta abrangência, vale estabelecer um território comum quanto à definição de três (fluidas) expressões que são as bases do mercado financeiro: "*mercado*", "*moeda*" e "*instituição financeira*".

a) Mercado

De acordo com Paula Forgioni, o *mercado* pode ser qualquer coisa. O lugar onde feirantes se encontram para compra e venda rotineira? Talvez. Mas também pode ser a descrição da estrutura de alocação de recursos determinada por uma sociedade. No limite, o mercado poderia ser até mesmo uma entidade personalizada ("*o que o mercado prefere?*") – ele então teria vontades, desejos, diferentes humores?[70].

[67] McKaskill, Tom. *An Introduction to Angel Investing.* Melbourne: Breakthrough Publications, 2009. Disponível em: <https://www.angelcapitalassociation.org/data/Documents/Resources/McKaskill-_Intro_to_Angel_Investing.pdf?rev=CF33>. Acesso em 09.05.2017.

[68] Relatório de Economia Bancária 2018. *Banco Central do Brasil* (28.05.2019). Disponível em: <https://www.bcb.gov.br/content/publicacoes/relatorioeconomiabancaria/reb_2018.pdf>. Acesso em 06.07.2019.

[69] Conforme dados disponibilizados pelo World Bank, disponível em: <https://data.worldbank.org/indicator/FR.INR.LNDP?view=chart>. Acesso em 06.07.2019.

[70] Paula Forgioni também considera o mercado como fenômeno poliédrico: um cubo que possui diferentes faces: econômica, política, social, e jurídica, todas independentes entre si, mas igualmente relevantes para a estrutura *mercado*. *In* Forgioni, Paula Andrea. *A Evolução do Direito Comercial Brasileiro:* da mercancia ao mercado. São Paulo: Revista dos Tribunais, 2009.

Já no conceito mais objetivo de Otávio Yazbek, ex-diretor da CVM, o *mercado* pode se referir a aspectos físicos ou materiais (localização geográfica de um centro negocial), setoriais (segmento específico de um ramo de produtos ou serviços), ideológicos (espaço de atuação das liberdades individuais ou espaço de economia planificada), institucionais (conjunto ordenado de instituições[71] segmentadas para cumprimento de objetivos de líderes públicos ou privados), entre outros[72].

Para fins desse livro, o *mercado* deve ser entendido como de um lócus abstrato de interseção das compras e vendas dos bens e serviços. Nesse centro de comércio/concorrência, a oferta e demanda se chocam e os preços dos bens e serviços são formados com a ajuda da regulação (leis exógenas), da autorregulação (leis endógenas) e dos usos e costumes dos próprios agentes econômicos[73].

Esses "*bens e serviços*" – pelos quais há o choque de oferta e demanda – podem ser bens de consumo, imóveis, construções, consultoria de pro-

[71] Adota-se nessa constatação o conceito de "*instituição*" de Douglass North, que define as instituições como as regras do jogo econômico ou político e criadas para delimitar a atuação dos agentes. Trata-se de uma forma abstrata de regulação da atividade mercantil que estabelece fronteiras claras para o desenvolvimento entendido como saudável da economia privada e das políticas públicas, *in* North, Douglass. *Institutions*. The Journal of Economic Perspectives, vol. 5, nº 1, The Journal of Economic Perspectives, vol. 2, nº 1. Pittsburgh: American Economic Association, inverno de 1991, p. 97-112. Disponível em: <http://kysq.org/docs/North_91_Institutions.pdf>. Acesso em 02.04.2018.

[72] Yazbek, Otávio. *Regulação do Mercado Financeiro e de Capitais*. Rio de Janeiro: Elsevier, 2007.

[73] Paula Forgioni destaca a relevância da *face jurídica da regulação*. De nada adiantaria o suposto equilíbrio de preços resultante de oferta e demanda, sugerido pela doutrina econômica, se não houvesse mecanismos efetivos garantidores de uma eficiente alocação de recursos. A autora afirma que a regulação jurídica é baseada em dois institutos: o contrato e a propriedade, que são figuras jurídicas cuja ausência inviabilizaria o trânsito de bens e serviços (impedindo então as relações econômicas). Nessa linha, a autora entende que o mercado é uma ordem (jurídica) estruturada por *(i)* normalidade, dado que as regras moldam e padronizam o comportamento dos compradores e vendedores; *(ii)* uniformidade, dado que as regras são aplicáveis para todos e o risco é determinado pelo sucesso ou insucesso de uma atividade, não pela lei aplicável; e *(iii)* regularidade, pois o ato mercantil tem respaldo em norma pré-existente, não sendo assim fortuito, arbitrário ou imprevisível. A face jurídica do mercado, formada por esses três itens, tenta assegurar que ele se torne um ecossistema saudável para a transação de bens e serviços. *In* Forgioni, Paula Andrea. *A Evolução do Direito Comercial Brasileiro:* da mercancia ao mercado. São Paulo: Revista dos Tribunais, 2009.

cessos, consultoria jurídica, entre outros produtos mais palpáveis. No entanto, um dos produtos mais comercializados no mercado é o próprio instrumento de troca: a moeda.

b) Moeda

A moeda foi uma inovação financeira primordial para o nascimento do mercado como é ele é hoje[74]. O romancista russo Fyodor Dostoievsky chamou a moeda é a "liberdade cunhada pelo Estado", enquanto o economista John Maynard Keynes a chamou de *"ponte entre o passado, o presente e o futuro"*[75]. De fato, aos olhos de Schumpeter, a transição dos escambos para as trocas de mercadorias mediante pagamento em moeda deve ter sido uma perturbação sinfônica grande a ponto de reestruturar toda a orquestra mercantil.

Podemos segregar as utilidades da moeda em três funções básicas e primordiais: **(i)** *meio de pagamento*: pode ser dada em troca de bens e serviços mercantis; **(ii)** *unidade de valor*: quantifica qualquer produto oferecido no mercado, alinhando assim as expectativas entre as partes contratantes; e **(iii)** *reserva de valor*: torna-se um repositório de poder de compra sobre o tempo, conservando uma utilidade que transcende o presente[76] (tornando bem preciso o comentário de Keynes acima).

Conforme essas funções, a moeda possibilita a compra e venda de bens da vida entre agentes da sociedade. Esse foi o ideal que impulsionou a sua criação. No entanto, há um mercado especial em que a moeda é ofertada e comprada como um fim em si mesmo, e não apenas representativa de um bem ou serviço. Esse mercado é chamado de *mercado financeiro*, formado pelas instituições financeiras.

c) Instituições financeiras

No Brasil, as definições de instituição financeira estão no art. 17 da Lei nº 4.595/1964, e no art. 1º da Lei nº 7.492/1986, ainda que com severas críticas doutrinárias ao texto legal[77]:

[74] YAZBEK, Otávio. *Regulação do Mercado Financeiro e de Capitais.* Rio de Janeiro: Elsevier, 2007.

[75] WALD, Arnoldo. *O futuro do direito bancário e a regulação.* Revista de Direito Bancário e do Mercado de Capitais. Ano 17, vol. 64, abril-junho. São Paulo: Thomson Reuters Revista dos Tribunais, 2014, p. 13-73.

[76] YAZBEK, Otávio. *Regulação do Mercado Financeiro e de Capitais.* Rio de Janeiro: Elsevier, 2007.

[77] As definições de instituição financeira nas duas notas acima são tão genéricas que, segundo Nelson Eizirik, são descoladas da realidade – isso porque citam os requisitos para

Art. 17: Consideram-se instituições financeiras, para os efeitos da legislação em vigor, as pessoas jurídicas públicas ou privadas, que tenham como atividade principal ou acessória a coleta, intermediação ou aplicação de recursos financeiros próprios ou de terceiros, em moeda nacional ou estrangeira, e a custódia de valor de propriedade de terceiros. Parágrafo único. Para os efeitos desta lei e da legislação em vigor, equiparam-se às instituições financeiras as pessoas físicas que exerçam qualquer das atividades referidas neste artigo, de forma permanente ou eventual.

Art. 1º: Considera-se instituição financeira, para efeito desta lei, a pessoa jurídica de direito público ou privado, que tenha como atividade principal ou acessória, cumulativamente ou não, a captação, intermediação ou aplicação de recursos financeiros de terceiros, em moeda nacional ou estrangeira, ou a custódia, emissão, distribuição, negociação, intermediação ou administração de valores mobiliários. Parágrafo único. Equipara-se à instituição financeira: (...) II – a pessoa natural que exerça quaisquer das atividades referidas neste artigo, ainda que de forma eventual.

Para uma instituição financeira ser constituída, é necessária uma autorização de funcionamento específica do Banco Central do Brasil. Os requisitos para recebê-la (apontados pelo Conselho Monetário Nacional em suas resoluções) são bem restritivos – capital mínimo integralizado que varia de acordo com o tipo de instituição (p.ex.: R$ 17,5 milhões

caracterizar uma instituição financeira de forma alternativa, e não cumulativa. Em outras palavras, os artigos legais já definiriam como instituição financeira alguém que cumpre qualquer uma das atividades características de bancos e corretoras (i.e., aplicação de capital próprio), ainda que não cumpra qualquer das demais atividades. No limite, conforme Eizirik, seriam instituições financeiras uma pessoa física que empresta dinheiro de forma remunerada, um administrador de fundo de investimentos, um agente autônomo credenciado na CVM, um estudante universitário que passa vinte minutos por dia no seu *Home Broker* comprando e vendendo ações, entre outros exemplos absurdos. Sendo assim, para não tornar letra morta a legislação, a doutrina defende que só pode ser punido por atuar como "instituição financeira" sem autorização aquele que cumpre as atividades de coleta, intermediação e aplicação de recursos, bem como custódia de valor de propriedade de terceiros, em caráter *(i)* cumulativo e simultâneo; *(ii)* habitual e recorrente; e *(iii)* de oferta indiscriminada ao público em geral na forma de prestação de serviço. *In* EIZIRIK, Nelson; GAAL, Ariádna; PARENTE, Flávia; HENRIQUES, Marcus. *Mercado de Capitais:* regime jurídico. 3ª ed. Rio de Janeiro: Renovar, 2011, p. 4-6.

para bancos)[78], plano de negócios detalhado projetando a estratégia dos próximos anos[79], regras rígidas para administradores (políticas de eleição[80], sucessão[81] e remuneração[82]), requisitos para políticas institucionais de relacionamento com clientes[83], entre diversos outros[84].

Os três conceitos agora esclarecidos – mercado, moeda e instituição financeira – se juntam para formar o *mercado financeiro*: o sistema clássico de compra e venda de capital. Ele nada mais é que um grande conjunto de mecanismos voltados para a transferência de recursos entre os agentes econômicos[85] em que os principais *players* são as instituições financeiras responsáveis pela intermediação financeira entre tais agentes[86].

O mercado financeiro é dividido em quatro subsistemas: mercado de crédito, mercado de capitais, mercado monetário e mercado de câm-

[78] Art. 1º do Regulamento Anexo II à Resolução CMN nº 2.099, de 1994. Dito isso, na prática, o Banco Central vem exigindo valores bem superiores aos dispostos nessa regulamentação para conceder a autorização. Bancos comerciais, por exemplo, não conseguem a bênção do regulador sem pelo menos R$ 100 milhões de capital integralizado na largada.

[79] Resolução CMN nº 4.122, de 2012.

[80] Resolução CMN nº 4.122, de 2012.

[81] Resolução CMN nº 4.538, de 2016.

[82] Resolução CMN nº 3.921, de 2010.

[83] Resolução CMN nº 4.539, de 2016.

[84] A raiz desse cuidado é, naturalmente, o mandato de regulador prudencial do Banco Central, incumbido pelo desenho institucional brasileiro de centralizar as atividades de autorização, fiscalização e controle *lato sensu* das entidades do sistema financeiro. Com a definição *ex ante* dos critérios mínimos a serem atendidos por instituições financeiras, reduz-se a assimetria de informação e sinaliza-se ao consumidor que, se uma instituição foi autorizada a intermediar recursos, ela atende o mínimo que o regulador entende necessário para que seja sólida (fazendo um paralelo com a propriedade industrial, essa autorização funciona de forma semelhante à marca, que, quando aposta em um produto, sinaliza aos consumidores que ele corresponde ao padrão de qualidade da empresa detentora da marca).

[85] EIZIRIK, Nelson; GAAL, Ariádna; PARENTE, Flávia; HENRIQUES, Marcus. *Mercado de Capitais:* regime jurídico. 3ª ed. Rio de Janeiro: Renovar, 2011.

[86] De acordo com o art. 1º da Lei 4.595/64, essas entidades são: Conselho Monetário Nacional (“*CMN*”), Banco Central do Brasil, Banco do Brasil, Banco Nacional do Desenvolvimento Econômico e Social (“*BNDES*”) e demais instituições financeiras públicas e privadas (bancos, corretoras, distribuidoras, agentes fiduciários etc.). Todas contribuem, de alguma forma, para a transferência eficaz de recursos entre agentes que têm capital e agentes que precisam de capital.

bio[87]. Para fins do presente estudo, e considerando estarmos preocupados aqui com financiamento de empreendedorismo e *startups*, focaremos nos dois primeiros mercados.

d) O mercado financeiro em funcionamento

No mercado de crédito clássico, os agentes econômicos repassam recursos entre si por meio de contratos tipicamente bancários. Mas como essa intermediação funciona na prática?

Em síntese, a instituição financeira vai a mercado para captar recursos dos agentes que possuem capital disponível (*superavitários*) a partir de *operações passivas* em nome próprio. Nessas operações, os agentes depositam (i.e., conta corrente, conta poupança) ou investem seus recursos (i.e., comprando CDB ou letras financeiras). A instituição financeira então transfere esses recursos para agentes que precisam de financiamento (*deficitários*), ofertando *operações ativas* na forma de concessão de crédito. Nas palavras de Arnoldo Wald, os bancos permitem que clientes disponham hoje de recursos que eles só teriam amanhã[88].

Wald também ensina que a relação de intermediação financeira é trilateral, sendo três atores principais: o investidor ou depositante, o banco e o mutuário. Na prática, como poupador e tomador não se relacionam diretamente, *o mercado de crédito é o mercado da intermediação financeira por excelência*[89].

Naturalmente, as instituições financeiras são remuneradas pela intermediação. O lucro da instituição é calculado pela diferença entre o custo de captação das operações passivas (i.e., quanto ele paga ao investidor

[87] O mercado monetário, também chamado de "*open market*", é usado pelas autoridades monetárias como os bancos centrais para regular a economia mediante operações de curto ou curtíssimo prazo, como a compra e venda de dólar. Já o mercado de câmbio é onde são transacionadas operações com moeda estrangeira a curto prazo, naturalmente com viés internacional para estimular a entrada e saída de recursos no país. Para um detalhamento mais específico, vide PAVIA, Eduardo Cherez. *Fundos de Investimento:* estrutura jurídica e agentes de mercado como proteção do investimento. São Paulo: Quartier Latin, 2016.

[88] WALD, Arnoldo. *O futuro do direito bancário e a regulação*. Revista de Direito Bancário e do Mercado de Capitais. Ano 17, vol. 64, abril-junho. São Paulo: Thomson Reuters Revista dos Tribunais, 2014, p. 13-73.

[89] MOSQUERA, Roberto Quiroga. *Os princípios informadores do direito do mercado financeiro e de capitais. In* MOSQUERA, Roberto Quiroga (coord.). Aspectos atuais do mercado financeiro e de capitais. São Paulo: Dialética, 1999.

que deixa seus recursos depositados a prazo) e a remuneração auferida nas operações ativas (i.e., remuneração decorrente de empréstimos). O resultado desse cálculo é o famigerado *spread bancário*.

2.2.1. Mercado de crédito é viável para *startups*?

É fato que houve uma grande expansão das oportunidades de financiamento para pequenas empresas brasileiras ao longo do século XX (alguns autores consideram uma verdadeira revolução bancária)[90]. No entanto, o crédito bancário para *startups* no Brasil e no exterior acaba sendo ofertado apenas em condições ainda desfavoráveis – taxas de juros altas, volumes baixos e prazos de vencimento curtos. Esse cenário ocorre por razões financeiras, mas também regulatórias.

a) Influência financeira nas condições do crédito

O sistema financeiro é baseado em confiança pragmática – quando um banco dá crédito a um tomador, "confia-se" que haverá o pagamento do principal e juros nas datas pré-acordadas no contrato. Essa confiabilidade só pode existir se o banco conseguir visualizar com transparência a situação financeira dos tomadores de crédito. Se a transparência não existir, o risco tomado pelo banco se torna maior.

Esse é o principal conceito que leva as instituições financeiras a encarecer crédito para pequenas empresas, especialmente em países em desenvolvimento: a *assimetria de informação*, uma falha de mercado demonstrada pela primeira vez por George Akerlof e que hoje em dia é universal na literatura econômica[91].

[90] Segundo Wald, essa "revolução" foi possível com a importação/regulamentação de produtos financeiros do exterior, principalmente a alienação fiduciária, *leasing*, *factoring*, certificados de depósito bancário (CDB), letras financeiras, entre outros. O autor descreve o processo como "*verdadeira democratização, quiçá proletarização do crédito*", *in* WALD, Arnoldo. *O futuro do direito bancário e a regulação*. Revista de Direito Bancário e do Mercado de Capitais. Ano 17, vol. 64, abril-junho. São Paulo: Thomson Reuters Revista dos Tribunais, 2014, p. 13-73.

[91] Aprofundando o conceito de Akerlof – conceitualmente, há muitos mercados em que se avalia as estatísticas para determinar quais produtos comprar. Nessas estatísticas, está considerada a probabilidade de um produto ter qualidade inferior àquela indicada pelo seu vendedor. Em outras palavras, se o mercado de certo produto tem muitos vendedores "mentirosos", e não for possível verificar 100% a qualidade do produto antes da compra, compradores podem decidir que o risco de se comprar um produto com defeitos ocultos é

Hall & Lerner dão à assimetria de informação específica do mercado financeiro o nome de *financing gap*: o fato de a empresa tomadora do crédito ter mais informações sobre a própria situação financeira do que o banco que está emprestando o dinheiro[92]. Já em McCahery & Vermeulen, percebemos que a assimetria é mais acentuada na relação entre ban-

alto nesse mercado e que não se deve comprar nele. Para ilustrar esse conceito, Akerlof descreve um exemplo que se tornou famoso na literatura, que é o mercado de carros usados. Nesse mercado há carros usados que funcionam bem e há carros usados que funcionam mal, esses últimos chamados de "*limões*". Quem compra um carro usado o faz sem saber se ele é bom ou se é, de forma escondida, um *limão*. Torna-se então uma questão de probabilidade: como o consumidor não consegue verificar na hora da compra se o carro é bom ou não, ele decidirá comprar se o risco de o produto ser um *limão* for baixo. O comprador é forçado a fazer essa avaliação de risco de defeito oculto porque o vendedor do produto tem mais informações sobre o produto do que o comprador, inclusive se o produto é ou não um *limão*. Nós chamamos esse descompasso de informações entre dois agentes econômicos que estão em uma relação econômica de *assimetria de informação*. No mercado de carros usados, o preço de um carro bom e de um limão dentro do mesmo mercado serão semelhantes, já que o comprador não consegue diferenciar um do outro. Considerando que os vendedores dos carros bons sabem que eles têm um valor maior do que os *limões*, esses vendedores tentarão vendê-los a um preço maior do que o preço cobrado por vendedores de *limões*. Como consequência, o preço teoricamente vai se estabilizar em um meio-termo entre o que esses dois estão dispostos a receber, criando prejuízo para o vendedor do produto de boa qualidade. Esse fenômeno cria um incentivo para que os vendedores de bons carros se afastem do mercado, já que seus preços são forçados para baixo pelos vendedores de *limões*. O mercado de carros usados verá uma redução gradativa na qualidade dos seus produtos até que, levando essa tese ao limite, ele se torne um mercado apenas de *limões*. Naturalmente, cada vez menos consumidores terão vontade de comprar nesse mercado (afinal, os produtos serão de cada vez pior qualidade), levando enfim à sua extinção, graças à assimetria de informação. *In* Akerlof, George A. *The Market for "Lemons"*: quality uncertainty and the market mechanism. Quarterly Journal of Economics, Vol. 84, No. 3, Cambridge: agosto de 1970, pp. 488-500.

92 O conceito de *financing gap* de Hall & Lerner se referia originalmente à assimetria de informação entre empreendedores e investidores, mas, considerando que, nos dois casos, a natureza da operação envolve o financiamento de atividades, entendemos que é seguro aplicar o mesmo raciocínio de *financing gap*. Para um maior aprofundamento, vide Hall, Bronwyn; Lerner; Josh. *The Financing of R&D and Innovation, in* Hall, Bronwyn; Rosenberg, Nathan (coord.). Elsevier Handbook of the Economics of Innovation. Amsterdã: Elsevier, 2010, p. 609-639.

cos e pequenas empresas do que entre bancos e grandes empresas[93]. Ou seja, *quanto menor o porte da tomadora de crédito, maior o financing gap*.

Uma razão para isso é que os sistemas de gestão/governança de pequenas empresas são informais e não costumam envolver balanços, auditoria, prestação de contas, controles da administração etc. Como não há uma metodologia padronizada, cada empresa demonstra e calcula seus dados financeiros de forma diferente – dados esses que são determinantes para os bancos definirem a taxa de juros do empréstimo. Esses pontos tornam o processo de análise de crédito de pequenas empresas bem manual e quase um exercício de adivinhação[94], sem possibilidade de aplicação de modelos quantitativos tradicionalmente adotados para análise de empresas maiores[95].

Para além do *financing gap*, o risco financeiro de dar crédito a pequenas empresas também é alto porque, em comparação a companhias maiores, elas são mais tendentes a quebra (afinal são, bom, pequenas) e sensíveis a choques macroeconômicos e mudanças regulatórias, o que tem relação direta com certos pontos fracos de pequenos negócios – pouca experiência, baixa produtividade, alta dependência do mercado local e chance relevante de quebra[96].

Em qualquer cenário de assimetria de informação, o agente econômico em desvantagem é incentivado a criar estruturas para redu-

[93] McCahery, Joseph; Vermeulen, Erik. *Venture Capital 2.0:* from venturing to partnering. Research Paper Series 11/2016. Tilburg: Tilburg Law School Legal Studies, 2016. Disponível em: <http://ssrn.com/abstract=2773622>. Acesso em 11.06.2017.

[94] Hoder, Frank; Wagner, Michael; Sguerra, Juliana; Bertol, Gabriela. *Revolução Fintech*: como as inovações digitais estão impulsionando o financiamento às MPME na América Latina e Caribe. São Paulo: Oliver Wyman, 2016. Acesso em: <http://cdn.iic.org/sites/default/files/documents/pub/pt/cii_-_oliver_wyman_-_a_revolucao_fintech.pdf>. Acesso em 16.03.2018.

[95] Um bom exemplo de modelo quantitativo adotado por instituições financeiras no Brasil e no mundo, criado pelo Bank of America, é o RAROC – *"Risk-adjusted return on capital"*, *in* James, Christopher. *RAROC Based Capital Budgeting and Performance Evaluation*: a case study of bank capital allocation. Wharton Financial Institution Center. Filadélfia, University of Pennsylvania, 1996. Disponível em: <https://papers.ssrn.com/sol3/papers.cfm?abstract_id=1000>. Acesso em 18.06.2019.

[96] McCahery, Joseph; Vermeulen, Erik. *Venture Capital 2.0:* from venturing to partnering. Research Paper Series 11/2016. Tilburg: Tilburg Law School Legal Studies, 2016. Disponível em: <http://ssrn.com/abstract=2773622>. Acesso em 11.06.2017.

zir sua desvantagem. No *financing gap* do mercado financeiro, isso não é diferente: se o "*raio X*" da situação financeira do tomador não estiver claro, o banco pode recusar fazer negócio, ou, mais provável, dar o crédito em pequeno volume, com vencimento a curto prazo e por taxas de juros elevadas para reduzir o risco de não conseguir recuperar seu capital em cenário de inadimplência. Considerando a natureza da demanda de capital por *startups*, o crédito bancário nas condições descritas acima tende a ser insuficiente em volume e proibitivo em prazo e taxa.

A previsão acima sobre crédito em condições desfavoráveis pode ser elidida se o tomador tiver garantias para ofertar ao banco, as quais podem reais (p. ex.: imóveis, valores mobiliários e direitos creditórios) ou pessoais/fidejussórias (aval e fiança)[97]. Isso se apresenta de forma clara no Relatório de Economia Bancária de Banco Central – entre 2016 e 2018, *foi verificado que créditos sem garantia para pessoas físicas tiveram taxas exponencialmente maiores do que com garantia* – p.ex., a taxa média de crédito pessoal não consignado sem garantia foi de 112,2% a.a., enquanto a de crédito imobiliário (garantido por imóvel) foi de 9,3% a.a.[98]

No entanto, a realidade é que uma *startup* dificilmente tem bens tangíveis para dar em garantia, já que seu ativo principal é *knowledge-based capital* – recursos humanos, intelectuais e organizacionais[99]. Naturalmente, avaliar o risco de crédito para *startup* com base nesses ativos demandaria um *know-how* especializado e sujeito a critérios bem mais subjetivos do que em uma análise de garantias reais. Ainda que o banco se sujeite a realizar essa espécie de *due diligence*, o risco de financiar uma *startup* é relevante por natureza (até boas *startups* falham o tempo todo), ensejando então o crédito em condições desfavoráveis de volume, prazo e taxa alta.

Concluímos que os modelos de negócio adotados por bancos para reduzir o risco do *financing gap*, especificamente a elevação da taxa de

[97] A concessão de crédito sem garantia é mais presente para empresas "maiores", com posição de mercado que confere ao banco segurança de que valor acordado será pago de volta.

[98] Relatório de Economia Bancária 2018: Garantias e diferenças nas taxas de juros de crédito (Boxe 5). *Banco Central do Brasil* (28.05.2019). Disponível em: <https://www.bcb.gov.br/content/publicacoes/relatorioeconomiabancaria/reb_2018.pdf>. Acesso em 06.07.2019.

[99] Wilson, Karen. *Policy Lessons from Financing Innovative Firms*. OECD Science, Technology and Industry Policy Papers, nº 24. Paris: OECD Publishing, 2015. Disponível em: <http://dx.doi.org/10.1787/5js03z8zrh9p-en>. Acesso em 19.04.2017.

juros, torna difícil a concessão de crédito para *startups*. Dito isso, ainda que bancos estivessem financeiramente inclinados a ofertar empréstimos em melhores condições para empreendedores sem garantias, *eles ainda sofreriam dificuldades regulatórias* – é o que se estuda na sequência.

b) Influência regulatória nas condições do crédito

Sistemas financeiros são alguns dos mercados mais regulados do mundo – afinal, não só a economia global depende da intermediação de recursos, como o setor também foi palco das crises mundiais mais devastadoras. A última foi a crise de 2008, originada nos Estados Unidos pela negligência (intencional ou não) no uso de créditos hipotecários arriscados como lastros de derivativos securizados (*subprimes*), nas classificações de risco equivocadas atribuídas a esses derivativos pelas agências de *rating*, e, no geral, na progressiva desregulamentação do sistema financeiro como ferramenta de aceleração econômica[100].

Já sabemos que a crise quebrou algumas instituições (emblemático Banco Lehman Brothers) e forçou Estados a salvar outras com recursos públicos (*bail-out*). A partir daí, bancos ao redor do mundo vêm encarando grandes restrições regulatórias que visam reestruturar os sistemas financeiros, restaurar a confiança bancária e implementar medidas preventivas contra futuras recessões. Nos Estados Unidos, *pivot* da crise, a reforma veio em 2010 na forma do *Dodd-Frank Wall Street Reform and Consumer Protection Act* ("*Dodd-Frank Act*")[101]. É algo bem comum após

[100] Gerding, Erik F. *Bank Regulation and Securitization:* how the Law improved transmission lines between real estate and banking crises. Georgia Law Review, vol. 50:1. Athens, University of Georgia, 2015. Disponível em: <https://papers.ssrn.com/sol3/papers.cfm?abstract_id=2889796>. Acesso em 06.07.2019.

[101] De acordo com Meirelles, as medidas mais impactantes do *Dodd-Frank Act* foram: *(i)* criação do *Financial Stability Oversight Council* (FSOC), supervisor e eventual interventor de instituições financeiras americanas; *(ii)* implementação das restrições do Acordo de Basileia III, que determina o capital mínimo a ser provisionado por bancos para situações de estresse; *(iii)* vinculação de operações com derivativos a uma contraparte central (vulgarmente falando: compradora de todos os vendedores e vendedora de todos os compradores); *(iv)* maior fiscalização das agências de *rating*; *(v)* limitação do direito de bancos operarem com ativos em carteira proprietária (*Volcker's Rule*); e *(vi)* supervisão mais rígida de bancos com ativos superiores a US$ 50 bilhões, evitando que se tornem *too big to fail* (perigo de um banco relevante quebrar, e, para mitigar o risco sistêmico, forçar o Estado a socorrê-lo com recursos públicos – *bail-out*), *in* Meirelles, Antonio Chagas. *A reforma bancária internacional*

recessões – foi depois da crise de 1929 que se estabeleceram as bases regulatórias do mercado de capitais americano como ele é hoje, com o advento do *1933 Securities Act, 1934 Securities Exchange Act* e *1940 Investment Company Act.*

Quando observamos o padrão nas crises mais recentes no sistema financeiro, poderíamos defender a existência de um grande ciclo que se perpetua através do tempo[102] (denotando, talvez, até mesmo um fluxo circular de Schumpeter). Esquematizamos nossa visão sobre o ponto:

ETAPA DO CICLO	FENÔMENO NO SISTEMA FINANCEIRO
1ª	*Alta regulação,* que começa a ser progressivamente questionada como uma suposta trava no crescimento econômico.
2ª	*Baixa regulação,* reduzida com sucesso pelas pressões do mercado.
3ª	*Prosperidade,* graças à aceleração econômica viabiliza por empobrecimento da regulação.
4ª	*Alta alavancagem bancária,* incentivada pelo interesse em maximizar receitas e permitida pela baixa regulação.
5ª	*Desastre sistêmico e recessão,* decorrentes das primeiras quebras no cenário de alta alavancagem.
6ª	*Pobreza e desemprego,* gerada pela crise e pela redução das ofertas de crédito.
7ª	*Alta regulação,* desenhada para combater os efeitos da recessão até a recuperação da economia – e voltando à primeira etapa do ciclo.

e a estrutura do sistema bancário brasileiro. Revista de Direito Bancário e do Mercado de Capitais, ano 14, vol. 51, janeiro-março. São Paulo: Revista dos Tribunais, 2011.

[102] Gerding, Erik F. *Bank Regulation and Securitization:* how the Law improved transmission lines between real estate and banking crises. Georgia Law Review, vol. 50:1. Athens, University of Georgia, 2015. Disponível em: <https://papers.ssrn.com/sol3/papers.cfm?abstract_id=2889796>. Acesso em 06.07.2019.

O ciclo acima parte da premissa de que a falta de qualquer regulação leva ao desastre. Segundo Wald[103] e Forgioni[104], defender um mercado sem qualquer regulação chega a ser até mesmo ultrapassado hoje em dia (dada a assimetria de informação, risco de exercício de poder ou captura pelos agentes econômicos dominantes etc.). A discussão está então *no grau de regulação que deve existir, e não se deve ou não existir*. De acordo com Wald, o grau ótimo de regulação bancária seria aquele que rejeita tanto o autoritarismo estatal quanto o liberalismo clássico (e um tanto clichê).

Ainda segundo o autor, e aqui trazemos finalmente a discussão para o Brasil, o nosso Banco Central é um regulador que conseguiu atingir esse objetivo e se tornar uma verdadeira referência mundial[105]. Entre as diversas normas que ele traz para o exercício das atividades de instituições financeiras, uma das que mais impactam nas condições do crédito (principalmente taxa de juros) é a implementação das regras do Acordo de Basileia III[106].

Nessa linha, a Circular nº 3.809 do Banco Central (entre outras regras) traz detalhadamente os métodos que instituições financeiras devem aplicar para calcular quanto capital deverão mensurar a cada operação de crédito, e grande parte gira em torno de garantias tomadas no âmbito das operações de crédito. Seguindo esse cálculo, o grau de capital alocado por um banco para dar um crédito garantido por imó-

[103] Wald, Arnoldo. *O futuro do direito bancário e a regulação*. Revista de Direito Bancário e do Mercado de Capitais. Ano 17, vol. 64, abril-junho. São Paulo: Thomson Reuters Revista dos Tribunais, 2014, p. 13-73.

[104] Forgioni, Paula Andrea. *A Evolução do Direito Comercial Brasileiro:* da mercancia ao mercado. São Paulo: Revista dos Tribunais, 2009.

[105] Um dos muitos diferenciais do Banco Central em relação a outros reguladores de sistemas financeiros é um sistema ágil e sempre vigilante de intervenção e liquidação de instituições financeiras que estão no (ou beiram o) abismo. Constatado um grave desequilíbrio na sua situação econômico-financeira, o Banco Central deve decretar um regime de intervenção para tomar o controle temporário da instituição e mitigar os danos que podem ser causados ao mercado. Dependendo da gravidade, o regulador deve decretar a liquidação extrajudicial dos ativos da instituição, tudo seguindo os regimes da Lei nº 6.024, de 1974.

[106] Yanaka, Guilherme M.; Holland, Marcio. *Basiléia II e exigência de capital para risco de crédito dos bancos no Brasil* (2014). Disponível em: <http://basileiabrasil.com/wp-content/uploads/2014/08/Basileia_II_artigo_Holland_Yanaka.pdf>. Acesso em 26.05.2017.

vel é menor que para dar um crédito sem nenhuma garantia, já que essa última expõe o banco a um risco maior)[107].

Essas limitações são necessárias para evitar risco sistêmico e preservar a higidez do sistema financeiro, mas também têm o efeito de reduzir o acesso de pequenos empreendimentos ao crédito. De acordo com dados publicados pelo IFC (*International Finance Corporation*), mais de 50% das pequenas empresas brasileiras não têm acesso a financiamento ou acesso em condições desfavoráveis, e apenas 10% têm acesso pleno[108]. De acordo com dados recentes divulgados pelo Observatório MPE do Sebrae[109], dos 54% de pequenos empreendimentos que buscaram crédito durante os meses de maio e junho de 2020 (início da pandemia da Covid-19 no Brasil), apenas 21% conseguiram obter recursos. Para grande parte dessas pequenas empresas, as barreiras de acesso ao crédito são "*grandes ou severas*", quase sempre relacionadas à taxa de juros proibitiva que vem da falta de garantias a oferecer (de acordo com a OCDE, a taxa pode superar o dobro da que é cobrada de grandes empresas)[110].

Em 2013, apenas 25% do total de crédito oferecido nos países desenvolvidos eram destinados a pequenas empresas[111]. Nos Estados Unidos, ao passo que os empréstimos bancários para grandes *corporations* se encontram razoavelmente recuperados da crise, a disposição de bancos

[107] Esse exemplo é relativamente simples, mas os métodos de avaliação das instituições financeiras para aferir o CME no caso a caso são extremamente específicos e fogem ao escopo desse trabalho.

[108] IFC Enterprise Finance Gap Database. *International Finance Corporation* (2018). Disponível em: <https://finances.worldbank.org/Other/IFC-Enterprise-Finance-Gap-Database-Raw-Data/2ppx-k958/data>. Acesso em 16.03.2018.

[109] Observatório MPE, *Sebrae*. Disponível em: <https://bibliotecas.sebrae.com.br/chronus/ARQUIVOS_CHRONUS/bds/bds.nsf/a7deb2d85bb16a3e84960f06674b8c4f/$File/19816.pdf>. Acesso em 23.09.2022.

[110] Latin American Economic Outlook 2013: SME policies for structural change. *OCDE*. Paris: OECD Publishing, 2012. Disponível em: <https://repositorio.cepal.org/bitstream/handle/11362/1464/S2012085_es.pdf>. Acesso em 16.03.2018.

[111] Latin American Economic Outlook 2013: SME policies for structural change. *OCDE*. Paris: OECD Publishing, 2012. Disponível em: <https://repositorio.cepal.org/bitstream/handle/11362/1464/S2012085_es.pdf>. Acesso em 16.03.2018.

para dar crédito a pequenos negócios ainda não voltou para níveis anteriores à crise de 2008 e ao *Dodd-Frank Act*[112].

Por fim, tendo em vista as condições de taxa de juros, volume e prazo do crédito ofertado a pequenas empresas brasileiras, tornados desfavoráveis por aspectos financeiros e regulatórios, concluímos que, na falta de garantias reais ou pessoais relevantes (falta essa da qual sofre a maioria das *startups*), *o financiamento via crédito bancário dificilmente será plenamente viável para startups*[113].

2.3. Mercado de capitais – *power to the people*

A segunda opção para as *startups* procurarem financiamento poderia ser o mercado de capitais – um ambiente em que pessoas que dispõem de capital (*superavitários*) podem destiná-lo a títulos e valores mobiliários emitidos por empresas que precisam de capital (*deficitárias*)[114]. Esses ativos podem representar participação societária na companhia emissora, um empréstimo na emissora, ou serem apenas especulativos. Eles são oferecidos diretamente ao público e pagos pelos investidores em dinheiro, bens ou serviços, na expectativa de lucro[115].

Com o mercado de capitais, as empresas captam recursos diretamente do público, ao invés de captarem indiretamente pelos bancos via intermediação financeira clássica[116]. Por haver esse *link* direto que "*bypassa*" os bancos, Otávio Yazbek e Nelson Eizirik[117] dizem que o mercado de capitais é o mercado da desintermediação.

[112] Lerner, Josh; Schoar, Antoinette. *Rise of the Angel Investor*: challenge to public policy (2016). Disponível em: <http://www.thirdway.org/report/rise-of-the-angel-investor-a-challenge-to-public-policy>. Acesso em 01.06.2017.

[113] Naturalmente, isso não impede o próprio fundador da *startup* de tomar crédito em nome próprio oferecendo sua casa como garantia, por exemplo, mas as fontes ideais de captação de recursos (as que buscamos encontrar nesse estudo) não envolvem arriscar o patrimônio pessoal do empreendedor.

[114] Borba, José Edwaldo Tavares. *Direito Societário*. 14ª ed. São Paulo: Atlas, 2015, p. 175.

[115] Mattos Filho, Ary Oswaldo. *Conceito de valor mobiliário*. Revista de Direito Mercantil, Industrial, Econômico e Financeiro, v. 24, nº 59. São Paulo: Revista dos Tribunais, julho de 1985.

[116] Eizirik, Nelson; Gaal, Ariádna; Parente, Flávia; Henriques, Marcus. *Mercado de Capitais:* regime jurídico. 3ª ed. Rio de Janeiro: Renovar, 2011.

[117] Eizirik, Nelson; Gaal, Ariádna; Parente, Flávia; Henriques, Marcus. *Mercado de Capitais:* regime jurídico. 3ª ed. Rio de Janeiro: Renovar, 2011.

Um segundo objetivo do mercado de capitais é oferecer às companhias a chance de captar volumes de capital que dificilmente seriam disponibilizados apenas pelos sócios. Em outras palavras, segundo Eizirik, o mercado de capitais serve para compartilhar os riscos da atividade empresária com terceiros, reduzindo o ônus do sócio da empresa e estimulando a atividade econômica.

Com esse conceito em mente, Eizirik também ensina que as emissões de valores mobiliários no mercado de capitais conseguem: **(i)** aglutinar pequenos montantes de capital compostos por diversos poupadores em grandes e consolidados montantes com mais segurança e liquidez; **(ii)** agilizar a transferência de recursos, dando aos valores mobiliários a característica de unidades monetárias aptas à circulação em massa, assim como a própria moeda; e **(iii)** reduzir a assimetria de informação entre superavitários e deficitários, servindo como polo centralizador de dados econômico-financeiros e deixando a oferta e demanda dos valores mobiliários equilibrar seus preços.

Valores mobiliários, salvo algumas exceções, são emitidos por sociedades anônimas nos regimes definidos pela Lei nº 6.404/1976 ("*Lei das Sociedades por Ações*"). São pessoas jurídicas de direito privado cujo capital social é dividido em ações – partes iguais, negociáveis e que delimitam a responsabilidade dos seus sócios (acionistas).

As ações são os valores mobiliários[118] mais adotados para compartilhar o risco da atividade econômica (e dos direitos de sócios, como votos e dividendos)[119]. As ações podem ser emitidas por uma companhia via **(i)** oferta privada, para algumas pessoas físicas ou jurídicas abordadas de

[118] Apesar de ser majoritariamente aceito, há discussão doutrinária sobre a natureza jurídica das ações: alguns entendem que ela assume as características tradicionais de um título de crédito, especialmente sua negociabilidade. No entanto, considerando a proibição de ações ao portador, pela Lei nº 8.021, de 1990, o fato de ações terem função típica de investimento e poder de controle, a inaplicabilidade total do regime formalista dos títulos de crédito às ações, e, por fim, a desmaterialização das ações escriturais, Otávio Yazbek entende que é preferível conceituar ações como valores mobiliários, e não como títulos de crédito. *In* YAZBEK, Otávio. *Regulação do Mercado Financeiro e de Capitais*. Rio de Janeiro: Elsevier, 2007.

[119] LAMY FILHO, Alfredo; PEDREIRA, José Luiz Bulhões. *Título I:* conceito, objeto social e classes. *in* LAMY FILHO, Alfredo; PEDREIRA, José Luiz Bulhões (coord.). Direito das Companhias. 2ª ed. Rio de Janeiro: Gen/Forense, 2017.

forma individual, ou **(ii)** oferta pública, para abordar a poupança popular de forma irrestrita, permitindo que qualquer pessoa compre suas ações se torne sua sócia[120]. As companhias com ações publicamente negociadas são chamadas de companhias abertas[121] (o conceito de oferta pública inicial será melhor comentado à frente).

Para realizar ofertas públicas de valores mobiliários, a companhia precisa cumprir as normas da Comissão de Valores Mobiliários (*CVM*) – autarquia federal responsável pela regulação do mercado de capitais e pela tutela do público investidor. Essas normas, contidas na Instrução CVM nº 400 ("*ICVM 400*", substituída pela Resolução CVM 160 – "*RCVM 160*" – em janeiro de 2023), giram majoritariamente em torno de aumentar o *disclosure* pela companhia emissora, criando regimes especiais de governança e abertura de informações ao público para que investidores consigam tomar uma decisão consciente e racional sobre adquirir ou não o valor mobiliário emitido pela ofertante[122].

A oferta pública de valores mobiliários é uma proposta dirigida à generalidade dos indivíduos sem alvo específico, e que demanda recur-

[120] Lameira, Valdir. *A Estrutura de Capital das Sociedades Anônimas*. Rio de Janeiro: Forense Universitária, 2001.

[121] Borba, José Edwaldo Tavares. *Direito Societário*. 14ª ed. São Paulo: Atlas, 2015, p. 167.

[122] Cabe aqui uma ressalva: o objetivo da CVM não é substituir o investidor na avaliação da conveniência e oportunidade de fazer um investimento. Ela somente empreende melhores esforços para que o público tenha todas as informações econômico-financeiras relevantes sobre a emissora de valores mobiliários para que então o investidor possa tomar uma decisão informada sobre adquiri-los ou não. E a autarquia faz isso, na prática, "forçando" a companhia emissora a dar ampla divulgação das informações relevantes e não sigilosas sobre sua saúde financeira. Isso envolve, por exemplo, a publicação trimestral de balanço financeiro auditado por auditor independente e registrado perante a própria CVM. Nesse modelo de regulação (a que visa apenas garantir que o investidor tenha "todas as cartas na mesa", sem influenciar na sua decisão de comprar ou não um valor mobiliário), que chamamos de registro com revisão limitada, a CVM não deve ser responsabilizada por prejuízos do investidor decorrentes de fracasso na atividade da emissora, desde que não tenha havido omissão de informações relevantes por parte da emissora (infração regulatória) que poderiam ter mitigado esse prejuízo. Na generalidade dos países ocidentais esse mesmo modelo de revisão limitada é seguido, mas algumas exceções são observadas em pequenos trechos das legislações da Inglaterra, Alemanha e França, *in* Mota, Fernando de Andrade. *Registro de Distribuição Pública de Valores Mobiliários*: extensão da revisão pelo regulador. Revista de Direito Bancário e do Mercado de Capitais. Ano 18, vol. 69, julho-setembro. São Paulo: Revista dos Tribunais, 2015, p. 149-167.

sos relevantes (capital e tempo) da companhia para cumprimento das obrigações regulatórias. A Lei nº 6.385/1976, traz no art. 19 uma lista exemplificativa de meios usados para abordar grupos indefinidos de pessoas, e, logo que caracterizam uma oferta pública[123]. Se a CVM entender que uma empresa incorreu em qualquer um deles para emitir valores mobiliários, ela será punida por não haver seguido as obrigações da RCVM 160.

Contestando a real necessidade do ônus regulatório em certos casos, Eizirik[124] entende que o fator decisivo para a avaliação é a situação do grupo de investidores alvo da oferta – se eles são ou não sofisticados o suficiente para não precisar da proteção estatal (critério adotado pela regulação americana). Caso o sejam, é justificável uma flexibilização das regras de registro para facilitar a capitalização das companhias emissoras.

Adotando esse entendimento, a CVM criou a oferta pública de esforços restritos pela Instrução nº 476 ("*ICVM 476*") (também substituída pela RCVM 160 em janeiro de 2023), destinada exclusivamente a Investidores Qualificados[125] e Investidores Profissionais com menos obrigações regulatórias impostas à companhia emissora[126]. As ofertas públicas restritas foram automaticamente dispensadas de passar pelo oneroso

[123] Esses elementos seriam basicamente qualquer um dos seguintes: *(i)* a utilização de listas ou boletins de venda ou subscrição, folhetos, prospectos ou anúncios destinados ao público; *(ii)* a procura de subscritores ou adquirentes para os títulos por meio de empregados, agentes ou corretores; *(iii)* a negociação feita em loja, escritório ou estabelecimento aberto ao público, ou *(iv)* a utilização dos serviços públicos de comunicação (art. 19, §3º).

[124] Eizirik, Nelson; Gaal, Ariádna; Parente, Flávia; Henriques, Marcus. *Mercado de Capitais:* regime jurídico. 3ª ed. Rio de Janeiro: Renovar, 2011.

[125] Os arts. 11 e 12 da Resolução CVM nº 30 criam essas duas categorias de investidores que, mediante cumprimento de certos critérios (principalmente patrimoniais), recebem diversas flexibilizações regulatórias – como a capacidade de participar das ofertas públicas restritas.

[126] A inspiração da CVM para criar a oferta pública restrita veio do mercado de capitais dos Estados Unidos, onde a *Securities and Exchange Comission* ("*SEC*") teve uma iniciativa semelhante: primeiro publicou a *Regulation D* para isentar ofertas privadas de valores mobiliários da obrigação de registro, e depois publicou a *Rule 144A* para permitir que tais valores mobiliários pudessem ser vendidos no mercado secundário (o que não teria sido possível por serem classificados pela SEC como *restricted securities*). Aqui há uma diferença regulatória, já que a SEC regulamentou essa possibilidade na forma de ofertas privadas e a CVM ainda considera como públicas as ofertas restritas da ICVM 476. *In* Godke Veiga, Marcelo; Oioli, Erik. *As sociedades limitadas e o mercado de capitais, in* Azevedo, Luís André de Moura;

processo de registro perante a CVM (art. 6º da ICVM 476), só podiam ser propostas a 75 investidores e efetivamente distribuídas a 50 deles.

Ainda que a emissora de uma oferta pública restrita ainda precise cumprir rígidas obrigações, essas ofertas rapidamente superaram o número de ofertas públicas do regime da antiga ICVM 400. Até maio de 2019, R$ 1,2 trilhão havia sido levantado via ofertas 476 de empresas brasileiras – aproximadamente o dobro dos R$ 529 bilhões historicamente levantados via ofertas 400[127]. Esse número aumentou em 2021 com a captação de mais de R$ 1,4 trilhão via ofertas 476 de empresas brasileiras[128].

Tanto na oferta pública clássica quanto na oferta pública restrita, as instituições financeiras não são afastadas completamente da relação. Ainda que não haja um contrato tipicamente bancário para empréstimo de recursos, a emissão deve ser obrigatoriamente coordenada por uma instituição financeira integrante do sistema de distribuição de valores mobiliários[129] (atividade chamada de *underwriting*), conforme art. 15, I[130] c/c art. 19, §4º[131] da Lei nº 6.385/1976. Sendo assim, estaríamos diante

CASTRO, Rodrigo Monteiro (Coord.). Sociedade Limitada Contemporânea. São Paulo: Quartier Latin, 2013, p. 27.

[127] Com R$ 1,2 trilhão captado, 'ofertas 476' completa dez anos. *Valor Econômico* (02.07.2019). Disponível em: <https://www.valor.com.br/financas/6327747/com-r-12-trilhao-captado-oferta-476-completa-10-anos>. Acesso em 10.07.2019.

[128] Consulta Oferta Pública de Esforços Restritos (Instrução CVM 476/09), *Comissão de Valores Mobiliários*. Disponível em: <http://web.cvm.gov.br/app/esforcosrestritos/#/consultarOferta>. Acesso em: 24.09.2022.

[129] Salvo algumas exceções, a emissão de ativos sem a prestação do serviço por instituição financeira é considerada infração grave pela CVM, sujeitando o emissor às penalidades elencadas no art. 11, §3º da Lei nº 6.385/1976 e anulando a emissão com efeito *ex tunc* (retroativo).

[130] Art. 15. O sistema de distribuição de valores mobiliários compreende:
I – as instituições financeiras e demais sociedades que tenham por objeto distribuir emissão de valores mobiliários:
a) como agentes da companhia emissora;
b) por conta própria, subscrevendo ou comprando a emissão para a colocar no mercado;

[131] Art. 19. Nenhuma emissão pública de valores mobiliários será distribuída no mercado sem prévio registro na Comissão.
§ 4º – A emissão pública só poderá ser colocada no mercado através do sistema previsto no Art. 15, podendo a Comissão exigir a participação de instituição financeira.

não de intermediação financeira clássica, mas sim de *intermediação financeira por aproximação* (na prática, prestação de um serviço à emissora)[132].

Apesar de as ações serem os primeiros valores mobiliários que vêm à mente quando pensamos em mercado de capitais, elas são apenas uma espécie entre diversas outras. As empresas não ofertam apenas títulos de participação societária, mas também títulos de dívida. Para entender as diferentes implicações dessa escolha, é necessária a diferenciação entre os conceitos de "*risco de crédito*" e de "*risco de sócio*".

Risco de crédito é aquele assumido pelo credor de um empréstimo tradicional (p. ex.: banco) e que apenas depende da capacidade do devedor de honrar com o seu compromisso financeiro e sua solvabilidade em eventual execução. Já o *risco de sócio* é aquele assumido por quem tem um título de participação, e, logo, assume deveres e direitos diretamente atrelados ao sucesso da atividade empresarial (p. ex.: sócio/acionista de empresa). A dicotomia entre esses dois tipos de risco é extremamente relevante.

O grande diferencial entre eles é que quem assume o risco de crédito não participa do risco da atividade do devedor, e, portanto, terá seu crédito exigível independentemente do seu sucesso. Por outro lado, quem assume o risco do negócio só terá direito a remuneração pelo capital que investiu se a sociedade auferir lucro. Se houver prejuízo, ele não receberá o retorno desejado. No limite, se a empresa enfrentar liquidação ou falência, os sócios serão os últimos na fila a receber seus créditos (subordinados).

Os valores mobiliários de dívida assumem as qualidades de uma relação creditícia, semelhantes em diversos pontos a uma operação de empréstimo bancário. Os títulos tradicionais de dívida são as debêntures, notas promissórias, certificados de recebíveis securitizados, letras financeiras, entre diversos outros criados com o dinamismo do mercado. Empresas recorrem a valores mobiliários de dívida, em detrimento de crédito bancário, para **(i)** conseguir financiamentos a prazos mais longos; **(ii)** evitar a incidência do Imposto sobre Operações Financeiras sobre o empréstimo (IOF-Crédito); **(iii)** conseguir taxas de juros mais atrativas do que as bancárias; e **(iv)** pulverizar sua massa de credores e adquirir mais poder de barganha.

[132] ALBUQUERQUE, Bruno Caraciolo Ferreira. *Responsabilidade Civil das Instituições Financeiras nas Ofertas Públicas de Valores Mobiliários*. Revista de Direito Bancário e do Mercado de Capitais, ano 15, vol. 57, julho-setembro. São Paulo: Revista dos Tribunais, 2012.

Para o investidor, escolher entre ser sócio e credor tem vantagens e desvantagens. Um investidor de debênture, por exemplo, precisa apenas esperar a data de vencimento do título para cobrar o saldo devedor – independentemente da saúde financeira da devedora – e terá prioridade no eventual concurso de credores em relação aos acionistas da empresa. Via de regra, os valores a receber são pré-determinados na taxa remuneratória do contrato, sem que o lucro da devedora seja uma variável.

Por outro lado, quando um investidor compra títulos de participação em uma empresa e assume o risco do negócio, é um destino incerto – se o empreendimento naufragar, ele dificilmente receberá sequer o capital inicialmente investido, mas, se a atividade for um sucesso, seu ganho será proporcional à sua participação no capital social (seja na distribuição de dividendos ou na alienação de seu título para terceiros). Sendo assim, dado que o capital investido pode crescer exponencialmente, o "*custo do dinheiro*" pago pela empresa por quem assume o risco do negócio é significantemente (e corretamente) maior do que o custo do dinheiro de quem só assume o risco de crédito[133].

Contrapondo esses dois tipos de investidores – acionistas e credores – e o custo que cada um deles representa para a empresa tomadora, aproxima-se de uma discussão que está em voga na academia e no mercado. Falamos do problema da *optimal capital structure* (estrutura ótima de capital), que debate como uma empresa pode calcular em qual proporção deve buscar recursos em capital próprio (sócios) e em capital de terceiros (credores)[134]. Esse dilema envolve questões financeiras, questões políticas decorrentes dos direitos de participantes do empreendimento, e outras –, mas, ainda que a discussão seja extremamente rica, ela foge o escopo desse livro.

2.3.1. Mercado de capitais é viável para *startups*?

Dados os fundamentos do mercado de capitais e das ofertas públicas de valores mobiliários, voltamos à derradeira pergunta – se o mercado de crédito não é plenamente viável para *startups*, *será que o mercado de capitais*

[133] Spina, Cássio. *Investimento Anjo*: guia prático para empreendedores e investidores. São Paulo: Nversos, 2011.

[134] Lameira, Valdir. *A Estrutura de Capital das Sociedades Anônimas*. Rio de Janeiro: Forense Universitária, 2001.

tem condições de suprir integralmente essas necessidades, seja pela emissão de participação ou de dívida?

Entendemos que não, por diversas razões.

Primeiro, emissoras no mercado de capitais são quase que integralmente sociedades anônimas, e *startups* não costumam se constituir sob esse tipo societário. Um dos motivos é a vedação legal a sociedades anônimas usufruírem do Simples Nacional, sistema da Lei Complementar nº 123/2006 (Estatuto da Microempresa e Empresa de Pequeno Porte, ou "*Lei do Simples*") que concede um regime tributário benéfico para pequenos negócios – um recolhimento mensal unificado, simplificado e menor do que quase todos os tributos devidos[135].

Ao proibir que sociedades anônimas participem do regime, a Lei do Simples provoca uma carga tributária maior para as companhias (que só podem optar entre os regimes de lucro real e lucro presumido), assim como um consequente esvaziamento desse tipo societário por pequenos empreendimentos. Em outras palavras, a sociedade anônima torna-se tipo societário mais adequado para empresas que já possuem estruturas financeiras e operacionais razoavelmente estabelecidas, e *startups* geralmente não se encaixam nessa condição.

Em que pese essa adversidade, há casos em que *startups* (a partir de certo estágio de desenvolvimento) conseguem se transformar em sociedades anônimas sem grandes impactos e com diversos benefícios, principalmente a abertura do leque de possíveis investidores (Capítulo 4.5).

Segundo, além dos custos fiscais de sociedades anônimas, emissoras no mercado de capitais também suportam custos regulatórios para ofertar valores mobiliários. Ainda que a companhia se limite a emissões que permitem o registro automático (menos oneroso) da oferta pública pela RCVM 160, ainda há diversos itens que demandam *compliance* custoso,

[135] Art. 13. O Simples Nacional implica o recolhimento mensal, mediante documento único de arrecadação, dos seguintes impostos e contribuições: I – Imposto sobre a Renda da Pessoa Jurídica – *IRPJ*; II – Imposto sobre Produtos Industrializados – *IPI* (...); III – Contribuição Social sobre o Lucro Líquido – *CSLL*; IV – Contribuição para o Financiamento da Seguridade Social – *COFINS* (...); V – Contribuição para o *PIS/PASEP* (...); VI – Contribuição Patronal Previdenciária – *CPP* (...); VII – Imposto sobre Operações Relativas à Circulação de Mercadorias e Sobre Prestações de Serviços de Transporte Interestadual e Intermunicipal e de Comunicação – *ICMS*; VIII – Imposto sobre Serviços de Qualquer Natureza – *ISS*.

como demonstrações financeiras auditadas. Uma *startup* dificilmente conseguiria absorver essas despesas, principalmente se ainda estiver em estágios iniciais (conhecidos pela relativa escassez de capital, fluxo de caixa negativo e possivelmente inexistência do produto final).

Por fim, há alguns esforços para reverter esse quadro. Entre eles, o Bovespa Mais: um segmento especial da B3 inaugurado em 2005 para pequenas empresas promissoras conseguirem acesso ao mercado de capitais. No entanto, o Bovespa Mais não foi uma medida suficiente para reduzir os ônus regulatórios das empresas[136]. Outra iniciativa que merece destaque e acompanhamento nos próximos anos foi a introdução do conceito de "companhia de menor porte" na Lei das Sociedades por Ações em 2021, por meio da Lei Complementar nº 182/2021, com a previsão legal de condições facilitadas para o acesso de companhias de menor porte ao mercado de capitais, nos termos estabelecidos pela CVM[137].

Esse espaço estreito no mercado de capitais para *startups* também existe no exterior. Buscando reduzir essa barreira, foi promulgado em 2012 nos Estados Unidos o *Jumpstart Our Business Startups Act* ("JOBS Act"), que flexibiliza as obrigações regulatórias de pequenas empresas que desejam acessar o mercado de capitais[138]. Uma dessas flexibilizações facilitava o IPO de empresas que faturassem abaixo de R$ 1 bilhão[139]. Buscando mais avanços, as associações de investimento em *startups* tam-

[136] Atualmente, apenas 18 são listadas no segmento Bovespa Mais. <Disponível em: http://bvmf.bmfbovespa.com.br>. Acesso em 15.06.2018.

[137] A CVM emitirá gradualmente normas para disciplinar o regime flexível das aludidas companhias de menor porte. Por exemplo, em 1º de setembro de 2022, a CVM editou a Resolução CVM nº 166/2022 sobre a flexibilização da exigência de publicações legais das companhias de menor porte.

[138] Why Investors EVADE Non-Disclosure Agreements. *Jumpstart* (2011). Disponível em: <https://www.jumpstartinc.org/2011/12/09/why-investors-evade-non-disclosure/>. Acesso em: 30.04.2017.

[139] O nome do regime flexibilizado se chamava "Reg A+", e demonstra que pura flexibilização regulatória, sem outras medidas de facilitação de acesso ao mercado, pode não ser suficiente para facilitar o acesso das *startups* a investimentos. Em 2017, 7 das 8 companhias que fizeram IPO usando essa facilitação tiveram queda de preço nas ações na média de 42% desde então. Os investidores prejudicados acusaram o JOBS Act de transferir ao investidor o ônus de identificar riscos escondidos nesses pequenos negócios no momento do investimento. *In* IPO Shortcuts Put Burden on Investors to Identify Risk. *Wall Street Journal*

bém estão tocando tratativas com o governo dos Estados Unidos para facilitar o acesso das *startups* à poupança popular[140].

Continuemos então na nossa busca. Se nem o mercado de crédito e nem o mercado de capitais são capazes de atender 100% das necessidades das *startups*, a quem mais poderiam recorrer para financiar suas inovações?

2.4. Incubadoras

O conceito semântico de incubadora é de um espaço físico que viabiliza o desenvolvimento de um ser até que ele esteja pronto para ser liberado no mundo. Importando esse instituto para o mundo corporativo, *incubadoras de empresas "acolhem" pequenas startups para dentro de sua infraestrutura e as nutrem com ativos tangíveis e intangíveis até que estejam em condições para sobreviver no mercado*[141].

As incubadoras existem desde a época de 1950, mas ainda assim não há muitos estudos sobre sua natureza[142]. Natureza essa de *processo de suporte a iniciativas que aceleram o desenvolvimento de startups e pequenas*

(07.02.2018). Disponível em: <https://www.wsj.com/articles/ipo-shortcuts-put-burden-on--investors-to-identify-risk-1517913000>. Acesso em 07.02.2018.

[140] Vide, p.ex.: Submission to Senate Finance Committee with Tax Reform Proposals. *NVCA* (17.07.2017). Disponível em: <http://nvca.org/?ddownload=27871>. Acesso em 19.07.2017.

[141] Fernandes, Pedro Wehrs do Vale. *A Natureza Jurídica das Incubadoras e Aceleradoras e suas Relações Contratuais com as Startups.* Curitiba: XXV Congresso do CONPEDI, 2016. Disponível em: <http://www.conpedi.org.br/publicacoes/02q8agmu/86257626/Ap4fpW72VLabJQJh.pdf Acesso em 30.05.2017. Em 2016, a Lei 10.973/2004 (Lei da Inovação) foi acrescida com o inciso III-A no seu art.2º, que definiu expressamente a incubadora como: *"art. 2º (...) III-A: organização ou estrutura que objetiva estimular ou prestar apoio logístico, gerencial e tecnológico ao empreendedorismo inovador e intensivo em conhecimento, com o objetivo de facilitar a criação e o desenvolvimento de empresas que tenham como diferencial a realização de atividades voltadas à inovação"*.

[142] Pauwels, Charlotte, Clarysse, Bart, Wright, Mike, & Van Hove, Jonas. *Understanding a new generation incubation model:* the accelerator. *Technovation, 50*, outubro de 2015, p. 13-24. Disponível em: <https://www.researchgate.net/publication/283536940_Understanding_a_new_generation_incubation_model_The_accelerator>. Acesso em: 30.05.2017.

empresas, oferecendo aos empreendedores um leque de recursos e serviços direcionados ao crescimento[143].

Nesse leque, além de espaço físico propriamente dito às *startups* (p.ex., infraestrutura de laboratório clínico para testes, rede de computadores para produção de *softwares*, salas comerciais), as incubadoras também oferecem mentoria e aconselhamento estratégico para os empreendedores incubados. Tal assistência também pode se traduzir em teste e validação de produto, *networking* com outros empreendedores, treinamentos em desenvolvimento, administração e vendas, entre outras competências (só não costuma haver investimento propriamente dito nas incubadas, conforme melhor detalhado no final do capítulo).

De acordo com levantamento entre empreendedores brasileiros, os benefícios mais procurados na incubação pelas *startups* são apoio na gestão, na captação de recursos, e, principalmente, *networking*. Além disso, os empreendedores consideram boa prática das incubadoras – que acaba ajudando as incubadas – o estabelecimento prévio de metas (e fiscalização sobre se foram batidas ou não), solicitação de relatórios mensais, reuniões periódicas sobre planos/direcionamentos para o negócio e oferecimento de cursos[144].

Nos Estados Unidos, as incubadoras são majoritariamente financiadas por universidades ou por recursos públicos, então não cobram remuneração significativa do empreendedor e recebem pouca (ou zero) participação nas *startups* incubadas[145]. Em 2011, foi verificado que a maioria das melhores incubadoras americanas eram entidades sem fins lucrativos[146]. Considerando essa natureza distinta, as incubadoras visam

[143] International Business Innovation Association (INBIA). Disponível em: <https://inbia.org/>. Acesso em 30.05.2017.

[144] Faury, Thiago Pinheiro; Carvalho, Marly Monteiro. *Corporate venture capital:* geração e acompanhamento de oportunidades de investimento em empresas inovadoras. Produção, v. 23, n. 4, p. 735-750, outubro-dezembro, 2013.

[145] Klein, Sarah. *What is the Difference between an Incubator and an Accelerator?* (2015). Disponível em: <http://www.bizlawtoday.com/2015/06/what-is-the-difference-between-an-incubator-and-an-accelerator/>. Acesso em 30.05.2017.

[146] Lewis, Davis; Harper-Anderson, Elvis; Molnar, Lawrence. *Incubating Success:* incubation Best Practices that lead to successful new ventures. Institute for Research on Labor, Employment, and the Economy. Ann Harbor: University of Michigan, 2011. Disponível em: <http://www.nist.gov/ineap/upload/Incubating-Success-Report.pdf>. Acesso em: 31.05.2017.

ao desenvolvimento econômico e criação de empregos em suas respectivas regiões, e normalmente quem as dirige são profissionais e acadêmicos do setor de inovação[147].

Tal modelo de incubadora dos Estados Unidos vem sendo gradualmente replicado no Brasil. Graças a isso, tivemos passos importantes para o nosso sistema de inovação mediante incubação de *startups* de média, baixa ou nenhuma tecnologia. Aqui, tal como lá, as universidades têm um papel intrinsecamente ligado à maturação das incubadoras[148].

Atualmente, o Brasil conta com aproximadamente 363 incubadoras[149]. Um dos exemplos privados mais notório é o Cubo – inaugurado em São Paulo em 2015. O incubador de *startups* de tecnologia foi fundado pelo Itaú Unibanco e Redpoint e.ventures (um reconhecido fundo de investimentos), e hoje em dia já conta com vários parceiros como Amazon, B3, BrMalls e Kroton. O Cubo recebe aluguel mensal das *startups* (não exige participação nelas), mas *os principais ganhos de empresas mantenedoras são a posição estratégica de proximidade com startups relevantes*[150] *e a sinalização ao mercado de que são empresas interessadas em parcerias que gerem inovação.*

Também temos programas públicos relevantes de incubação: **(i)** Incubadora de Empresas da COPPE/UFRJ, que viabiliza o desenvolvimento de empresas tecnológicas desde 1994 e, em 2016, viu suas incu-

[147] TORUN, Mustafa. *Business Accelerators and their Differences from Incubators.* Multincubadora – Universidade de Brasília. Working Paper. Brasília: CDT/UnB, 2018.

[148] VALENTE, Luciano. *Hélice Tríplice:* metáfora dos anos 90 descreve bem o mais sustentável modelo de sistema de inovação. Entrevista com Henry Etzkovitz. Revista Conhecimento & Inovação, vol. 6, n. 1. Campinas: Instituto Uniemp, 2010, p. 6-9.

[149] Mapeamento dos mecanismos de geração de Empreendimentos Inovadores no Brasil, Associação Nacional de Entidades Promotoras de Empreendimentos Inovadores (Anprotec); textos: Claudia Pavani... [et.al.]. – Brasília: Anprotec, 2019. 225p.: il. Disponível em: https://anprotec.org.br/site/wp-content/uploads/2019/09/Mapeamento_Empreendimentos_Inovadores.pdf.
Acesso em 24.09.2022.

[150] Conforme palestra do General Manager do Cubo no evento "*Fundraising para Startups*" (ocorrido em 22 de fevereiro de 2018 na WeWork Carioca), o Itaú conseguiu se beneficiar de sua posição na incubadora para abordar e assinar contratos de prestação de serviço com diversas *startups* lá incubadas.

badas baterem o faturamento total de R$ 343 milhões[151]; **(ii)** MIDI Tecnológico, iniciativa de Florianópolis que liberou de incubação com sucesso de mais de 100 startups que representam cerca de 15% das empresas de tecnologia do Estado de Santa Catarina e somam um faturamento superior a R$ 1 bilhão[152]; **(ii)** e CELTA, também de Florianópolis, que liberou de incubação com sucesso 104 *startups* que faturam conjuntamente R$ 9,8 bilhões e atualmente incuba 45 *startups* que geram 800 empregos e faturam conjuntamente R$ 56 milhões[153].

Incubadoras como o Cubo, MIDI Tecnológico e CELTA não beneficiam apenas as incubadas, mas também investidores que estão em busca de *startups* promissoras, universidades (e universitários) interessados no mercado de inovação e empresas à procura de fornecedores, clientes e programas para patrocinar.

2.4.1. Estrutura jurídica do contrato de incubação

Falando agora sobre a parte prática do negócio: contratos de incubadora são considerados atípicos (art. 425 do Código Civil)[154], mas seguem um padrão de mercado razoavelmente consolidado. Pedro Wehrs Fernandes, após pesquisa empírica e avaliação quantitativa de contratos de incubação[155], compilou as cláusulas mais recorrentes:

[151] Disponível em: <http://www.incubadora.coppe.ufrj.br/a-incubadora/ambientes/>. Acesso em 01.07.2019.

[152] Disponível em: < https://sc.acate.com.br/miditec#rd-section-ky4iaoc4>, Acesso em 26.09.2022.

[153] Disponível em: <http://www.celta.org.br/>. Acesso em 19.03.2018.

[154] Art. 425. É lícito às partes estipular contratos atípicos, observadas as normas gerais fixadas neste Código.

[155] FERNANDES, Pedro Wehrs do Vale. *A Natureza Jurídica das Incubadoras e Aceleradoras e suas Relações Contratuais com as Startups*. Curitiba: XXV Congresso do CONPEDI, 2016. Disponível em: <http://www.conpedi.org.br/publicacoes/02q8agmu/86257626/Ap4fpW72VLabJQJh.pdf>. Acesso em 30.05.2017.

OBRIGAÇÕES DA INCUBADORA	OBRIGAÇÕES DA *STARTUP* INCUBADA
Liberar espaço físico para a *startup* testar produto, realizar reuniões etc.;	Pagar aluguéis mensais pelo espaço físico;
Oferecer mentoria em diversas frentes, desde aspectos de desenvolvimento de produto até técnicas de gestão;	Pagar certo percentual (usualmente 1%) da receita bruta durante período de incubação;
Empreender melhores esforços para abertura de *networking*;	Pagar certo valor (usualmente até 2%) da receita bruta durante período pós-incubação (2 a 5 anos);
Servir de intermediária nas relações com entidades de ensino e pesquisa;	Cumprir o plano/modelo de negócios aprovado antes da incubação pela própria incubadora;
-	Apresentar relatórios periódicos sobre seu progresso e atividades;
-	Participar dos eventos promovidos na instituição;
-	Não concorrer com outras *startups* incubadas pela mesma incubadora.

No exterior, o prazo do contrato com incubadoras costuma durar de três a quatro anos[156], enquanto no Brasil há um prazo médio de um a três anos[157].

Por fim, apesar de estar presente em um capítulo sobre captação de recursos, *a incubadora geralmente não recebe capital da startup incubada.* Enquanto está incubado, o empreendedor conta majoritariamente com recursos próprios ou de *family, friends and fools.* No entanto, essa instituição é essencial para o tema de captação porque **(i)** o potencial de

[156] Torun, Mustafa. *Business Accelerators and their Differences from Incubators.* Multincubadora – Universidade de Brasília. Working Paper. Brasília: CDT/UnB, 2018.

[157] Fernandes, Pedro Wehrs do Vale. *A Natureza Jurídica das Incubadoras e Aceleradoras e suas Relações Contratuais com as Startups.* Curitiba: XXV Congresso do conpedi, 2016. Disponível em: <http://www.conpedi.org.br/publicacoes/02q8agmu/86257626/Ap4fpW72VLabJQJh.pdf>. Acesso em 30.05.2017.

networking das incubadas com potenciais investidores é enorme, especialmente em mercados mais enxutos como o brasileiro; e **(ii)** ela é chamada de fase "pré-aceleração", servindo como preparação para a primeira fonte profissional de captação de recursos: as aceleradoras.

2.5. Aceleradoras

Um marco relevante na vida da *startup* (que inclusive indica que, se estiver incubada, já está pronta para ser liberada ao mundo) é quando o seu produto está em etapa de desenvolvimento avançado o suficiente para começar a ser vendido[158]. Esse é o conceito do *Minimum Viable Product* ("*MVP*"), uma versão inicial do produto já suficiente para comercialização, ainda que não "fechada". Ou seja, o modelo ainda será desenvolvido mediante testes e *feedbacks* de clientes *beta* que ajudarão a definir se o empreendedor deve continuar seguindo a mesma estratégia de desenvolvimento ou fazer um *pivot*[159].

Quando a *startup* tem um MVP para oferecer ao mercado, ela costuma atrair a atenção das aceleradoras: instituições que oferecem um *programa modificado de crescimento desenhado para startups já razoavelmente maduras e prontas para receber investimento e levarem seus produtos ao mercado*[160].

As aceleradoras e incubadoras dividem semelhanças conceituais, especialmente porque ambas proveem infraestrutura e mentoria para as *startups* que acolhem. Nas duas instituições, elas concedem muito do que o empreendedor precisa para otimizar seu crescimento, seja pelo fortalecimento da sua infraestrutura, redefinição do produto para melhor atingir o público-alvo, preparação para receber investimento/ser adqui-

[158] Fernandes, Pedro Wehrs do Vale. *A Natureza Jurídica das Incubadoras e Aceleradoras e suas Relações Contratuais com as Startups*. Curitiba: XXV Congresso do conpedi, 2016. Disponível em: <http://www.conpedi.org.br/publicacoes/02q8agmu/86257626/Ap4fpW72VLabJQJh.pdf>. Acesso em 30.05.2017.

[159] Ries, Eric. *The Lean Start up*: how today's entrepreneurs use continuous innovation to create radically successful businesses. Nova York: Crown Publishing Group, 2011.

[160] Lewis, Davis; Harper-Anderson, Elvis; Molnar, Lawrence. *Incubating Success:* incubation Best Practices that lead to successful new ventures. Institute for Research on Labor, Employment, and the Economy. Ann Harbor: University of Michigan, 2011. Disponível em: <http://www.nist.gov/ineap/upload/Incubating-Success-Report.pdf>. Acesso em: 31.05.2017.

rido etc.[161]. Em outras palavras, ambas oferecem ativos tangíveis e intangíveis para empreendedores que, geralmente, já consumiram os recursos próprios e de *family, friends and fools*[162].

No entanto, as aceleradoras são diferentes das incubadoras em um aspecto muito relevante: elas não só oferecem mentoria, infraestrutura, consultoria e *networking, mas também efetivamente investem nas startups que acolhem* (como é uma fase em que a *startup* geralmente tem pouco e precisa de bastante capital, chama-se o investimento de aceleradora de *survival money*). Na linha cronológica das etapas de vida da *startup*, as aceleradoras são a primeira fonte de recursos profissional e não incentivada por razões afetivas[163].

Via de regra, tal investimento das aceleradoras nas *startups* acontece mediante compra de participação largada, outorga de opção de compra futura ou, o mais comum, mútuo conversível (que será explicado no decorrer dessa obra).

Temos bons exemplos entre as mais de 57 aceleradoras brasileiras de hoje em dia[164]. Antevendo o potencial do ecossistema, o Google lançou em 2015 o Launchpad Accelerators para *startups* de tecnologia (especialmente produtoras de *apps*). Em uma linha semelhante, o Bradesco estruturou em 2014 o programa de aceleração inovaBra, com o objetivo de se aproximar do mercado de *startups* e acompanhar de perto as inovações que vêm sendo estruturadas (especialmente *fintechs* e *datatechs*).

[161] Price, Russ. *The Role of Service Providers in Establishing Networked Regional Business Accelerators in Utah*. Cambridge: International Journal of Technology Management, vol. 27, nº 5, 2004.

[162] Spina, Cássio. *Investimento Anjo*: guia prático para empreendedores e investidores. São Paulo: Nversos, 2011.

[163] A definição dada pelo Ministério da Ciência, Tecnologia e Inovações e Comunicações representa bem esse aspecto financeiro das aceleradoras: pessoas jurídicas dedicadas ao processo de apoio a projetos de empreendedores e empresas nascentes (*startups*), que consiste: *(i)* na seleção de candidatas fundamentada em critérios de competitividade, projeto, processos e serviços; *(ii)* no investimento financeiro inicial nos projetos selecionados; *(iii)* no acompanhamento e aconselhamento, por tempo determinado, nos aspectos técnicos, jurídicos e mercadológicos; e *(iv)* na aproximação dos empreendedores e empresas nascentes a potenciais clientes e investidores (art. 3º, II da Portaria nº 721, de 2012).

[164] O Crescimento Econômico do Investimento Anjo: pesquisa 2018. *Anjos do Brasil*. Disponível em: <www.anjosdobrasil.net>. Acesso em 01.07.2019.

Temos ainda a Wayra, aceleradora do grupo Telefónica (controladora da Vivo) que já atua no Brasil e em outros 9 países, tendo investido até hoje em mais de 500 *startups*. Por fim, a seguradora Porto Seguro tem programa de aceleração chamado Oxigênio, parceiro da aceleradora Plug and Play Tech Center (Vale do Silício)[165].

É crucial entender o interesse estratégico desses grupos econômicos relevantes em ganhar proximidade com a indústria da inovação. Mantendo uma relação próxima com as *startups* mais promissoras (filtradas através de concursos que dão a aceleração como prêmio), *as companhias buscam sempre estar um passo à frente do mercado, detectando eventuais produtos interessantes que eventualmente agreguem às suas próprias organizações*. Hoje em dia, aceleradoras de companhias relevantes representam boa parte do mercado de aceleração brasileiro[166] (e não é só com programas de aceleração que os *players* tentam se beneficiar de *startups*, mas também atuando como investidores de *Corporate Venture*, conforme Capítulo 2.8).

Há também iniciativas públicas relevantes de aceleração, tal como: **(i)** LIFT (*Laboratório de Inovações Financeiras e Tecnológicas*) – programa fundado pelo Banco Central do Brasil em 2018 com apoio da Microsoft, Amazon, Oracle e IBM; e **(ii)** StartupBrasil – programa fundado pelo Ministério da Ciência, Tecnologia e Inovações e Comunicações para criar parcerias com aceleradoras para otimizar o ecossistema de inovação a nível nacional[167]; e **(iii)** SEED (*Startups and Entrepreneurship Ecosys-*

[165] Oxigênio Aceleradora. Disponível em: <https://oxigenioaceleradora.com.br/>. Acesso em 19.03.2018.

[166] Aceleradoras que não são originadas de um grupo econômico maior sofrem uma limitação no *networking* que podem efetivamente oferecer ao empreendedor. Como um agravante, essa é uma etapa em que ele mais precisa de contatos úteis, dado que está na transição de uma rede pessoal (*family, friends and fools*) para uma rede impessoal (*Venture Capital*). Para mitigar essa limitação, *aceleradoras independentes podem buscar parcerias junto a universidades, redes de investidores e redes de aceleradoras* para compartilhar infraestrutura, recursos e *startups* elegíveis aos seus programas (reduzindo custos de transação no processo de escolha das *startups*). *In* Ye, Huojie; Zhong, Shuhua. *Business Accelerator Network*: a powerful generator of strategic emerging industries. Ontario: Ontario International Development Agency, 2009. Disponível em: <http://www.oidaijsd.com/Files/4-6-1.pdf>. Acesso em 31.05.2017.

[167] Composto por diversas etapas, o programa começa com a seleção de aceleradoras, passa para a seleção das startups aptas a participar e chega então à aceleração de fato. O período é

tem Development) – programa criado por Minas Gerais para incentivar a inovação a nível estadual[168].

2.5.1. Estrutura jurídica do contrato de aceleração

Assim como no estudo de incubação acima, será mapeado como o contrato de aceleração (também atípico) é estruturado na prática conforme a pesquisa de Pedro Wehrs[169]:

OBRIGAÇÕES DA ACELERADORA	OBRIGAÇÕES DA *STARTUP* ACELERADA
Liberar espaço físico/infraestrutura para a *startup* testar produto, realizar reuniões etc.;	Pagar aluguéis mensais pelo espaço físico;
Oferecer mentoria em diversas frentes, desde aspectos de desenvolvimento de produto até técnicas de gestão;	Não concorrer com outras *startups* aceleradas pela mesma aceleradora;
Ampliar o *networking* do empreendedor (com investidores, outras *startups* etc.);	Receber investimento da aceleradora mediante emissão de novas quotas, outorga de opção de compra de quotas ou mútuo conversível;
Investir na *startup* mediante compra de quotas (imediata ou em exercício de opção de compra no futuro) ou mútuo conversível em participação;	Cumprir o plano/modelo de negócios aprovado antes da incubação pela própria incubadora;
Conceder direito de preferência de recompra do seu investimento ao empreendedor;	Apresentar relatórios periódicos sobre seu progresso e atividades;

de até 12 meses, com acesso dos empreendedores a infraestrutura, até R$ 200 mil em investimento e *networking* local e internacional, tudo em troca de participação na *startup*.

[168] Assim como as iniciativas de grandes empresas, essa aceleradora também funciona em rodadas, acolhendo quarenta startups de cada vez. Disponível em: <http://seed.mg.gov.br/>. Acesso em 19.03.2018.

[169] Fernandes, Pedro Wehrs do Vale. *A Natureza Jurídica das Incubadoras e Aceleradoras e suas Relações Contratuais com as Startups*. Curitiba: XXV Congresso do conpedi, 2016. Disponível em: <http://www.conpedi.org.br/publicacoes/02q8agmu/86257626/Ap4fpW72VLabJQJh.pdf>. Acesso em 30.05.2017.

Drag along (alienar seu investimento junto com o empreendedor caso ele deseje vender sua participação na startup para terceiros);	Se comprometer a não **(i)** fazer reorganizações societárias, **(ii)** distribuir lucros acima de certo percentual; ou **(iii)** ceder propriedade intelectual;
Oferecer cursos e treinamentos voltados às melhores práticas do empreendedorismo;	Participar dos cursos e treinamentos promovidos na instituição;
Oferecer apoio e aconselhamento operacional (i.e., consultoria administrativa, contábil e jurídica);	Pagar remuneração pelos serviços de consultoria administrativa, contábil e jurídica;
Realizar um dia de demonstração dos produtos das *startups* para possíveis investidores (*demoday*);	Comparecer ao *demoday* e se apresentar aos possíveis investidores;
-	Se transformar de sociedade limitada em sociedade anônima após alcançados certos marcos (KPI – *key performance indicators*).

A referida pesquisa empírica também indica que a aceleradora costuma reservar para si os direitos de **(i)** preferência na aquisição de quotas da startup no caso de alienação de quotas dos fundadores ou aumento de capital (antidiluição); **(ii)** opção de compra de participação vinculada a KPIs; **(iii)** veto sobre decisões financeiras/societárias relevantes; **(iv)** constituição de usufruto sobre participação societária; **(v)** *tag along*; **(vi)** obrigar o reinvestimento de parte relevante dos lucros; e **(viii)** opção de venda da sua participação de volta ao fundador por valor simbólico (R$ 1 real, por exemplo, permitindo que a aceleradora saia do quadro social a qualquer tempo).

No exterior, contratos de aceleração têm prazo médio de 3 a 4 meses[170], mas aceleradoras brasileiras estendem essa duração para até 12 meses[171]. É possível que isso seja um reflexo do número mais enxuto

[170] Torun, Mustafa. *Business Accelerators and their Differences from Incubators.* Multincubadora – Universidade de Brasília. Working Paper. Brasília: CDT/UnB, 2018.

[171] Fernandes, Pedro Wehrs do Vale. *A Natureza Jurídica das Incubadoras e Aceleradoras e suas Relações Contratuais com as Startups.* Curitiba: XXV Congresso do conpedi, 2016. Disponível em: <http://www.conpedi.org.br/publicacoes/02q8agmu/86257626/Ap4fpW72VLabJQJh.pdf>. Acesso em 30.05.2017.

de *startups* no Brasil, de forma que a "fila" de *startups* interessantes para receber aceleração é menor.

2.6. *Equity Crowdfunding*

As fontes de financiamento estão sempre se renovando em estrutura, principalmente na era digital. Em um passo na direção de uma captação de recursos mais democratizada, gradualmente e de forma difusa ao redor do mundo foram criadas as bases do financiamento coletivo.

Historicamente, o *Crowdfunding* surgiu como uma coleta virtual em que diversas pessoas poderiam doar valores, sem retorno financeiro, a projetos com que se identificavam. Evidentemente, essa captação não possuía características de mercado de capitais à época, chamada então de *Social Lending Crowdfunding*. Em paralelo, surgiu uma outra modalidade que poderia oferecer recompensas pelas doações, chamada de *Reward-based Crowdfunding*. No entanto, tratava-se de recompensas de valor simbólico, tais como camiseta, boné ou menção nos créditos do filme financiado.

Essas duas espécies de captação atenderam bem algumas demandas sociais, como arrecadações para caridade e financiamento de artistas, produtores e mundo artístico no geral[172]. Mas, dentro desse movimento de financiamentos sem expectativa de retorno, alguns *players* enxergaram uma oportunidade para aprofundar a estrutura com um viés de capitalização.

Surgiu então o *Equity Crowdfunding* (ou *Investment-based Crowdfunding*): uma estrutura de obtenção de financiamento participativo, colaborativo ou coletivo no meio digital. Com a intermediação de uma plataforma virtual, certo projeto/ideia/negócio é apresentado a um grande número de pessoas como oportunidade de investimento em *equity*[173].

[172] A mais famosa dessas plataformas é a Kickstarter, que já permitiu a captação de US$ 1,5 bilhão entre 2009 e 2015. *In* Feit, Ryan. Equity Crowdfunding by the Numbers. *INC* (16.11.2015). Disponível em: <https://www.inc.com/ryan-feit/equity-crowdfunding-by-the-numbers.html>. Acesso em 18.01.2018.

[173] Cartilha do Investimento Coletivo: orientações a investidores e gestores. *Equity Crowdfunding* no Brasil hoje. *FGV Direito Rio*. Cadernos FGV Direito Rio, Série Clínicas, Educação e Direito, volume 06, Rio de Janeiro: FGV Direito Rio, 2016.

No exterior, essa nova fonte de captação trouxe grandes frutos, principalmente para pequenos negócios americanos. Em 2015, 60% das ofertas de *Equity Crowdfunding* vieram dos Estados Unidos, 36% da Europa e 4% do resto do mundo[174] A título de exemplo, a plataforma israelense *OurCrowd* captou US$ 130 milhões para 70 *startups* entre 2012 e 2015, sendo que até então só 1 dessas investidas havia fracassado[175]. O ano de 2021 foi especialmente proveitoso para esse ecossistema, registrando aproximadamente US$ 502 milhões captados em ofertas de Equity Crowdfunding nos Estados Unidos[176]. Gradualmente, as bases do *Crowdfunding* ao redor do mundo foram aumentando e sendo regulamentadas, como veremos no caso do próprio Brasil na sequência.

Em relatório de 2015 do Banco Goldman Sachs ("*Socialization of finance*")[177], a instituição afirmou que vê o *Crowdfunding* como o novo modelo de finança com mais potencial de ameaça. Em sua avaliação, há um mercado de US$ 1,2 trilhão apenas esperando para ser conquistado pelas *startups* mediante uso do *Crowdfunding*.

Esse ponto leva a um dos maiores atrativos do *Equity Crowdfunding* do ponto de vista das *startups*: de forma semelhante ao mercado de capitais tradicional, a empresa emissora consegue diversificar sua base de investidores e, por consequência, ter mais poder de barganha na hora de negociar os termos do financiamento (p.ex.: quanto de participação na *startup* o fundador precisará entregar aos investidores).

[174] TERRY, Heath P.; SCHWARTZ, Debra; SUN, Tina. *The Future of Finance Part 3: The Socialization of Finance*. 13 de março de 2015. Disponível em: <https://www.planet-fintech.com/file/167061>. Acesso em 18.01.2018.

[175] VCs, Angels, Crowd Funds: who rules the Israeli investment landscape? *Nocamels* (23.06.2015). Disponível em: <http://nocamels.com/2015/06/investing-israel-startups-vcs--angels-funds/>. Acesso em 03.04.2017.

[176] Equity crowdfunding appears immune to market volatility, on track for its best year yet, TechCrunch, Rebecca Szkutak (03.07.2022). Disponível em: <https://techcrunch.com/2022/07/03/equity-crowdfunding-appears-immune-to-market-volatility-on-track-for--its-best-year-yet/>. Acesso em 24.09.2022.

[177] TERRY, Heath P.; SCHWARTZ, Debra; SUN, Tina. *The Future of Finance Part 3: The Socialization of Finance*. 13 de março de 2015. Disponível em: <https://www.planet-fintech.com/file/167061>. Acesso em 18.01.2018.

2.6.1. A regulação do *Crowdfunding* no Brasil

A oferta de participação via *Equity Crowdfunding* é coordenada por uma plataforma que atua como ponte entre investidores e *startup*, cumprindo os deveres característicos de um coordenador de oferta de valor mobiliário: estudo das informações econômico-financeiras da *startup*, auditoria financeira e jurídica (*due diligence*), prestação de informações ao regulador e aos investidores, entre outros[178].

A modalidade de investimento pode ser em compra direta de participação ou mútuo conversível – sendo esse segundo caso, são estabelecidas condições suspensivas que, quando cumpridas, efetivam a conversão e tornam os investidores de credores em quotistas/acionistas de pleno direito. Como exemplo de condições, há a transformação do tipo societário de sociedade limitada para sociedade anônima ou o atingimento de certo KPI.

Até 2017, a oferta pública de *Equity Crowdfunding* no Brasil era possível graças a uma flexibilização regulatória do art. 5º, III, da ICVM 400, que dispensava automaticamente as micro e pequenas empresas (conforme definidas pela Lei do Simples) da obrigação de registrar suas ofertas públicas. Com isso, as plataformas conseguiam captar investidores sem precisar apresentar documentos que simplesmente não fazem parte da vida das *startups* emissoras (p. ex.: demonstrações financeiras auditadas). Em 2015, houve 43 ofertas de *Crowdfunding* baseadas nessa dispensa automática de registro, que tiveram captação média de R$ 525 mil, com 4 das ofertas ultrapassando R$ 1 milhão[179].

Essa flexibilização regulatória, no entanto, tinha suas limitações práticas. A dispensa da ICVM 400 era aplicável somente a *startups* sociedades limitadas (impedindo S.A, geralmente *startups* mais avançadas, de captar), e só permitia o limite de R$ 2,4 milhões por empresa ao ano. Além disso, de um ponto de vista mais macro, a falta de regulamentação do *Equity Crowdfunding* pela CVM ainda era motivo para incerteza no mercado de investidores.

[178] Tomando como exemplo algumas plataformas ativas no mercado brasileiro, temos Broota , Eqseed e Urbe.me. Já no exterior, temos AngelList, Crowdfunder, Fundable e CircleUp.

[179] Cartilha do Investimento Coletivo: orientações a investidores e gestores. *Equity Crowdfunding* no Brasil hoje. *FGV Direito Rio*. Cadernos FGV Direito Rio, Série Clínicas, Educação e Direito, volume 06, Rio de Janeiro: FGV Direito Rio, 2016.

Esse cenário foi bem aprimorado em 2017 com a Instrução CVM nº 588 ("*ICVM 588*"), que finalmente tipificou o *Equity Crowdfunding* brasileiro e lhe deu regras mais flexíveis. O processo de discussão com o mercado foi através da Audiência Pública SDM nº 06/16, em que foram manifestadas as diversas preocupações de investidores, *startups* e plataformas (disponíveis na CVM até hoje)[180]. Esse diálogo resultou em uma regulamentação bem-vinda pelo mercado, cujos frutos foram demonstrados pela CVM em relatório de abril de 2019[181]:

(i) o *Crowdfunding* captou R$ 46 milhões em 2018, um crescimento de mais de 451% em relação aos R$ 8,3 milhões registrados em 2016;
(ii) valor médio por captação saltou de R$ 347,6 mil para R$ 1 milhão (lembrando que apenas 4 ofertas do total de 43 conseguiram captar esse valor em 2015);
(iii) número de investidores passou de 1.099 em 2016 para 8.966 em 2018 – *um salto de 715%*;
(iv) de 4 plataformas em 2016, 2018 foi encerrado com o total de 18 registradas na CVM.

Na prática, a estrutura da ICVM 588 exige apenas que a oferta pública de *Crowdfunding* **(i)** respeite o teto de R$ 5 milhões por ano, com um prazo de captação que não exceda 180 dias; **(ii)** a emissora seja constituída no Brasil e tenha faturamento máximo de R$ 10 milhões; **(iii)** os recursos levantados não sejam destinados a operações de M&A, compra de valores mobiliários ou concessão de crédito a outras sociedades; e **(iv)** seja assessorada por uma *plataforma virtual de Crowdfunding*.

Aprofundando o item "iv", a ICVM 588 também regulamentou as plataformas virtuais, que precisam ter autorização específica do regulador para funcionar (e cujos requisitos mais relevantes são capital social integralizado mínimo de R$ 100 mil e capacidade tecnológica ade-

[180] Vide relatório da Audiência Pública SDM nº 06/16 em: <http://www.cvm.gov.br/audiencias_publicas/ap_sdm/2016/sdm0616.html>. Acesso em 12.05.2019.

[181] Para informações completas da CVM sobre o crescimento exponencial do *Crowdfunding* após a ICVM 588, vide o relatório "*Crowdfunding de Investimento – Evolução do Mercado*" em: <http://www.cvm.gov.br/export/sites/cvm/noticias/anexos/2019/20190429_crowdfunding_evolucao_do_mercado.pdf>. Acesso em 12.05.2019.

quada). A ideia é que a plataforma seja o *gatekeeper* que mitiga os riscos do investimento (não só de insucesso empresarial, mas também de fraude pela *startup*), e, para isso, deve ter um processo satisfatório de *due diligence* e monitoramento da potencial emissora.

Outra figura presente na ICVM 588 é a do *investidor líder*: um representante dos demais investidores nas interações com a *startup* e com a plataforma (o que ajuda a reduzir as naturais assimetrias de informação sofridas por investidores). Como ele atuará de perto com a *startup*, o líder também pode oferecer mentoria e *networking* para maximizar a chance de sucesso do investimento. Dado que ele pode receber uma taxa variável de acordo com o sucesso da *startup* (tal como a plataforma), o líder precisa cumprir certos requisitos formais que mitigam conflito de interesse, como *skin in the game* (investir pelo menos 5% do valor alvo da oferta) e nunca ter tido participação de 20% ou mais naquela *startup*.

Seja via plataforma, seja via investidor líder, é fundamental que o público abordado pela oportunidade de investimento por *Crowdfunding* seja alertado sobre as diferenças entre investir em uma *startup* e em uma companhia *blue chip*, já que a ICVM 588 permite que o investidor de varejo seja abordado nessas ofertas. Como não estamos falando aqui de profissionais de *Venture Capital, deve haver um esforço diligente dos coordenadores da oferta para dar ciência sobre a natureza arriscada do investimento, iliquidez no secundário, necessidade de diversificar portfólio etc.*[182]. Se as plataformas não cumprirem esse papel, quase certamente haverá investidores descontentes no futuro, o que pode desacelerar o crescimento do *Crowdfunding* que foi constatado pela CVM.

Além do maior *disclosure* possível, outra proteção ao investidor que pode ser oferecida pelo ecossistema brasileiro é um mercado secundário adequado para dar liquidez à participação adquirida via *Crowdfunding*. Podemos aprender com exemplos do exterior como a Inglaterra, onde a plataforma Seedrs estruturou em 2017 um ambiente virtual específico para compra e venda dessas participações. Com essa oportunidade, investidores que precisam de liquidez conseguem desinvestir (até

[182] Seguindo esse objetivo de contribuir à proteção do "investidor comum", a ICVM 588 diz que investidores só poderão ter até R$ 10 mil aplicados em ofertas colocadas sob o seu regime. De forma acertada, a instrução excluiu dessa regra os Investidores Qualificados e Profissionais não estão sujeitos.

com lucro) das *startups* ao invés de passarem anos amarrados ao investimento[183].

Naturalmente, há dificuldades na implantação de um mercado secundário específico para *Crowdfunding*, tal como as limitações tecnológicas e dificuldades práticas no campo societário (dado que estamos falando de compra e venda de quotas de sociedade limitada, possivelmente demandando alteração no contrato social da *startup*). Mas, apesar desses inconvenientes, não parece haver nada que realmente impeça a implantação. O problema real parece ser o *baixo número de investidores que existiria para usar esse mercado secundário*, levando-nos ao problema já conhecido de poucos brasileiros dispostos a investir (não só em *startups*, mas no mercado de capitais como um todo).

Desde então, o mercado de *Equity Crowdfunding* expandiu de forma exponencial. De acordo com dados oficiais divulgados pela CVM no relatório "*Crowdfunding de Investimento – Evolução de Mercado*"[184], no ano de 2021, foram lançadas 138 ofertas de captação, das quais 114 ofertas foram fechadas com sucesso. O montante total captado no ano de 2021 alcançou valores recordes com o levantamento de mais de R$ 188 milhões, o que representa um aumento de 123% quando comparado com os R$ 84 milhões captados em 2020[185]. O valor médio de captação por oferta teve um aumento de 45%, passando de R$ 1.140.558,10 em 2020, para R$ 1.651.411,19 em 2021[186]. Outro dado animador foi o crescimento recorde (139%) do número de investidores, que passou de 8.275 em 2020, para 19.797 em 2021[187]. Além disso, o número de plataformas cadastradas na CVM cresceu 75%, passando de 32 para 56 em 2021[188].

[183] Seedrs claims sucess for first secondary market sales. *Forbes* (16.06.2017). Disponível em: <https://www.forbes.com/sites/davidprosser/2017/06/16/seedrs-claims-success-for-first-secondary-market-sales>. Acesso em 19.01.2018.

[184] Crowdfunding de Investimento – Evolução do Mercado, *Comissão de Valores Mobiliários*. Disponível em: <https://www.gov.br/cvm/pt-br/assuntos/noticias/anexos/2022/20220427_estatisticas_de_crowdfunding_2021.pdf>. Acesso em 24.09.2022.

[185] Número de investidores em crowdfunding cresce 139% em um ano, *Comissão de Valores Mobiliários* (27.04.2022). Disponível em: <https://www.gov.br/cvm/pt-br/assuntos/noticias/numero-de-investidores-em-crowdfunding-cresce-139-em-um-ano>. Acesso em 24.09.2022.

[186] Ibidem.

[187] Ibidem.

[188] Ibidem.

Com o crescimento do mercado e o histórico da regulação pela CVM, a autarquia resolveu editar nova norma disciplinadora em 2022 – a Resolução CVM 88 ("RCVM 88")[189] – que manteve a estrutura básica da ICVM 588 e aprimorou alguns aspectos.

Na prática, a estrutura da RCVM 88 exige apenas que a oferta pública de *Crowdfunding* **(i)** respeite o teto de R$ 15 milhões por ano, com um prazo de captação que não exceda 180 dias; **(ii)** a emissora seja constituída no Brasil e tenha faturamento máximo de R$ 40 milhões; **(iii)** os recursos levantados não sejam destinados a operações de M&A, compra de valores mobiliários ou concessão de crédito a outras sociedades; e **(iv)** seja assessorada por uma plataforma de *Crowdfunding*.

Aprofundando o item "iv", a RCVM 88 também regulamentou as plataformas virtuais, que precisam ter autorização específica do regulador para funcionar (e cujos requisitos mais relevantes são capital social integralizado mínimo de R$ 200 mil e capacidade tecnológica adequada). A ideia é que a plataforma seja o *gatekeeper* que mitiga os riscos do investimento (não só de insucesso empresarial, mas também de fraude pela *startup*), e, para isso, deve ter um processo satisfatório de *due diligence* e monitoramento da potencial emissora.

Outra figura presente na RCVM 88 é a do investidor líder: um representante dos demais investidores nas interações com a *startup* e com a plataforma (o que ajuda a reduzir as naturais assimetrias de informação sofridas por investidores). Como ele atuará de perto com a *startup*, o líder também pode oferecer mentoria e *networking* para maximizar a chance de sucesso do investimento. Dado que ele pode receber uma taxa variável de acordo com o sucesso da *startup* (tal como a plataforma), o líder precisa cumprir certos requisitos formais que mitigam conflito de interesse, como *skin in the game* (investir pelo menos 3,5%, 4% ou 5% do valor alvo da oferta, a depender do tamanho da captação total) e nunca ter tido participação de 20% ou mais naquela *startup*.

[189] Para consulta sobre as mudanças da RCVM 160, cf. COELHO, Gustavo Flausino; LAMARCA, Matheus Lamarca. *Equity crowdfunding in Brazil: a closer look at the recent regulatory development*. International Bar Association – Summer 2022 Corporate and M&A Law Committee eBulletin (21.07.2022). Disponível em: <https://www.ibanet.org/equity-crowdfunding-in-brazil>. Acesso em 25.09.2022.

Seja via plataforma, seja via investidor líder, é fundamental que o público abordado pela oportunidade de investimento por *Crowdfunding* seja alertado sobre as diferenças entre investir em uma *startup* e em uma companhia *blue chip*, já que a RCVM 88 permite que o investidor de varejo seja abordado nessas ofertas. Como não estamos falando aqui de profissionais de *Venture Capital*, deve haver um esforço diligente dos coordenadores da oferta para dar ciência sobre a natureza arriscada do investimento, iliquidez no secundário, necessidade de diversificar portfólio etc.[190]. Se as plataformas não cumprirem esse papel, quase certamente haverá investidores descontentes no futuro, o que pode desacelerar o crescimento do *Crowdfunding* que foi constatado pela CVM.

Além do maior *disclosure* possível, outra proteção ao investidor que pode ser oferecida pelo ecossistema brasileiro é um mercado secundário adequado para dar liquidez à participação adquirida via *Crowdfunding*. Podemos aprender com exemplos do exterior como a Inglaterra, onde a plataforma Seedrs estruturou em 2017 um ambiente virtual específico para compra e venda dessas participações. Com essa oportunidade, investidores que precisam de liquidez conseguem desinvestir (até com lucro) das *startups* ao invés de passarem anos amarrados ao investimento[191].

Naturalmente, há dificuldades na implantação de um mercado secundário específico para *Crowdfunding*, tal como as limitações tecnológicas e dificuldades práticas no campo societário (dado que estamos falando de compra e venda de quotas de sociedade limitada, possivelmente demandando alteração no contrato social da *startup*). Mas, apesar desses inconvenientes, não parece haver nada que realmente impeça a implantação. Por isso, a RCVM 88 passou a admitir possibilidade da criação de mercados secundários de valores mobiliários com a intermediação de transações entre os próprios investidores nos ambientes digitais das pla-

[190] Seguindo esse objetivo de contribuir à proteção do "investidor comum", a ICVM 588 diz que investidores só poderão ter até R$ 10 mil aplicados em ofertas colocadas sob o seu regime. De forma acertada, a instrução excluiu dessa regra os Investidores Qualificados e Profissionais não estão sujeitos.

[191] Seedrs claims sucess for first secondary market sales. *Forbes* (16.06.2017). Disponível em: <https://www.forbes.com/sites/davidprosser/2017/06/16/seedrs-claims-success-for-first-secondary-market-sales>. Acesso em 19.01.2018.

taformas de *equity crowdfunding*, dando liquidez a participação adquirida pelos investidores. O problema real parece ser o baixo número de investidores que existiria para usar esse mercado secundário, levando-nos ao problema já conhecido de poucos brasileiros dispostos a investir (não só em *startups*, mas no mercado de capitais como um todo).

2.6.2. Possíveis riscos para investidores

Ainda que o *Crowdfunding* seja uma das fontes de captação mais benéficas para *startups* em estágio embrionário, alguns autores apontam certos riscos para investidores. Um deles é de que o regime de *disclosure* de informações relevantes pela empresa emissora da oferta pública da RCVM 88 é menos rigoroso do que o regime das ICVM 400 e 476, e da recém-publicada RCVM 160, aumentando a assimetria de informação sofrida pelos investidores.

Segundo algumas críticas (talvez um tanto corporativistas) por outros investidores profissionais, o *Equity Crowdfunding* poderia levar investidores de um startup a desconhecerem eventual aptidão do empreendedor.

Lord & Mirabile compilam os riscos que veem no *Equity Crowdfunding* do ponto de vista do investidor[192] – alguns que apenas refletem o parágrafo anterior, e outras que serão destrinchadas na sequência:

> *You are not meeting the teams and making any kind of direct assessment;*
>
> *You do not know whether anyone did any real diligence, or if done, who did the diligence;*
>
> *You do not know the quality of the deal lead;*
>
> *You do not know who, if anyone, is putting in coaching, mentoring, and advising work;*
>
> *Your class of investors may not be getting a board seat, or if they are, you do not have any connection to the person taking the seat, nor any ability to assess the value they bring;*
>
> *You do not know if the deal lead has any rational plan in terms of staging capital into the company over the long term; and*

[192] Lord, Hambleton; Mirabile, Christopher. *Fundamentals of Angel Investing.* Boston: CreateSpace Independent Publishing Platform, 2016.

You do not know what company updates or information will filter down to you, making the absolutely critical question of whether to follow on nearly impossible to assess.

Muitas das críticas acima são fundadas em eventual *conflito de interesses* das plataformas que coordenam a oferta. No padrão de mercado, elas são remuneradas por uma taxa que incide sobre o total do volume captado na oferta (em termos simples, elas ganham mais se a oferta captar mais). Sem entrarmos no mérito, já foi defendido que esse modelo incentiva a plataforma a oferecer ao mercado, visando a um aumento na sua própria margem, oportunidades de investimento em *startups* fracas que não terão sucesso futuro[193].

O conflito de interesses também pode vir da *relação principal-agente*[194]: no período pós-investimento, a plataforma continua agindo em benefício dos investidores para aumentar a chance de sucesso do empreendimento – para isso, ela deve implementar táticas como monitoramento ostensivo, oportunidades de *networking* e mentoria para as *startups*. Na prática, porém, os investidores poderão não conseguir verificar se essas táticas serão implementadas de forma substancial (isso pode ser mitigado por

193 LE MERLE, Matthew; LE MERLE; Louis. *Capturing the Expected Angel Returns of Angel Investors in Groups:* less in more – diversify (2015). Disponível em: <http://www.fifthera.com/s/2016-Fifth-Era-Less-in-more-Diversify.pdf>. Acesso em 02.04.2017.

194 Essa falha de mercado ocorre em relacionamento que pressupõe a existência de dois contratantes: principal (proprietário do capital) e agente (administrador do capital). O conceito é ancestral – Adam Smith já dizia em 1776, no clássico *"Investigação Sobre a Natureza e as Causas da Riqueza das Nações"*, que *não se pode jamais esperar que o administrador do capital alheio empreenda o mesmo grau de eficiência e vigilância que empreenderia se estivesse gerindo seu próprio capital* (SMITH, Adam. *Investigação sobre a natureza e as causas da riqueza das nações.* Série "Os Economistas", São Paulo: Abril Cultural, 1983. Disponível em: <https://edisciplinas.usp.br/mod/resource/view.php?id=648134>. Acesso em 17.06.2017). Empregando esse raciocínio, em razão da posição privilegiada do agente, poderão surgir situações de conflito de interesse que poderão motivá-lo a agir em benefício próprio, até em detrimento do principal. Esses riscos são: *(i)* risco de informação oculta, em que as ações do agente são observáveis e verificáveis pelo principal, mas algum dado recebido pelo agente é mantido em segredo para seu próprio benefício; e *(ii)* risco de ação oculta, em que nem as ações do agente são observadas e verificáveis pelo principal, tornando difícil o ônus da prova do autor de eventual ação indenizatória contra o gestor. *In* YAZBEK, Otávio. *Regulação do Mercado Financeiro e de Capitais.* Rio de Janeiro: Elsevier, 2007.

compromissos assumidos pela plataforma previamente ao investimento, como entrega de relatórios periódicos, reuniões mensais, etc).

A Harvard Business Review também já suscitou a falta de *expertise* do investidor de varejo para decidir se deve ou não investir em uma *startup* apresentada em *Equity Crowdfunding*, dado que poderá lhe faltar o *know-how* sobre técnicas de *valuation* e mecanismos contratuais que são aprendidos por profissionais de *Venture Capital* ao longo de anos de estudo e prática. Não só essa falta de *expertise* pode se refletir na hora de tomar a decisão de investir ou não, mas também na hora de opinar enquanto investidor sobre decisões relevantes na investida – p.ex., aceitar ou não uma oferta de aquisição[195].

2.7. Fundos *Venture Capital*

Os *players* mais famosos no mercado de financiamentos de *startups* ao redor do mundo são os fundos de investimento *Venture Capital*[196], nos quais investidores unem seus recursos em um único patrimônio que, por sua vez, é investido em um portfólio de *startups* por um gestor de recursos especializado na seleção e monitoramento de empreendimentos inovadores ("*Fundos Venture Capital*").

A história desse mercado de investidores que nasceu para as *startups* começa como uma ramificação da indústria de *Private Equity* – investimento que consiste na aquisição privada (*private*)[197] de participação societária (*equity*) em companhias de potencial inexplorado[198]. A injeção

[195] Isenberg, Daniel. *The Road to Crowdfunding Hell.* Cambridge: Harvard Business Review, 2012. Disponível em: <https://hbr.org/2012/04/the-road-to-crowdfunding-hell>. Acesso em 23.01.2018.

[196] Aqui não estamos falando da estrutura brasileira do fundo de investimento em natureza de condomínio, mas sim, genericamente, de um veículo que agrega capital de diversos investidores nas mãos de um gestor.

[197] Apesar do nome, investidores de *Private Equity* não investem apenas em empresas fechadas. Temos, por exemplo, o *Private Investment in Public Equity* (PIPE), no qual um grupo reduzido de investidores adquire participação societária em oferta privada por uma companhia aberta, *in* Lobo, Alexandre L.; Potenza, Guilherme P. *Investimentos Venture Capital e Private Equity: Considerações Práticas e Jurídicas. In* Botrel, Sergio. Barbosa, Henrique (Coordenadores). Finanças Corporativas: Aspectos Jurídicos e Estratégicos, Rio de Janeiro: Gen Atlas, 2016, pp. 267-316.

[198] Alguns estudos chamam esse sentido estrito de "*Private Equity* em modalidade *Buyout*". Considerando que o termo "*buyout*" também é usado na academia e no mercado para classi-

de capital de *Private Equity* destina-se a financiar um choque de gestão, reestruturação de suas atividades ou finanças[199].

Inicialmente, esse mercado só atuava em companhias de grande porte, mas, no meio do caminho, alguns investidores perceberam a vantagem em alterar o escopo de empresas investidas, trocando as empresas tradicionais por *startups* de potencial relevante, mas de risco proporcionalmente alto. Se afastando então do modelo *Private Equity*, o *Venture Capital* se caracteriza como uma modalidade *alternativa* de investimento, não se enquadrando como uma fonte dos mercados de crédito e de capitais[200].

A partir daí que nasceram os primeiros investidores de *Venture Capital*, ajudando a suprir o déficit de financiamentos tradicionais no empreendedorismo, investindo em *startups* inovadoras e arriscadas, agregando valor com capital e *expertise* em negócios, aspectos jurídicos, recursos humanos, propriedade intelectual, entre outros[201].

Em outras palavras, os Fundos *Venture Capital* ajudam as *startups* a acessar um volume alto de financiamento sem depender de crédito bancário ou valores mobiliários[202], estimulando a economia dos países em que existem e dos países em que vendem seus produtos e serviços[203].

ficar uma aquisição do poder de controle de uma empresa, algo que pode ou não acontecer no *Private Equity*, não adotaremos essa denominação.

[199] Capizzi, Vincenzo; Bonini, Stefano. *The Effects of Private Equity Investors on the Governance of Companies*. Hoboken: Stevens Institute of Technology School of Business, 2015. Disponível: <https://papers.ssrn.com/sol3/papers.cfm?abstract_id=2647219>. Acesso em 16.06.2017.

[200] 2º Censo de Private Equity e Venture Capital. *ABDI & FGV* (2011). Disponível em: <https://bibliotecadigital.fgv.br/dspace/handle/10438/8419>. Acesso em: 03.04.2019.

[201] France, Germany, Italy, Spain and the United Kingdom: building momentum in venture capital across Europe. *Bpifrance; British Business Bank; Cassa Depositi e Prestiti; Instituto de Crédito Oficial; KfW* (2016). Disponível em: <https://www.kfw.de/PDF/Download-Center/Konzernthemen/Research/PDF-Dokumente-Studien-und-Materialien/Building-Momentum-in-Venture-Capital-across-Europe.pdf>. Acesso em 01.05.2018.

[202] McCahery, Joseph; Vermeulen, Erik. *Venture Capital 2.0:* from venturing to partnering. Research Paper Series 11/2016. Tilburg: Tilburg Law School Legal Studies, 2016. Disponível em: <http://ssrn.com/abstract=2773622>. Acesso em 11.06.2017.

[203] France, Germany, Italy, Spain and the United Kingdom: building momentum in venture capital across Europe. *Bpifrance; British Business Bank; Cassa Depositi e Prestiti; Instituto de Credito Oficial; KfW* (2016). Disponível em: <https://www.kfw.de/PDF/Download-Center/

Os investidores de Fundos *Venture Capital* tendem a possuir patrimônios extensos e pouca necessidade de liquidez imediata, p.ex.: seguradoras, fundos de pensão, *family offices* e universidades[204]. Não poderia ser de outra forma, já que o prazo médio para investidores conseguirem reaver o capital investido em um fundo dessa categoria é de 10 a 14 anos[205].

Em contrapartida ao *know-how* e *expertise* empregados pelo gestor quando aplica o patrimônio dos seus investidores em boas *startups*, o padrão de mercado é que ele cobre sua remuneração na forma de duas taxas chamadas de sistema "*2-and-20*": **(i)** taxa de administração fixa, de 2% ao ano incidentes sobre o patrimônio do fundo[206]; e **(ii)** taxa de *performance* (chamada de "*carry*") de 20% sobre o *lucro* do fundo. É a taxa de *performance* que constitui o prêmio de verdade do gestor, ainda que os 2% de taxa de administração eventualmente venham a ser expressivos por se tratar de um fundo com muito capital[207].

Konzernthemen/Research/PDF-Dokumente-Studien-und-Materialien/Building-Momentum-in-Venture-Capital-across-Europe.pdf>. Acesso em 01.05.2018.

204 No Brasil, por outro lado, alguns gestores sugerem que há um desalinhamento de expectativas em razão de uma suposta "*visão de curto prazo*" dos cotistas de Fundos *Venture Capital*, criando um possível obstáculo no crescimento da indústria brasileira (*in* Inside VC: inBrazil Venture Capital. *ABVCAP* (2017). Disponível em: <http://www.abvcap.com.br/Download/Estudos/3700.pdf>. Acesso em 03.06.2017). Naturalmente, esse é um reflexo da cultura empreendedora ainda embrionária no país que tende a ser reduzido com o avanço do sucesso das *startups* e políticas públicas empregadas para fomentá-las. Mesmo hoje em dia já existem Fundos *Venture Capital* relevantes no Brasil como o Monashees (portfólio com ContaAzul, Jusbrasil, Elo7, Rappi e outros) e Redpoint e.ventures (portfólio co, Creditas, Gympass, PSafe, ViajaNet, Passei Direto, Rappi e outros).

205 McKaskill, Tom. *An Introduction to Angel Investing.* Melbourne: Breakthrough Publications, 2009. Disponível em: <https://www.angelcapitalassociation.org/data/Documents/Resources/McKaskill-_Intro_to_Angel_Investing.pdf?rev=CF33>. Acesso em 09.05.2017.

206 A natureza da taxa de administração é de custo fixo para manter o fundo funcionando, mas, na prática pode ir muito além – um Fundo *Venture Capital* que rende US$ 200 milhões pode trazer US$ 4 milhões apenas a título taxa de administração.

207 Atualmente, conforme a revista The Economist, o sistema "*2-and-20*" vem sendo questionado pelo mercado em razão de virem ocorrendo diversos fracassos na indústria de fundos, e os investidores com maior poder de negociação vêm reduzindo o percentual que estão dispostos a pagar para até 1,4% na taxa de administração e 17% na taxa de performance. *In* Down to 1.4 and 17. *The Economist* (2014). Disponível em: <http://www.economist.com/news/finance-and-economics/21595942-cost-investing-alternative-assets-fallingslowly-down-14-and-17>. Acesso em 09.06.2017.

Considerando esse modelo de remuneração variável, alguns autores defendem que gestores têm incentivos para determinar chamadas de capital e decisões de investimento (e desinvestimento) ineficientes para maximizar a taxa de *performance*, mesmo que prejudicando os investidores do fundo[208]. Essa relação principal-agente é bem análoga ao problema clássico de *principal-agent* da relação entre sócio e administrador[209], e, apesar de ser complexa, não é o escopo do presente estudo.

Fundos *Venture Capital* costumam trazer prosperidade às nações em que investem. Entre 1974 a 2014, foi verificado que 43% das companhias que abriram capital nos Estados Unidos receberam investimento de Fundo *Venture Capital* antes da abertura. Dentro do *pool* total de companhias abertas, esses 43% representaram **(i)** 63% da capitalização do mercado; **(ii)** 38% dos postos de trabalho; **(iii)** 53% da arrecadação tributária; e **(iv)** estonteantes 85% dos investimentos em R&D[210]. Todas essas informações estão bem em linha com o impacto da inovação sobre o desenvolvimento das nações que foi estudado no Capítulo 1.

Graças a esses efeitos positivos, o interesse em Fundos *Venture Capital* foi crescendo entre investidores, acadêmicos e reguladores. Convém entender brevemente como a sua evolução se deu no Brasil e como foi entrelaçada com o crescimento do *Private Equity*.

2.7.1. Trajetória brasileira do mercado de *Venture Capital*

O *Private Equity* começou oficialmente no Brasil com um investimento no país pela Adela Investment Company, em 1965. A companhia tinha como

[208] MASULIS, Ronald W.; NAHATA, Rajarishi. *Venture Capital Conflicts of Interest:* evidence from acquisitions of venture-backed firms. The Journal of Financial and Quantitative Analysis, vol. 46, nº 2. Cambridge: Cambridge University Press, abril de 2011, p. 395-430.

[209] No caso brasileiro, por mais que haja a norma do art. 153 da Lei das Sociedades por Ações, segundo o qual o administrador deve exercer sua função como se estivesse dirigindo seu próprio negócio, são recorrentes os processos administrativos abertos pela CVM por supostas faltas aos deveres fiduciários de lealdade e diligência.

[210] GORNALL, Will; STREBULAEV, Ilya A. *The Economic Impact of Venture Capital:* evidence from public companies. Palo Alto: Stanford University Graduate School of Business, novembro de 2015. Disponível em <https://www.gsb.stanford.edu/faculty-research/working-papers/economic-impact-venture-capital-evidence-public-companies>. Acesso em 08.07.2019.

objetivo adquirir participações minoritárias em empresas, para então revendê-las com lucro – *Private Equity* por excelência.

Em 1974, o poder público estimulou a indústria com a criação de três subsidiárias do BNDES para fomentar pequenas e médias empresas, com especial atenção ao setor industrial, chamadas Financiamento e Participações de Insumos Básicos S.A (Fibase), Investimentos Brasileiros S.A. (Ibrasa) e Mecânica Brasileira S.A (Embramec).

Em 1976, o setor privado entrou no circuito com a criação da Brasilpar S.A pelas instituições financeiras Unibanco e Paribas, com o objetivo de tornar o *Private Equity* brasileiro mais atraente[211]. A *holding* investiu US$ 4 milhões até 1980, época em que foi reestruturada para admitir a entrada de novos sócios e teve seu capital aumentado para US$ 10 milhões.

Em 1982, a Fibase, Ibrasa e Embramec se fundiram para constituir a BNDES Participações S.A ("*BNDESPar*"). O BNDESPar, junto à Brasilpar e à Companhia Riograndense de Participações (CRP), eram os únicos *players* brasileiros em *Private Equity*. Em paralelo, o mercado norte-americano já contava com 331 gestoras e capital comprometido de US$ 7,6 bilhões, deixando evidente o nível de incipiência do mercado brasileiro. Em razão da famigerada "década perdida" que vigorou dos anos 80 até a implementação do Plano Real, o *Private Equity* doméstico praticamente não cresceu. A própria Brasilpar alienou suas atividades no setor para o Grupo Sul América em 1996, e, desde então, não atuou mais em *Private Equity*.

Em 1994, o Plano Real marcou um cenário macroeconômico favorável ao retorno do setor. A GP Investments, fundada em 1993, constituiu um fundo de *Private Equity* com US$ 500 milhões em capital comprometido. Em 1997, ela constituiu mais um fundo de US$ 800 milhões em capital comprometido[212]. Em paralelo, o mercado de crédito também voltou a crescer com operações de médio a longo prazo[213], permitindo

[211] Apresentação Institucional. *Brasilpar* (2014). Disponível em: <http://www.brasilpar.com.br/waUpload/brasilpar-apres0013012014173428.pdf>. Acesso em: 03.04.2019.

[212] GP Investments. Disponível em <http://www.gp.com.br>. Acesso em 03.04.2017.

[213] WALD, Arnoldo. *O futuro do direito bancário e a regulação*. Revista de Direito Bancário e do Mercado de Capitais. Ano 17, vol. 64, abril-junho. São Paulo: Thomson Reuters Revista dos Tribunais, 2014, p. 13-73.

que gestores de fundos de *Private Equity* pudessem financiar parte das aquisições com crédito.

Ainda em 1994, a CVM publicou a Instrução nº 209 – primeira regulamentação na indústria de *Private Equity*. A norma autorizou a constituição de Fundos Mútuos de Investimento em Empresas Emergentes ("*FMIEE*"), que permitia o aporte de capital em pequenas empresas arriscadas e com alto potencial de retorno, ainda que com alguns entraves regulatórios (que, ao fim, mostraram-se fortes demais, levando ao desuso e extinção do FMIEE).

Em 2000, tivemos o estouro da chamada "bolha da internet", em que diversas *startups* "*pontocom*" entraram em colapso (*startups* de bases tecnológicas/digitais que atuavam em comércio eletrônico, ferramentas de buscas, coletas de dados etc.). O mercado de *Venture Capital*, que já dava os seus primeiros passos, sofreu sensivelmente com todas as perdas daí originadas. Um fator relevante da indústria que contribuiu para recuperá-la foi a fundação da ABVCAP (Associação Brasileira de *Private Equity* e *Venture Capital*) em 2000, facilitando a agregação dos *players* e uma retomada dos investimentos no Brasil[214].

Em 2003, a CVM publicou a Instrução nº 391 ("*ICVM 391*") para criar o Fundo de Investimento em Participações, principal veículo de *Private Equity* e *Venture Capital* no Brasil até hoje[215]. Considerando o risco inerente às duas indústrias, a segurança jurídica proporcionada por um ambiente mais regulado foi indispensável. Esse veículo se provou tão mais flexível que o FMIEE que o tornou obsoleto, por razões que serão detalhadas no Capítulo 2.7.2.2.

Em 2004, foi criada a Associação Brasileira de Desenvolvimento Industrial ("*ABDI*"), ligada ao Ministério do Desenvolvimento, Indústria e Comércio Exterior, e a instituída mediante autorização da Lei nº 11.080/2004, que tem por objetivo último contribuir com a execução

214 XAVIER, Mateus Eckert. *Segurança jurídica nas operações de Private Equity e Venture Capital.* Trabalho de conclusão de curso. Florianópolis: Universidade Federal de Santa Catarina, 2015. Disponível em: <https://repositorio.ufsc.br/handle/123456789/133935>. Acesso em 03.04.2017.

215 LOBO, Alexandre L.; POTENZA, Guilherme P. *Investimentos Venture Capital e Private Equity: Considerações Práticas e Jurídicas. In* BOTREL, Sergio. BARBOSA, Henrique (Coordenadores). Finanças Corporativas: Aspectos Jurídicos e Estratégicos, Rio de Janeiro: Gen Atlas, 2016, p. 267-316.

de políticas de desenvolvimento industrial (natureza jurídica de serviço social autônomo). Na prática, a ABDI atua até hoje como elo entre o poder público e os setores privados, oferecendo estudos conjunturais, estratégicos e tecnológicos em diversos setores da indústria[216].

Em 2005, o mercado de *Private Equity* e *Venture Capital* ainda estava lentamente se constituindo. Contava com 65 organizações gestoras (das quais 50 eram brasileiras) e capital comprometido de US$ 5,07 bilhões[217]. Nesse ano também começaram a se encerrar os primeiros ciclos de investimentos, com diversos IPOs como da Submarino, Renner, GOL, TAM, Ultrapar e UOL.

Em 2007, depois de uma contração dos investimentos causada pelo estouro da bolha da internet, a indústria conseguiu tomar fôlego novamente, graças, em parte, a uma nova onda de otimismo e desenvolvimento no País. Com a expansão do crédito percebida durante os anos 2000, diversos agentes aproveitaram a chance para maximizar seu capital próprio e iniciar os empreendimentos que idealizavam. Não só isso, mas, em 2006 e 2007, o Brasil respondeu por cerca de 30% dos IPOs do mundo inteiro[218]. Em um futuro próximo, os BRICs se tornariam alvo de maiores intenções de investimento, dado que sofreram efeitos menos traumáticos e mais residuais da crise de 2008[219].

Em 2015, o capital comprometido brasileiro de *Private Equity* estava em R$ 147,9 bilhões e de *Venture Capital* estava em R$ 5,3 bilhões, ambos crescendo de forma consistente desde 2011. Tirando uma foto do cenário naquele ano, R$ 102,4 bilhões da indústria estavam investidos em empresas e mais R$ 39,3 bilhões estavam disponíveis (apenas aguar-

[216] A ABDI, inclusive, fez parceria com a FGV para publicar censos periódicos com estudos consolidados sobre o mercado de *Private Equity* e *Venture Capital, in* 2º Censo de Private Equity e Venture Capital. *ABDI & FGV* (2011). Disponível em: <https://bibliotecadigital.fgv.br/dspace/handle/10438/8419>. Acesso em: 03.04.2019.

[217] Ribeiro, Leonardo. *O Modelo Brasileiro de Private Equity e Venture Capital.* São Paulo, 2005. Dissertação de mestrado. Programa de Pós-Graduação em Administração, Departamento de Administração, Faculdade de Economia, Administração e Contabilidade da Universidade de São Paulo. Disponível em: <http://www.teses.usp.br/teses/disponiveis/12/12139/tde-02042006-163402/pt-br.php>. Acesso em 03.04.2017.

[218] Iese Business School. *The Global Venture Capital and Private Equity Country Attractiveness Index.* University of Navarra, publicado em 05.02.2018.

[219] 2º Censo de Private Equity e Venture Capital. *ABDI & FGV* (2011). Disponível em: <https://bibliotecadigital.fgv.br/dspace/handle/10438/8419>. Acesso em: 03.04.2019.

dando empresas elegíveis). Nesse ano, R$ 33,6 bilhões foram distribuídos com sucesso a cotistas de fundos de *Private Equity* e *Venture Capital* após desinvestimentos de sucesso[220].

Ainda em 2015, o investimento em *Venture Capital* no Brasil foi R$ 18,5 bilhões (dos quais R$ 1,1 bilhão foi para *startups* em 96 operações)[221]. Em paralelo, nos Estados Unidos, o investimento em *startups sem contar Fundos Venture Capital americanos* foi de US$ 24,6 bilhões[222], revelando que o *Venture Capital* no Brasil ainda tem um longo caminho a trilhar[223].

Em 2018, o mercado brasileiro deu um grande salto, levantando um volume total de *Venture Capital* de US$ 1,3 bilhão (52% a mais que 2017 e 256% a mais do que 2016) distribuídos em 259 operações com *startups* (mais que dobrando o número de 2017, que foi 113)[224].

Em 2021, seguindo a tendência global de crescimento[225], o mercado brasileiro de Venture Capital deu um salto ainda maior do que o ocorrido em 2018, com um volume total de R$ 46,5 bilhões, distribuídos em 319 rodadas de investimento lideradas pelo setor de *fintechs* e *insurtechs*, que representam 28,3% do total de rodadas de investimentos[226].

[220] Consolidação de Dados da Indústria de *Private Equity* e *Venture Capital* no Brasil – 2016. *KPMG & ABVCAP*. Disponível em: <http://www.abvcap.com.br/Download/Estudos/3484.pdf>. Acesso em 30.05.2017.

[221] Em 2015, foram observadas 63 operações de Fundos *Private Equity* no Brasil, com valor médio por operação de R$ 277 milhões ABVCAP, 2017).

[222] The Angel Investor Market in 2015: a buyers' market. *Center for Venture Research, 2016.* Disponível em: <https://paulcollege.unh.edu/sites/paulcollege.unh.edu/files/webform/Full%20Year%202015%20Analysis%20Report.pdf>. Acesso em 17.06.2017.

[223] Indo além do mundo de *startups*, os Estados Unidos receberam US$ 380 bilhões em investimento, enquanto o Brasil recebeu apenas US$ 65 bilhões (ABVCAP, 2017), revelando a diferença abissal que ainda separa os dois países.

[224] Venture funding in Brazil soars to $1,3B in 2018. *Crunchbase*. Disponível em: <https://news.crunchbase.com/news/venture-funding-in-brazil-soars-to-1-3b-in-2018/>. Acesso em 15.06.2019.

[225] Global Venture Funding and unicorn Creation in 2021 Shattered all Records. Gene Teáre, Crunchbase (05.01.2022). Disponível em: <https://news.crunchbase.com/business/global-vc-funding-unicorns-2021-monthly-recap/>. Acesso em 24.09.2022.

[226] Consolidação de Dados da Indústria de *Private Equity* e *Venture Capital* no Brasil – 2021. *KPMG & ABVCAP*. Disponível em: <https://www.abvcap.com.br/Download/Estudos/5188.pdf>. Acesso em 24.09.2022.

Com esse panorama de dados, é possível observar empiricamente que o *Venture Capital* doméstico está crescendo (ainda que abaixo do seu potencial). Prova disso é o país estar liderando a América Latina no quesito de investimento em startups por Fundos *Venture Capital*[227]. Dito isso, o avanço do número de operações e do volume (em bilhões de reais) de *Venture Capital* no Brasil pode ser visualizado de forma esquematizada nos seguintes gráficos[228]:

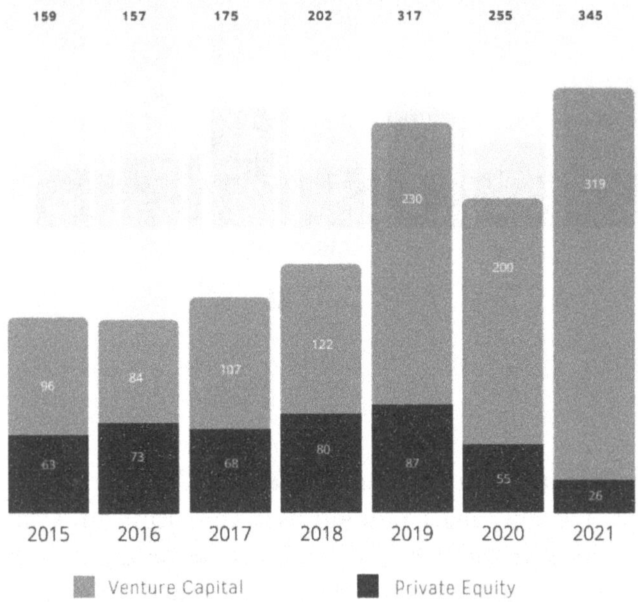

FONTE: ABVCAP E KPMG

[227] With Brazil leading the way, VC Investment In Latin America Has More Than Doubled. *Crunchbase* (01.06.2018). <https://news.crunchbase.com/news/with-brazil-leading-the-way-vc-investment-in-latin-america-has-more-than-doubled/>. Acesso em 15.06.2019.

[228] Venture funding in Brazil soars to $1,3B in 2018. *Crunchbase* (12.05.2019). Disponível em: <https://news.crunchbase.com/news/venture-funding-in-brazil-soars-to-1-3b-in-2018/>. Acesso em 15.06.2019.

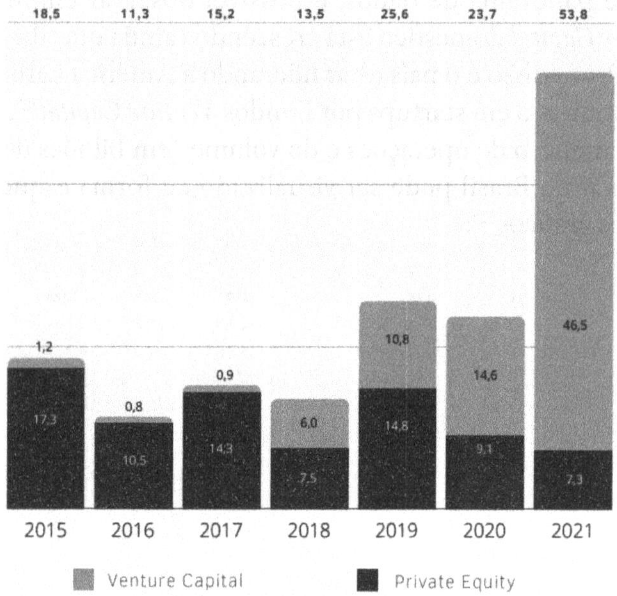

FONTE: ABVCAP E KPMG

2.7.2. Estrutura jurídica dos Fundos *Venture Capital*

No exterior, o veículo mais adotado para constituir um Fundo *Venture Capital* é a *limited partnership* – uma relação de natureza contratual em que os investidores são chamados de *limited partners* e o gestor dos recursos investidos é chamado de *general partner*. Por não ser uma estrutura societária, a *limited partnership* não é oponível perante terceiros e o *general partner* responde com todo o seu patrimônio por eventual dano causado pelas atividades do Fundo *Venture Capital*[229].

A estrutura mais próxima da *limited partnership* que temos no Brasil é a Sociedade em Conta de Participação ("*SCP*"), criada pelo art. 991 do Código Civil. As similaridades não parecem ser coincidência, dado que a SCP **(i)** possui um sócio ostensivo que exerce em nome próprio a ati-

[229] Bernardino, Diogo. *Fundos de Venture Capital e Private Equity*: breve análise sobre sua evolução, características e importância. Revista de Direito Bancário e do Mercado de Capitais. ano 16, vol. 61, julho-setembro, São Paulo: Thomson Reuters Revista dos Tribunais, 2013, p. 45-77.

vidade do objeto social da SCP (assim como o *general partner*); **(ii)** possui um ou mais sócios participantes que passivamente investem capital para ser usado pelo sócio ostensivo (assim como os *limited partners*); e **(iii)** é uma sociedade inoponível perante terceiros, o que leva a doutrina a discutir se na verdade ela também não teria natureza contratual[230].

Mesmo sendo bem semelhante à *limited partnership* em essência, a SCP não é o veículo jurídico adotado para constituir Fundos *Venture Capital* no Brasil. Isso porque seu uso foi largamente esvaziado pelos esforços do Estado e da Receita Federal para torná-la mais transparente para fins de tributação.

O processo de esvaziamento da SCP começou em 1986, quando o Executivo usou o Decreto-Lei nº 2.303/1986 para equipará-la a uma pessoa jurídica para fins de tributação de renda. Em 2013, a Receita Federal editou a Instrução Normativa nº 1.422/2013 para tornar obrigatória a escrituração contábil fiscal da SCP e que o sócio ostensivo transmitisse separadamente a escrituração de pessoa jurídica com a escrituração da SCP. Um ano depois, a Instrução Normativa nº 1.470 selou o destino da SCP ao obrigá-la a ter CNPJ, tornando inevitável a exposição da sociedade não personificada e afastando os sócios participantes que desejavam investir com discrição[231].

Sendo assim, com a frustração da SCP como possível veículo para Fundos *Venture Capital*, o mercado adotou uma outra estrutura que já tinha tido sua segurança jurídica afirmada pelas ICVM 209 e 391: os Fundos de Investimento em Participação. Para avançar no estudo dessa estrutura, cujo arcabouço regulatório foi revitalizado em 2017 pela Instrução CVM nº 578 ("*ICVM 578*"), dá-se um passo atrás para compreender o fundo de investimentos em si na regulação brasileira.

[230] Spinelli, Luís Felipe; Scalzilli, João Pedro; Corradini, Luiz Eduardo Malta; Tellechea, Rodrigo. *Contrato de investimento coletivo como modalidade de sociedade em conta de participação.* Revista de Direito Bancário e do Mercado de Capitais. Ano 16, vol. 61, julho-setembro. São Paulo: Thomson Reuters Revista dos Tribunais, 2013; e Almeida, José Gabriel Assis de. *A sociedade em conta de participação.* Rio de Janeiro: Forense, 1989.

[231] Bernardino, Diogo. *Fundos de Venture Capital e Private Equity*: breve análise sobre sua evolução, características e importância. Revista de Direito Bancário e do Mercado de Capitais. ano 16, vol. 61, julho-setembro, São Paulo: Thomson Reuters Revista dos Tribunais, 2013, p. 45-77.

2.7.2.1. Fundos de investimentos em participações

Fundos de investimentos no ordenamento brasileiro são comunhões de investidores – sem estrutura societária – que unem seus capitais sob a administração de um gestor de recursos que irá atuar como um intermediário dos investidores, aplicando esses capitais em ativos financeiros que sejam permitidos pela política de investimentos do fundo[232]. Os fundos brasileiros são tipificados no Código Civil[233] e regulados pela CVM e a maioria está sob a égide da Instrução CVM nº 555 ("*ICVM 555*"), que impõe diversas obrigações aos administradores desde a criação até a extinção do veículo[234].

Dito isso, nem todos os fundos são regidos pela ICVM 555 – alguns têm naturezas especialíssimas e são tratados em instrução separada. Essa natureza varia de acordo com os tipos de ativos financeiros permitidos pelas suas políticas de investimento: podem ser títulos públicos, crédito privado, ações, direitos creditórios imobiliários etc., e as normas regulatórias, autorregulatórias e tributárias irão variar de acordo com a classificação adotada.

[232] PAVIA, Eduardo Cherez. *Fundos de Investimento:* estrutura jurídica e agentes de mercado como proteção do investimento. São Paulo: Quartier Latin, 2016.

[233] A Lei nº 13.874/2019 (Lei da Liberdade Econômica) tipificou o fundo de investimentos no art. 1.368-C do Código Civil como uma comunhão de recursos, constituída sob a forma de condomínio de natureza especial, destinado à aplicação em ativos financeiros, bens e direitos de qualquer natureza.

[234] Um fundo de investimento é constituído por ato do seu administrador fiduciário: uma pessoa jurídica (geralmente instituição financeira), devidamente autorizada pela CVM, que presta os serviços ligados direta ou indiretamente ao funcionamento/manutenção do fundo, e que podem ser exercidos pelo próprio administrador ou por terceiros contratados por ele em nome do fundo (Instrução CVM nº 558). É o administrador fiduciário que aprova o regulamento (lei interna do fundo, semelhante a um estatuto social). Entre os serviços mais relevantes ao fundo, há: *(i) gestão da carteira do fundo*: tomada das decisões sobre a compra e venda de ativos financeiros com o capital investido pelos cotistas; *(ii) consultoria de investimentos*: opinião profissional e não vinculativa para contribuir na tomada de decisão do gestor de carteira; *(iii) distribuição de quotas*: os esforços de venda e a venda propriamente dita das quotas de fundo para eventuais investidores, em uma oferta pública ou privada; e *(iv) custódia de ativos financeiros*: depósito dos ativos detidos pelo fundo em uma instituição financeira (junto com guarda, monitoramento, liquidação, etc). *In* PAVIA, Eduardo Cherez. *Fundos de Investimento:* estrutura jurídica e agentes de mercado como proteção do investimento. São Paulo: Quartier Latin, 2016.

Entre as diversas espécies diferentes, existe um fundo que existe especificamente para comprar quotas/ações de empresas e se tornar oficialmente seu sócio[235]. Esses fundos selecionam empresas com potencial de sucesso financeiro relevante, mas ainda não alcançado (seja por falta de capital ou de gestão eficiente), para que, durante o tempo em que o fundo for sócio da empresa, ele consiga impulsionar a atividade empresarial, fazer a empresa prosperar e se valorizar, e depois vender suas quotas/ações com alta margem de lucro (seja via uma venda privada ou até mesmo um IPO). *Esses fundos são os FIPs.*

A vida de um FIP se divide em três grandes momentos: constituição, operacionalização e desinvestimento. A etapa de *constituição* é simples, consumada mediante registro na CVM, concedido automaticamente se for seguido o rito da ICVM 578[236] – via de regra, nessa etapa o gestor já tem um desenho em mente da tese de investimentos que seguirá.

A etapa de *operacionalização* tem duas partes: **(i)** o período pré-investimentos, que envolve os esforços de venda nas ofertas de quotas para potenciais investidores, prospecção de empresas em que o FIP possa investir, estudo de mercado e auditoria financeira/jurídica das potenciais investidas (*due diligence*), e assinatura dos contratos de investimento com as investidas; e **(ii)** o período pós-investimentos, que envolve o acompanhamento e influência na gestão das empresas dos portfólios (conforme detalhado abaixo).

Por fim, o processo de *desinvestimento* começa com a alienação para terceiros, pelo FIP, das participações que detém nas empresas investidas, e (se o gestor teve êxito na sua estratégia) recebendo em retorno um valor relevantemente maior do que o montante originalmente pago

[235] É verdade que também existem os fundos de investimento em ações (FIA), mas a sua diferença para o FIP está exatamente na estratégia de investimentos: um FIP irá investir em uma empresa com o intuito de agregar valor ao longo de um período considerável de investimento e desinvestir com lucro, enquanto um FIA tende a seguir uma política de investimento mais voltada a recebimento de dividendos ou a *trading* especulativo.

[236] Segundo art. 2º da ICVM 578, devem ser entregues à CVM o ato de constituição e regulamento do FIP, ambos registrados em RTD; declaração do administrador do fundo de que firmou os contratos mencionados no art. 33, § 2º, se for o caso; nome do auditor independente; informações sobre valor mínimo e máximo de quotas e outros aspectos financeiros relevantes da oferta; material de divulgação das quotas do fundo; qualquer informação adicional usada nos esforços de venda das quotas; e número de CNPJ/ME do FIP.

pelas quotas/ações, conquistando assim o retorno exponencial ambicionado pelos cotistas do fundo[237].

Para conquistar tal objetivo de desinvestimento com lucro, o FIP influencia diretamente a gestão da investida e opina sobre seus rumos estratégicos – a sua intenção é aumentar a eficiência da alocação dos recursos da empresa, e, assim, a chance de valorização da participação societária. Os instrumentos jurídicos mais usados por FIPs para intervir na investida são a indicação de profissionais de sua confiança para cargos de administração na empresa e a celebração de acordo de sócios/acionistas, mas funciona qualquer estrutura jurídica que permita um impacto prático pelo FIP na gestão da empresa[238].

Além de estrategicamente vantajoso para o FIP, o uso de mecanismos de influência na gestão também é uma *exigência regulatória* da CVM: um FIP não pode deixar de exercer influência estratégica em uma empresa onde investida (art. 5º da ICVM 578)[239].

Nessa linha, a CVM também exige que FIPs apenas invistam em empresas que seguem requisitos rigorosos de governança corporativa[240]. O objetivo do regulador com essa regra foi a proteção de investidores, dado que a estrutura sofisticada de gestão/governança cria melhores

[237] FORTUNA, Eduardo. *Mercado Financeiro*: produtos e serviços. 20ª ed. São Paulo: Qualitymark, 2015.

[238] EIZIRIK, Nelson; GAAL, Ariádna; PARENTE, Flávia; HENRIQUES, Marcus. *Mercado de Capitais:* regime jurídico. 3ª ed. Rio de Janeiro: Renovar, 2011.

[239] Uma exceção trazida pela ICVM 578 a essa regra é que não precisa haver influência do FIP se a investida for uma companhia aberta listada em segmento especial de bolsa de valores, como o Novo Mercado, desde que o investimento seja até 35% da carteira total do fundo. A ideia por trás da exceção é que a companhia listada em segmento especial já precisa seguir requisitos bem estritos de governança corporativa para estar presente nele.

[240] São elas *(i)* proibição de emissão de partes beneficiárias e inexistência desses títulos em circulação; *(ii)* estabelecimento de um mandato unificado de um ano para todo o Conselho de Administração; *(iii)* disponibilização de contratos com partes relacionadas, acordos de acionistas e programas de opções de aquisição de ações ou de outros títulos ou valores mobiliários de emissão da companhia; *(iv)* adesão à câmara de arbitragem para resolução de conflitos societários; *(v)* no caso de abertura de seu capital, obrigar-se, perante o fundo, a aderir a segmento especial de Bolsa de Valores ou de entidade mantenedora de mercado de balcão organizado que assegure, no mínimo, níveis diferenciados de práticas de governança corporativa previstos nos incisos anteriores; e *(vi)* auditoria anual de suas demonstrações contábeis por auditores independentes registrados na CVM (art. 8º da ICVM 578).

controles sobre o uso do capital investido pelo fundo, reduz a assimetria de informação entre ele e os administradores da investida[241] e assim mitiga o risco de o fundo não conseguir o capital de volta[242]. Por outro lado, as dificuldades de implementação das regras de governança acabam limitando o rol de potenciais investidas do FIP. Para endereçar esse engessamento, a CVM criou algumas exceções que estudaremos no capítulo seguinte.

Em que pese tais tentativas do regulador de proteger o investidor do FIP, no fim do dia, o sucesso da aplicação dependerá apenas do sucesso econômico das empresas em que o fundo investe. Sendo assim, ser cotista de FIP é um investimento com razoável grau de risco e dependente de diversas variáveis mercadológicas. Por esse risco elevado de perda do patrimônio investido, a CVM determinou que apenas Investidores Qualificados e Profissionais podem aplicar em FIP (art. 4º da ICVM 578).

Enquanto o grau elevado de risco é marcante nos FIPs, fundos de investimento ordinários regidos pela ICVM 555 podem seguir estratégias mais conservadoras e adequadas para investidores de varejo. Vide um quadro em que esquematizamos essas características tradicionais (demonstradas por Vitor Sampaio Tostes)[243] e demonstramos como elas podem ou não se aplicar aos FIPs:

241 Bernardino, Diogo. *Fundos de Venture Capital e Private Equity*: breve análise sobre sua evolução, características e importância. Revista de Direito Bancário e do Mercado de Capitais. ano 16, vol. 61, julho-setembro, São Paulo: Thomson Reuters Revista dos Tribunais, 2013, p. 45-77.

242 Capizzi, Vincenzo; Bonini, Stefano. *The Effects of Private Equity Investors on the Governance of Companies*. Hoboken: Stevens Institute of Technology School of Business, 2015. Disponível: <https://papers.ssrn.com/sol3/papers.cfm?abstract_id=2647219>. Acesso em 16.06.2017.

243 Tostes, Vitor Sampaio. *Taxa de Performance em Fundos de Investimento regulados pela Instrução CVM nº 409/04*. Trabalho de Conclusão de Curso. Rio de Janeiro, de Direito da Pontifícia Universidade Católica do Rio de Janeiro. Disponível em: <https://www.maxwell.vrac.puc-rio.br/19420/19420.PDF>. Acesso em 30.01.2017.

	CARACTERÍSTICA DE FUNDOS 555	CARACTERÍSTICA SE REFLETE NOS FIPS?
Acessibilidade	Há fundos abertos (permitem liquidez diária, nos quais é possível resgatar a cota a qualquer tempo) e sem valores mínimos de investimento.	*Não*: além de serem fundos fechados, somente Investidores Qualificados e Profissionais podem investir.
Diversificação de risco	O capital do fundo pode ser investido em diversos tipos de ativos financeiros para não depender apenas de um único ativo/emissor.	*Sim*: é possível que um FIP tenha várias empresas investidas para diversificar o portfólio.
Gestão qualificada	Capital investido pelos cotistas fica a cargo de gestor de recursos licenciado conforme a Resolução CVM 21.	*Sim*: gestores de FIPs também precisam ser registrados na CVM (e, dado o mercado enxuto, bons gestores de FIP tendem a ser conhecidos).
Rentabilidade atrativa	Bons gestores podem exceder a rentabilidade média do mercado (p.ex.: taxas de títulos públicos e CDBs, a depender da estratégia de investimento.	*Sim*: dada a chance de retornos expressivos de um portfólio diversificado (ainda que acompanhem o risco bem alto).
Liquidez	Fundos abertos oferecem liquidez diária. Até fundos fechados também podem ser líquidos se suas cotas puderem ser vendidas no mercado secundário.	*Não*: FIPs precisam ser fechados, têm ciclos de investimento longos (podendo superar 10 anos) e o mercado secundário de cotas de FIP ainda é bem enxuto;
Governança	A regulação da CVM busca resguardar direitos dos cotistas mediante criação de obrigações para administradores e prestadores de serviços dos fundos[244].	*Sim*: administradores de FIPs estão sujeitos a obrigações regulatórias tão restritivas quanto as de fundos ordinários.
Baixo risco de perder o capital investido	O investidor pode selecionar fundos cujas políticas de investimento não se expõem a altos riscos de perda (p.ex.: carteira de títulos públicos).	*Não*: o conceito do FIP é exatamente correr o risco da atividade empresarial de suas investidas (*tradeoff* pela chance de excelentes desinvestimentos).

[244] A título de exemplo, procedimentos de *suitability*, envios diários de informações, demonstrações financeiras auditadas, medidas mitigadoras de conflitos de interesses, entre

2.7.2.2. FIP – Capital Semente e FIP – Multiestratégia: os Fundos *Venture Capital* brasileiros

Em 2017, para reformular o arcabouço regulatório do FIP conforme boas práticas do exterior, a CVM publicou a ICVM 578, extinguindo o FMIEE (pouco usado em razão dos entraves regulatórios) e criando diversas categorias de FIPs. Entre elas, há o FIP – Capital Semente para investir em empresas que faturam até R$ 16 milhões, e o FIP – Empresas Emergentes para investir em empresas que faturam até R$ 300 milhões[245].

Ambas as categorias foram constituídas para investir em empresas com faturamento relativamente limitado. No entanto, o FIP – Capital Semente conta com duas vantagens imprescindíveis: **(i)** suas investidas não precisam seguir nenhum dos requisitos de governança corporativa do art. 8º; e **(ii)** é o único FIP autorizado a investir em sociedades limitadas, ao passo que todos os outros só podem investir em sociedades anônimas (*startups* evitam a conversão em sociedade anônima até estarem em estágios bem avançados de vida, conforme Capítulo 4.5).

Sendo assim, é aqui, no FIP – Capital Semente (e no FIP – Multiestratégia, cujo propósito é explicado abaixo), que conseguimos identificar *a estrutura que a CVM montou para os Fundos Venture Capital brasileiros.*

Com essas flexibilizações do regulador, o FIP – Capital Semente consegue abranger todo um segmento de *startups* não acessível às demais categorias, se tornando o fundo para investimento em *startups* por excelência[246]. Adicionalmente, o ICVM 578 também facultou a FIPs Multies-

outros. Para um rol mais completo de obrigações do administrador fiduciário e gestor de recurso, vide ICVM 555, Resolução CVM 21 e Código ANBIMA de Administração de Recursos de Terceiros.

245 As demais espécies de FIP criadas pela ICVM 578 são: *(i)* FIP – Infraestrutura (FIP-IE): investe em empresas que têm obras de infraestrutura no seu objeto social; *(ii)* FIP – Produção Econômica Intensiva em Pesquisa, Desenvolvimento e Inovação (FIP-PD&I), para atividades focadas em pesquisa e desenvolvimento (R&D); e *(iii)* FIP – Multiestratégia, que pode ter uma política de investimentos diversificada e se beneficiar das vantagens regulatórias de outras espécies, desde que siga a política de investimento correspondente.

246 Subsidiariamente, seria possível pensar no FIP – Empresas Emergentes, com a ressalva de que eles são proibidos de investir em sociedades limitadas. Como um ônus adicional, suas investidas só ficam dispensadas de alguns dos requisitos de governança do art. 8º, que são a proibição de emissão de partes beneficiárias e inexistência desses títulos em circulação; estabelecimento de um mandato unificado de até 2 anos para todo o conselho de administração; e cláusula arbitral nos documentos societários (art. 16, II da ICVM 538).

tratégia investirem em sociedades limitadas que não seguem padrões de governança, desde que tais fundos sigam as demais regulamentações aplicáveis sobre o FIP – Capital Semente.

Na data de elaboração desse livro, havia 57 registros de FIP – Capital Semente e 54 registros de FIP – Empresas Emergentes na CVM[247] (111 no total, sendo que, em 2017, esse total era inferior a 30). Ao mesmo tempo, há mais de 1300 FIPs – Multiestratégia registrados na CVM, vários com razões sociais que aludem a grupos reconhecidos no mercado de *Venture Capital, indicando que o FIP – Multiestratégia é a estrutura de preferência desse mercado atualmente*[248].

Dito isso, mesmo que Fundos *Venture Capital* brasileiros tenham conseguido reduzir suas amarras regulatórias e estejam em ascensão, vale lembrar que eles não investem em qualquer *startup*. Via de regra, *Fundos Venture Capital investem em startups que já estão nos estágios mais avançados, e não nos seed e early stages.* A tese de investimento consiste em evitar tanto o estágio embrionário – em que a chance de sucesso é altamente nebulosa – quanto o período pós-avançado – em que o ritmo de crescimento já está reduzido e diversos outros investidores já estão *na cap table*[249]. Trata-se de uma tese amplamente seguida no Brasil e no exterior[250] por diversas razões:

Primeiro, a própria estrutura do Fundo *Venture Capital* torna economicamente desaconselhável o investimento em *startups* muito embrionárias, já que o gestor precisa realizar investimentos menos arriscados e de alto volume para aumentar a chance de os desinvestimentos gerarem lucro para os investidores[251]. Como vimos no estudo dos quatro estágios

[247] Conforme encontrado no serviço de busca de fundos de investimentos da CVM, disponível em <https://sistemas.cvm.gov.br/?CadGeral>. Acesso em 24.09.2022.

[248] Por exemplo, fundo da Redpoint e.ventures (Redpoint Eventures 2 FIP Multiestratégica), fundo inovaBra Ventures (FIP Multiestratégica Inovabra I – Investimento no Exterior), fundo da Astella Investimentos (Astella Journey II FIP Multiestratégia),

[249] Zider, Bob. *How Venture Capital Works.* Cambridge: Harvard Business Review, 1998. Disponível em: <https://hbr.org/1998/11/how-venture-capital-works>. Acesso em 08.06.2017.

[250] O Investimento Anjo como Fomentador do Empreendedorismo. *Associação Educacional Dom Bosco* (AEBD). Rio de Janeiro: 2008. Disponível em: <http://www.aedb.br/seget/arquivos/artigos08/347_Artigo_SeGET._2008.pdf>. Acesso em 30.05.2017.

[251] Timmons, Jeffry., Spinelli, Stephen. *New Venture Creation*: entrepreneurship for the 21st century. 6ª ed. Nova York: Irwin McGraw-Hill, 2004.

no início desse Capítulo 2, altos volumes são empiricamente reservados para *startups* mais avançadas.

Segundo, existe a limitação de tempo hábil do próprio gestor do fundo – via de regra, ele já usa grande parte das suas horas úteis para monitorar e interagir com suas investidas (que já estão em estágio avançado). Se o gestor decidisse trocar esse investimento alto em uma única *startup* avançada por diversos investimentos menores em *startups* embrionárias (que precisam de menos recursos), o tempo necessário para dedicar atenção necessária a cada uma delas seria muito maior e poderia comprometer a própria qualidade da influência estratégica do fundo nas investidas[252].

No mercado dos Estados Unidos, os dois pontos acima são empiricamente validados, já que os Fundos *Venture Capital* americanos investiram, em média, **(i)** apenas 2% de seus patrimônios em *startups* embrionárias no período entre 1997 e 2007[253]; **(ii)** apenas 4% entre 2007 e 2015[254]; e **(iii)** *tickets* de US$ 15,3 milhões por *startup* em 2015[255], valor tão elevado que só *startups* que já estão em estágio razoavelmente avançado têm "apetite" para receber. Em 2015, Fundos *Venture Capital* brasileiros seguiram a mesma tendência dos americanos, investindo *tickets*

[252] McKaskill, Tom. *An Introduction to Angel Investing.* Melbourne: Breakthrough Publications, 2009. Disponível em: <https://www.angelcapitalassociation.org/data/Documents/Resources/McKaskill-_Intro_to_Angel_Investing.pdf?rev=CF33>. Acesso em 09.05.2017.

[253] Wiltbank, Robert, & Boeker, Warren. *Returns to angel investors in Groups.* Angel Capital Association & Kauffman Foundation (2007). Disponível em: <http://www.baylor.edu/business/finance/doc.php/229628.pdf>. Acesso em 04.01.2017.

[254] France, Germany, Italy, Spain and the United Kingdom: building momentum in venture capital across Europe. *Bpifrance; British Business Bank; Cassa Depositi e Prestiti; Instituto de Crédito Oficial; KfW* (2016). Disponível em: <https://www.kfw.de/PDF/Download-Center/Konzernthemen/Research/PDF-Dokumente-Studien-und-Materialien/Building-Momentum-in-Venture-Capital-across-Europe.pdf>. Acesso em 01.05.2018.

[255] National Venture Capital Association Money Tree™ Report Q4 2018. *PwC.* Disponível em: <https://www.pwc.com/us/en/moneytree-report/moneytree-report-q4-2018.pdf>. Acesso em 15.06.2019.

médios de R$ 12 milhões[256], enquanto fundos de Israel investiram *tickets* médios de US$ 8,1 milhões[257].

Comparando esses dados com as médias de investimentos em cada uma das quatro etapas de vida das startups no início desse Capítulo 2, podemos concluir empiricamente que Fundos *Venture Capital*, brasileiros e estrangeiros, focam em *startups* que já passaram dos estágios iniciais (*seed* e *early*) e chegaram nos estágios de expansão e estágio avançado. Não é que tais fundos sejam completamente avessos a *startups* menores – é que, se investirem nelas, o caso deve ser visto como exceção[258].

2.8. Fundos *Corporate Venture*

Para muitos, parece intuitivo associar inovação a pequenas *startups*, e também dissociar inovação de empresas grandes e tradicionais. Eric Ries desafia esse senso comum, ensinando que conglomerados líderes têm cada vez menos tempo para aproveitar essa posição, já que a tecnologia está aumentando a intensidade da concorrência[259]. Essa instabilidade impede até grandes companhias de se contentarem com a inércia, e a solução que se apresenta é que elas também persigam inovação.

Uma companhia tradicional pode investir em inovação de diversas formas, mas que usualmente se dividem em duas categorias. A primeira, chamada de *inovação fechada*, abrange as alternativas *in-house* para desenvolvimento de produto, organização, logística, distribuição, divulgação etc., principalmente via departamento de R&D.

[256] Inside VC: inBrazil Venture Capital. *ABVCAP* (2017). Disponível em: <http://www.abvcap.com.br/Download/Estudos/3700.pdf>. Acesso em 03.06.2017.

[257] France, Germany, Italy, Spain and the United Kingdom: building momentum in venture capital across Europe. *Bpifrance; British Business Bank; Cassa Depositi e Prestiti; Instituto de Crédito Oficial; KfW* (2016). Disponível em: <https://www.kfw.de/PDF/Download-Center/Konzernthemen/Research/PDF-Dokumente-Studien-und-Materialien/Building-Momentum-in-Venture-Capital-across-Europe.pdf>. Acesso em 01.05.2018.

[258] Do ponto de vista regulatório, nada impede que o FIP – Capital Semente (ou FIP – Multiestratégia que siga as limitações do FIP – Capital Semente) invista em *startups* embrionárias de fase pré-operacional, com produto em testes iniciais ou em processo de registro de patente, em fase de incubação, aceleração etc. *In* FORTUNA, Eduardo. *Mercado Financeiro*: produtos e serviços. 20ª ed. São Paulo: Qualitymark, 2015.

[259] RIES, Eric. *The Lean Start up*: how today's entrepreneurs use continuous innovation to create radically successful businesses. Nova York: Crown Publishing Group, 2011.

Essa estratégia, no entanto, pode ter altos custos de transação (capital e tempo)[260] na busca de profissionais com experiência adequada, compra de equipamentos, adequação da iniciativa com a cultura da empresa, entre outros[261]. Foi demonstrado na Harvard Business Review que empresas tradicionais podem ter um ambiente pouco propício a inovação interna devido a **(i)** falta de interesse dos administradores da companhia, que podem ter mais incentivos econômicos para "tocar o dia a dia" e bater as metas de curto/médio prazo; e **(ii)** dificuldade de "*pivotar*" nos projetos mais arriscados por receio de risco de imagem junto ao público[262].

A segunda categoria de forma de inovar é a *inovação aberta*, na qual a companhia aborda empresas com ideias inovadoras, especialmente *startups*. A lógica é a companhia alavancar seu relacionamento com *startups*, ganhar acesso a inovações relevantes e à chance de agregá-las à sua estrutura interna para conseguir grande vantagem concorrencial sobre os seus competidores. Tais interações podem ocorrer de diversas maneiras[263], mas a que iremos tratar é o *Corporate Venture* – investimento corporativo em *startups*[264].

[260] A definição de custos de transação foi dada por Kenneth Arrow há quase cinquenta anos atrás como o custo de se navegar no sistema econômico. Conforme aprofundado por Williamson, custos de transação são os recursos despendidos para *(i)* se identificar e medir os preços e custos relevantes, que nem sempre são identificáveis; *(ii)* negociação e estabelecimento dos acordos/contratos entre agentes; e *(iii)* fiscalização e *enforceability* das transações, *in* WILLIAMSON, Oliver. *The Economic Institutions of Capitalism*. SSRN Electronic Journal. Londres: Free Press, 1985. Disponível em: <https://papers.ssrn.com/sol3/papers.cfm?abstract_id=1496720>. Acesso em 24.05.2017.

[261] LERNER, Josh. *Corporate Venturing*. Cambridge: Harvard Business Review, 2013. Disponível em: <https://hbr.org/2013/10/corporate-venturing>. Acesso em 07.06.2017.

[262] GIROTRA, Karan; NETESSINE, Serguei. *Why Large Companies Struggle with Business Model Inovation*. Cambridge: Harvard Business Review, 2013. Disponível em: <https://hbr.org/2013/09/why-large-companies-struggle-with-business-model-innovation>. Acesso em 23.01.2018.

[263] Como exemplos brasileiros dessas interações, temos os patrocínios de eventos (FinTouch, CIAB Febraban), hackathons (BTG hackaday), contratos de prestação de serviços não-exclusivos (*white labels*), incubações (Cubo), acelerações (inovaBra, BoostLab), entre outros programas.

[264] CAMINHA, Lucas. *Efeito Kronos no Corporate Venture Bancário:* intensificação nos investimentos de bancos em fintechs estimula debate sobre aspectos regulatórios. Revista Capi-

Desde 1960, grandes empresas vêm ingressando no mundo de *Corporate Venture* para se destacar em seus mercados, ganhar visibilidade e conquistar margens maiores[265]. Atualmente, o movimento parece estar em um dos seus pontos mais altos. Em 2018, Fundos *Corporate Venture* participaram em 34% dos investimentos de *Venture Capital* ao redor do mundo (maior intensidade na China), sendo que em 2015 essa participação era de apenas 20%[266]. Em 2016, o valor total das 1.069 operações americanas com *Corporate Venture* chegou a US$ 30,3 bilhões[267].

Eles têm sido relevantes no mercado global mesmo quando há desaquecimento dos Fundos *Venture Capital* tradicionais. Estudos indicam que, quando segue melhores práticas, um Fundo *Corporate Venture* pode ser tão ágil e sofisticado quanto os Fundos *Venture Capital* mais rentáveis[268]. Para conquistar esse sucesso, o grande diferencial que trazem para a mesa é a *expertise* da companhia-mãe, passada gradualmente às *startups* investidas mediante mentoria[269].

A busca por inovação via Fundo *Corporate Venture* (inovação aberta) e não via R&D interno (inovação fechada) tem as vantagens de **(i)** ajustar a companhia de forma mais rápida, mais flexível e menos custosa a mudanças na tecnologia e modelos de negócios na sua área de atuação; **(ii)** monitorar de perto o mercado de *startups* para conter ameaças concorrenciais (se a startup investida for um sucesso, o fundo poderá usá-la para ficar à frente dos seus competidores); e **(iii)** encerrar com agilidade

tal Aberto (19.06.2019). Disponível em: <https://capitalaberto.com.br/secoes/ensaio/efeito-kronos-no-corporate-venture-bancario>. Acesso em 02.07.2019.

265 Corporate Venture Capital (CVC). *Kauffman Foundation*. Kansas: Ewing Marion Kauffman Foundation, 2016. Disponível em: <http://www.kauffman.org/microsites/state-of-the-field/topics/finance/equity/corporate-venture-capital>. Acesso em 07.06.2017.

266 National Venture Capital Association Money Tree™ Report Q4 2018. *PwC*. Disponível em: <https://www.pwc.com/us/en/moneytree-report/moneytree-report-q4-2018.pdf>. Acesso em 15.06.2019.

267 NVCA 2017 Yearbook: the go-to resource on the venture ecosystem. *National Venture Capital Association* (2017). Disponível em: <http://nvca.org/blog/nvca-2017-yearbook-go-resource-venture-ecosystem/>. Acesso em 15.05.2019.

268 Lerner, Josh. *Corporate Venturing*. Cambridge: Harvard Business Review, 2013. Disponível em: <https://hbr.org/2013/10/corporate-venturing>. Acesso em 07.06.2017.

269 Chemmanur, Thomas J.; Loutskina, Elena; Tian, Xuan. *Corporate Venture Capital, Value Creation, and Innovation*. Boston, 2013. Disponível em: <https://www2.bc.edu/thomas-chemmanur/paper/CVC.pdf>. Acesso em 07.06.2018.

os projetos que já demonstram ser infrutíferos (metodologia ágil e estratégia *fail-fast*) de forma semelhante a Fundos *Venture Capital*[270].

Chemmanur, Loutskina & Tian comparam *startups* investidas por Fundos *Corporate Venture* (que poderiam ou não ter Fundos *Venture Capital* como investidores) com *startups* investidas apenas por Fundos *Venture Capital*.[271] Esquematizamos os resultados na tabela abaixo:

	Startups* investidas por Fundos *Corporate Venture	***Startups* investidas por Fundos *Venture Capital***
Mais inovadoras	X	
Mais arriscadas	X	
Mais lucrativas[272]		X
Levemente maiores	X	
Menos demanda de recursos para o produto		X
Conseguiram o primeiro investimento mais cedo	X	
Chegaram ao IPO mais cedo	X	

A segunda linha da tabela sugere que Fundos *Corporate Venture* são capazes de mais risco do que Fundos *Venture Capital*. Uma possível razão vem da estrutura de incentivos criadas pela companhia-mãe para os administradores do fundo, uma vez que eles **(i)** são constituídos como subsidiárias (*limited partnership*) da companhia-mãe, com vínculos contratuais que obrigam prazos mais longos de dez anos ou mais, e um ciclo

[270] LERNER, Josh. *Corporate Venturing*. Cambridge: Harvard Business Review, 2013. Disponível em: <https://hbr.org/2013/10/corporate-venturing>. Acesso em 07.06.2017.

[271] CHEMMANUR, Thomas J.; LOUTSKINA, Elena; TIAN, Xuan. *Corporate Venture Capital, Value Creation, and Innovation*. Boston, 2013. Disponível em: <https://www2.bc.edu/thomas-chemmanur/paper/CVC.pdf>. Acesso em 07.06.2018.

[272] MCCAHERY, Joseph; VERMEULEN, Erik. *Venture Capital 2.0*: from venturing to partnering. Research Paper Series 11/2016. Tilburg: Tilburg Law School Legal Studies, 2016. Disponível em: <http://ssrn.com/abstract=2773622>. Acesso em 11.06.2017.

de investimentos mais estendidos; **(ii)** priorizam os objetivos estratégicos da companhia em relação a desinvestimentos lucrativos; e **(iii)** seus gestores não são recebem taxa de *performance*[273].

Também podemos identificar em McCahery & Vermeulen outros possíveis obstáculos para a plena atuação de Fundos *Corporate Venture*[274], estimulando a lucratividade inferior apontada por Chemmanur, Loutskina & Tian na tabela acima[275]:

(i) investimentos feitos com objetivos financeiros e estratégicos pelo mesmo fundo podem levar a um conflito interno na administração da companhia-mãe, dificultando a mentoria passada às suas *startups*;
(ii) falta de experiência dos seus gestores em comparação aos de Fundos *Venture Capital*, possivelmente levando a decisões de investimento ineficientes e impasses no relacionamento com o empreendedor;
(iii) acesso limitado ao *networking* do mercado de *Venture Capital*, reduzindo oportunidades de investimento nas melhores *startups*;
(iv) linhas hierárquicas e de pensamento mais "tradicional" dentro da companhia-mãe podem pressionar pela descontinuidade do programa diante de alguns fracassos de investidas; e
(v) administração de interesses na posição de minoritário.

[273] Esse último item especialmente pode ser uma faca de dois gumes, pois o gestor de um bom Fundo *Corporate Venture* terá as mesmas competências técnicas de um gestor de Fundo *Venture Capital*, mas remunerado de forma inferior, possivelmente incentivando sua deserção para fundos independentes ou a tomada de posturas mais avessas a risco. Nessa linha, o ideal para o gestor de Fundo *Corporate Venture* seria uma remuneração variável de acordo com a média entre *performance* da companhia-mãe e do portfólio de investidas, *in* LERNER, Josh. *Corporate Venturing*. Cambridge: Harvard Business Review, 2013. Disponível em: <https://hbr.org/2013/10/corporate-venturing>. Acesso em 07.06.2017.

[274] MCCAHERY, Joseph; VERMEULEN, Erik: *Venture Capital 2.0:* from venturing to partnering. Research Paper Series 11/2016. Tilburg: Tilburg Law School Legal Studies, 2016. Disponível em: <http://ssrn.com/abstract=2773622>. Acesso em 11.06.2017.

[275] CHEMMANUR, Thomas J.; LOUTSKINA, Elena; TIAN, Xuan. *Corporate Venture Capital, Value Creation, and Innovation*. Boston, 2013. Disponível em: <https://www2.bc.edu/thomas-chemmanur/paper/CVC.pdf>. Acesso em 07.06.2018.

Conforme o início do capítulo, a existência de Fundos *Corporate Venture* ajuda a associar entre grandes companhias e inovações. Considerando a própria natureza arriscada dos investimentos feitos em *startups*, uma companhia-mãe que incentivar uma postura de aversão ao risco pelo gestor do fundo (seja por penalizar investimentos infrutíferos, seja deixando de remunerar investimentos frutíferos) poderá não cumprir o objetivo de agregar inovações satisfatórias à sua estrutura[276].

Nessa linha, conseguimos notar que os objetivos de um Fundo *Corporate Venture* são alinhados, via de regra, com os objetivos estratégicos de sua companhia-mãe, qual seja, incorporar a inovação da *startup* dentro dela mesma no futuro (p. ex.: melhorando qualidade do seu produto, aumentando eficiência da industrialização e/ou cortando despesas). O capital intelectual da companhia (seus recursos humanos) também permite que a *startup* seja internalizada pela companhia mais facilmente[277].

Por essas razões, quando investidores externos veem uma *startup* investida por Fundo *Corporate Venture*, eles já esperam que essa *startup* será eventualmente comprada pela respectiva companhia-mãe, e a um preço atraente que eles teoricamente poderão aproveitar "de carona" se também possuírem participação na *startup* na época da aquisição[278]. No entanto, essa qualidade pode ser ambivalente, uma vez que *startups* podem temer que aceitar recursos de Fundos *Corporate Venture* limite as suas opções de desinvestimento, bem como podem apresentar "sinalizações negativas" para outros investidores se o fundo decidir não continuar investindo ou decidir ofertar um valor baixo na compra futura[279].

Em paralelo, o *Corporate Venture* também pode trazer retornos financeiros razoáveis à companhia-mãe no desinvestimento. No entanto,

[276] LERNER, Josh. *Corporate Venturing.* Cambridge: Harvard Business Review, 2013. Disponível em: <https://hbr.org/2013/10/corporate-venturing>. Acesso em 07.06.2017.

[277] CHEMMANUR, THOMAS J.; LOUTSKINA, ELENA; TIAN, Xuan. *Corporate Venture Capital, Value Creation, and Innovation.* Boston, 2013. Disponível em: <https://www2.bc.edu/thomas-chemmanur/paper/CVC.pdf>. Acesso em 07.06.2018.

[278] LERNER, Josh. *Corporate Venturing.* Cambridge: Harvard Business Review, 2013. Disponível em: <https://hbr.org/2013/10/corporate-venturing>. Acesso em 07.06.2017.

[279] MCCAHERY, Joseph; VERMEULEN, Erik. *Venture Capital 2.0:* from venturing to partnering. Research Paper Series 11/2016. Tilburg: Tilburg Law School Legal Studies, 2016. Disponível em: <http://ssrn.com/abstract=2773622>. Acesso em 11.06.2017.

esses retornos costumam ser vistos como um "bônus" desse tipo de investimento – afinal, o seu objetivo não é o lucro em si, mas sim a prospecção e captura estratégica de ideias que podem transformar a atividade da companhia-mãe[280] (em outras palavras, provavelmente acontecerá o oposto de ganhar dinheiro: a companhia-mãe precisará desembolsar recursos para comprar a participação dos demais sócios quando fizer uma oferta de aquisição).

Mesmo havendo exceções, o objetivo de retorno financeiro costuma ser subsidiário em relação ao estratégico: já foi observado que Fundos *Corporate Venture* têm mais sucesso investindo em *startups* cujas inovações são alinhadas com os objetivos estratégicos da companhia-mãe. Para medir esse sucesso, foram usados como métricas a probabilidade de as investidas chegarem em IPO, produzirem maior número de patentes e terem melhores cotações em bolsa[281].

Falando em termos de eficiência de alocação de recursos, uma companhia-mãe hipotética de tecnologia consegue reduzir despesas se investir cedo em uma *startup* cujo objeto e proposta de negócio pareçam promissores para suas próprias atividades (p. ex. um algoritmo que aumente a eficiência da sua produção). Considerando que a companhia quer a inovação para si, caso não participe da *startup* tão cedo quanto possível, a alternativa será esperar. Se a ideia da *startup* conseguir sucesso, a companhia-mãe poderá então fazer uma oferta de aquisição pela empresa já em estado avançado, mas também precisará oferecer um preço mais alto, especialmente para remunerar o risco tomado pelos investidores das etapas anteriores[282].

Atualmente, alguns dos Fundos *Corporate Venture* mais ativos nos Estados Unidos incluem Google Ventures, Comcast Ventures, Intel Capital, GE Venture e Salesforce Ventures, havendo também novas

[280] LERNER, Josh. *Corporate Venturing*. Cambridge: Harvard Business Review, 2013. Disponível em: <https://hbr.org/2013/10/corporate-venturing>. Acesso em 07.06.2017.

[281] GOMPERS, Paul A.; LERNER, Josh. *The Determinants of Corporate Venture Capital Success:* organizational structure, incentives and complementarities. *In* MORCH, Randall K. (coord.) Concentrated Corporate Ownership. Chicago: University of Chicago Press, 1998. Disponível em: <http://www.nber.org/chapters/c9004.pdf>. Acesso em 07.06.2017.

[282] O conceito de um grande *player* do mercado comprar uma *startup* por razões estratégicas e/ou concorrenciais é bem introduzido por McKaskill (2009) e está detalhado no Capítulo 5.7, item "b" abaixo.

companhias-mãe entrantes como Campbell Soup Company, Jetblue, Sesame Street, Kellogg Company e Airbus[283]. Na Europa, há o GSK Venture Fund, Robert Bosch Venture Capital[284] e o Grupo Telefónica com seu *Telefónica Open Future* (ao final de 2016, o grupo tinha € 166 milhões distribuídos em 1.532 *startups* e já havia recebido € 40 milhões na forma de retornos financeiros gerados pelos investimentos)[285].

Muitas empresas brasileiras também expandiram no setor de *Corporate Venture*, e, hoje em dia, estão entre as mais de mil que atuam a nível internacional[286]. Um dos setores que lidera esse avanço no Brasil é o mercado financeiro, no qual bancos montam braços de investimentos para acessar as inovações das *fintechs*. Por fim, no que tange à estrutura jurídica adotada por Fundos *Corporate Venture*, as companhias-mãe no exterior costumam seguir a tradição de constituir uma *limited partnership* que elas mesmas gerem[287]. Já no Brasil, Fundos *Corporate Venture* adotam a mesma estrutura de FIP – Multiestratégia ou FIP – Capital Semente seguida pelos Fundos *Venture Capital* brasileiros[288], aplicando-se aqui então nossos comentários sobre o veículo já narrados no Capítulo 2.7.4.

No todo, Fundos *Corporate Venture* brasileiros e estrangeiros, de uma estrutura ou outra, continuam guiados e atraídos pelo ideal que Josh

[283] NVCA 2017 Yearbook: the go-to resource on the venture ecosystem. *National Venture Capital Association* (2017). Disponível em: <http://nvca.org/blog/nvca-2017-yearbook-go-resource-venture-ecosystem/>. Acesso em 15.05.2019.

[284] Roche Venture Fund. *Crunchbase*. Disponível em: <https://www.crunchbase.com/organization/roche-venture-fund#/entity>. Acesso em 08.06.2017.

[285] Em 2017, dentro do Fundo *Corporate Venture* da Telefônica, já havia (entre outras iniciativas): *(i)* Amérigo, rede de oito fundos de investimento em capital de risco geridos por coinvestidores públicos e privados, que já investiu em 80 *startups* e criou cerca de 2.000 postos de trabalho; *(ii)* Telefônica Ventures, fundo de investimento gerido pela própria companhia e que já investiu em 17 *startups* na Europa, Estados Unidos e Israel; *(iii)* Wayra, aceleradora de *startups* que já atua no Brasil e outros nove países, e que já investiu até hoje em mais de 500 *startups*. *In* TELEFÔNICA. Disponível em: <http://www.telefonica.com.br >. Acesso em 07.06.2017.

[286] Inside VC: inBrazil Venture Capital. *ABVCAP* (2017). Disponível em: <http://www.abvcap.com.br/Download/Estudos/3700.pdf>. Acesso em 03.06.2017.

[287] Ibidem.

[288] CAMINHA, Lucas. *Efeito Kronos no Corporate Venture Bancário:* intensificação nos investimentos de bancos em fintechs estimula debate sobre aspectos regulatórios. Revista Capital Aberto (19.06.2019). Disponível em: <https://capitalaberto.com.br/secoes/ensaio/efeito-kronos-no-corporate-venture-bancario>. Acesso em 02.07.2019.

Lerner citou na Harvard Business Review – *the breakthrough idea that changes everything.*

2.9. O famigerado vale da morte

Diante de todas as fontes de captação de recursos estudados acima, e do escopo das *startups* em que se interessam, percebe-se que *startups* no estágio embrionário são as que contam com menos fontes de captação de recursos. Após o empreendedor gastar seu capital próprio, de *family, friends and fools* e eventualmente de aceleradoras (que também não costumam ser tão volumosos), ele provavelmente ainda precisará de recursos para viabilizar sua inovação – sendo que ainda não tem tamanho/estrutura para acessar Fundos *Venture Capital* e *Corporate Venture*[289].

Essa escassez de recursos, combinado com pouco tempo de gestão dos empreendedores das startups *embrionárias*, caracteriza o que conhecemos no mercado como *death valley*, ou o vale da morte das *startups*[290]. Diversas *startups* já morreram nesse vale porque não conseguiram capital suficiente para expandir ou manter suas atividades, eventualmente sufocando os fundadores e fechando as portas.

O desinteresse de investidores que forma o vale da morte não deve ser considerado uma falha de mercado por si só, mas sim um resultado de outras falhas: **(i)** assimetria de informação enfrentada pelo investidor em relação a *startups* embrionárias[291]; **(ii)** seleção adversa, na medida em que investidores se sentem menos atraídos pelo mercado de empreendedores embrionários como consequência do item anterior; **(iii)** custos de transação para elaboração de contratos complexos que mitiguem os riscos decorrentes da seleção adversa; e **(iv)** eventuais problemas de agência.

[289] CAMINHA, Lucas. Inovação, Capital e Seed Gap: quem são os investidores anjos de acordo com o mercado e com a Lei Complementar nº 155? *Prêmio CFA Society Brazil de Inovação Financeira* (2017). Disponível em: <http://cfasociety.org.br/pdf/premio/MH2_Premio_CFA_Society_Brazil_2017.pdf>. Acesso em 01.07.2019.

[290] MCCAHERY, Joseph; VERMEULEN, Erik. *Venture Capital 2.0:* from venturing to partnering. Research Paper Series 11/2016. Tilburg: Tilburg Law School Legal Studies, 2016. Disponível em: <http://ssrn.com/abstract=2773622>. Acesso em 11.06.2017.

[291] SCHAFER, Dorothea. *How important is the venture capital industry? An assessment based on a comparison of the U.S. and the German financial systems* (2011). Disponível em: <http://www.aicgs.org/site/wp-content/uploads/2011/10/schaefer.pdf>. Acesso em 19.04.2017.

Diante de todos esses obstáculos para receber investimento, surge a questão – como uma *startup* em estágio embrionário sem capital consegue se desenvolver ao ponto de atrair investidores institucionais, como Fundos *Venture Capital* ou *Corporate Venture*? As próprias bigtechs como Meta, Amazon, Apple e Netflix nasceram sem ativos e ainda assim superaram os antigos monopolistas e dominaram seus mercados. Como elas venceram o vale da morte?

Algumas soluções surgem na mesa para *startups* brasileiras.

A primeira já foi demonstrada aqui – mesmo sendo relativamente novo, o *Equity Crowdfunding* da RCVM 88 está permitindo que *startups* levantem volumes bem elevados de recursos[292].

A segunda solução é o surgimento de cada vez mais fundos Micro *Venture Capital* (*micro VC*) brasileiros, também chamados de fundos *seed*[293]. Trata-se de uma classe de investidor que atua em *startups* de estágio embrionário com investimentos médios de até R$ 2 milhões[294]. Logo, mesmo se constituindo como FIP, não é um fundo que trabalha com *startups* do mesmo estágio com que Fundos *Venture Capital* e *Corporate Venture* trabalham. Via de regra, as empresas por trás dos fundos de micro VC lançam editais e patrocinam competições para que as melhores *startups* concorram pelo investimento.

[292] Fintech Mutual capta R$ 4 milhões em maior equity crowdfunding do Brasil. *Startse* (17.06.2019). Disponível em: <https://www.startse.com/noticia/startups/65789/fintech-mutual-capta-r-4-milhoes-em-maior-equity-crowdfunding-do-brasil>. Acesso em 01.07.2019.

[293] Há diversos bons exemplos de fundos *seed* no Brasil. O BNDES, hoje em dia, é responsável por três dessas iniciativas: *(i)* Fundos Criatec, uma série de três fundos que investe desde 2008 e tem cerca de R$ 500 milhões em capital comprometido (*tickets* de até R$ 5 milhões); e *(ii) Fundo Primatec*, que prioriza empresas vinculadas a incubadoras ou parques tecnológicos e tem cerca de R$ 100 milhões em capital comprometido. Adicionalmente, a gestora Fundepar Investimentos constituiu o *FIP Seed4Science* para investir em *startups* de alta tecnologia (*tickets* de até R$ 1 milhão se for o primeiro aporte, ou de até R$ 2,5 milhões se for um *follow-on*). Vide (1) BNDES Garagem, disponível em: https://www.bndes.gov.br/wps/portal/site/home/onde-atuamos/inovacao/bndes-garagem, acesso em 01.07.2019; e (2) Seed4Science, disponível em: <http://fundepar.com.br/seed4science/>, acesso em 01.07.2019.

[294] Spina, Cássio. *Investimento Anjo*: guia prático para empreendedores e investidores. São Paulo: Nversos, 2011.

A terceira solução nasceu em uma época na qual as demais soluções não existiam para *startups* do Brasil ou do exterior. O vale da morte das *startups* ao redor do mundo também é um caminho para investidores interessados em startups mais jovens do que prefere o mercado de *Venture Capital*[295].

[295] WETZEL, William E. Jr. *Angels and Informal Risk Capital.* MIT Sloan Management Review, 24:4. Cambridge: Massachusetts Institute of Technology, 1987, p. 23-34.

CAPÍTULO 3

NATUREZA DO INVESTIMENTO ANJO – ENTENDIMENTOS CONCEITUAIS

"An angel! Or, if not,
An earthly paragon"
William Shakespeare, 1610

Alguns estudos indicam que os primeiros investidores anjos remontam ao início do século XX nos Estados Unidos, época em que eles investiam grandes volumes de capital em produções teatrais da *Broadway*. Acredita-se que a motivação desses anjos seria o glamour social de serem vistos como grandes mecenas das artes. Também poderia ser a motivação de simplesmente ter mais dinheiro do que se sabia como gastar na época – provavelmente ambas estão corretas.

A partir da compra de participação nesses empreendimentos, os anjos assumiam seus riscos, e, para mitigar a chance de não verem seu capital de volta, implementavam outro elemento característico do investimento anjo – a mentoria. Ao invés de tomar uma posição passiva de mera expectativa de retorno, os investidores contribuíam ativamente aos organizadores dos eventos com conselhos e *networking* para aumentar as chances de sucesso (em outras palavras, exerciam uma influência estratégica na administração da sociedade investida).

Já existiam alguns anjos em tempos até mais remotos – no século XV, a Rainha Isabel I de Castela financiou a expedição de Cristóvão Colombo e participou do risco. No século XIII, investidores financiaram as jornadas de Marco Polo em troca de 75% dos seus lucros. Nos séculos XIX e XX, Henry Ford e Alexander Bell (fundador da famosa AT&T –

American Telephone & Telegraph) também se financiaram via investimento anjo. No caso de Ford, cinco anjos aplicaram um valor inicial de US$ 41,5 mil dólares e, 15 anos depois, aquela participação valia US$ 145 milhões[296].

A partir desses precedentes, a figura do investidor anjo foi se formando – um investidor privado (não institucional) que pode contribuir ao financiamento das startups mais jovens[297].

3.1. Conceito, perfil e objetivo dos investidores anjos

Conceitualmente, anjos são pessoas físicas de patrimônio considerável que financiam *startups* de alto potencial via participação societária ou de dívida conversível em participação[298], atuando nessas *startups* como mentores da equipe fundadora para aumentar a chance de sucesso do investimento[299]. Majoritariamente, os próprios anjos são ex-empreendedores que desejam

[296] MORRISSETE, Stephen G. *A profile of Angel Investors*. The Journal of Private Equity, vol. 10, nº 3, Nova York: Institutional Investor Journal, 2007, p. 52-66.

[297] Apesar de quase toda a literatura econômica e jurídica conceituar o anjo como "*investidor informal*", como Morrisette, vale a regra de bolso – todo anjo é investidor informal, mas nem todo investidor informal é anjo. Os *family, friends and fools* também são investidores informais (não institucionais) e investem capital próprio, mas, enquanto esse grupo de *love money* financia o empreendedor por razões extraeconômicas, anjos investem com objetivo principal de multiplicar seu patrimônio. Vide (1) MORRISSETE, Stephen G. *A profile of Angel Investors*. The Journal of Private Equity, vol. 10, nº 3, Nova York: Institutional Investor Journal, 2007, p. 52-66; (2) WILSON, Karen. *Policy Lessons from Financing Innovative Firms*. OECD Science, Technology and Industry Policy Papers, nº 24. Paris: OECD Publishing, 2015. Disponível em: <http://dx.doi.org/10.1787/5js03z8zrh9p-en>. Acesso em 19.04.2017; e (3) SHANE, Scott. *The Importance of Angel Investing in Financing the Growth of Entrepreneurial Ventures*. SBA Office of Advocacy (2008). Disponível em: <http://signallake.com/innovation/AngelInvestingSept08.pdf>. Acesso em 31.03.2017.

[298] SHANE, Scott. *The Importance of Angel Investing in Financing the Growth of Entrepreneurial Ventures*. SBA Office of Advocacy (2008). Disponível em: <http://signallake.com/innovation/AngelInvestingSept08.pdf>. Acesso em 31.03.2017.

[299] LOBO, Alexandre L.; POTENZA, Guilherme P. *Investimentos Venture Capital e Private Equity: Considerações Práticas e Jurídicas*. In: BOTREL, Sergio. BARBOSA, Henrique (Coordenadores). Finanças Corporativas: Aspectos Jurídicos e Estratégicos, Rio de Janeiro: Gen Atlas, 2016, pp. 267-316.

recapturar a emoção de dirigir uma *startup* e obter lucros exponenciais no processo[300], investindo sozinhos ou por grupos e associações[301].

Esses investidores não se limitam a meramente investir seu capital, mas também agregam seu conhecimento comercial e *networking*[302]. Uma vez que eles agregam valor não apenas financeiro, chamamos esse tipo de investimento de *smart money*. É um conceito aplicável a qualquer investidor de *Venture Capital* que ofereça apoio além de apenas recursos financeiros, mas tradicionalmente vinculado ao investimento anjo.

Nessa linha, anjos investem o produto material e imaterial dos seus sucessos passados para construir novos sucessos – afinal, muitos deles já foram empreendedores. Em estudo de Wiltbank & Boeker, 85% dos anjos entrevistados tiveram pelo menos três anos de experiência empreendedora, e a média era de 14,5 anos por anjo[303].

Esse é o ciclo virtuoso de empreendedores que geram investidores que geram empreendedores. Esses anjos entram em um mundo de gestores, conselheiros, fundos, bancos, advogados, universidades e empreendedores, todos ligados pela economia da inovação[304].

Quando consideramos a existência do investidor anjo, a lacuna de financiamento para empreendedores em estado embrionário[305] – famigerado vale da morte – já não parece mais tão abissal. *Investidores anjos, via de regra, investem em startups que ainda não chegaram na etapa em que pode-*

[300] Morrissete, Stephen G. *A profile of Angel Investors*. The Journal of Private Equity, vol. 10, nº 3, pp. 52-66. Nova York: Institutional Investor Journal, 2007.

[301] Bonini, Stefano; Capizzi, Vincenzo; Valletta. Mario; Zocchi, Paola. *Groups, Networks and the Business Angels' Investment Process*. Hoboken: Stevens Institute of Technology School of Business, 2016. Disponível em: <https://papers.ssrn.com/sol3/papers.cfm?abstract_id=2856478>. Acesso em 30.04.2017.

[302] Yanaka, Guilherme M.; Holland, Marcio. *Basiléia II e exigência de capital para risco de crédito dos bancos no Brasil* (2014). Disponível em: <http://basileiabrasil.com/wp-content/uploads/2014/08/Basileia_II_artigo_Holland_Yanaka.pdf>. Acesso em 26.05.2017.

[303] Wiltbank, Robert, & Boeker, Warren. *Returns to angel investors in Groups*. Angel Capital Association & Kauffman Foundation (2007). Disponível em: <http://www.baylor.edu/business/finance/doc.php/229628.pdf>. Acesso em 04.01.2017.

[304] McKaskill, Tom. *An Introduction to Angel Investing*. Melbourne: Breakthrough Publications, 2009. Disponível em: <https://www.angelcapitalassociation.org/data/Documents/Resources/McKaskill-_Intro_to_Angel_Investing.pdf?rev=CF33>. Acesso em 09.05.2017.

[305] Wetzel, William E. Jr. *Angels and Informal Risk Capital*. MIT Sloan Management Review, 24:4. Cambridge: Massachusetts Institute of Technology, 1987, p. 23-34.

riam financiadas por Fundos Venture Capital (i.e., *startups* que ainda estão no estágio embrionário ou estágio inicial).

Investidores anjos são bem lucrativos para as startuos em que investe (Morrisette[306] chama esse mercado de "*hidden and powerful economic force*")[307]. De acordo com artigo publicado na Harvard Business Review, *startups apoiadas por capital anjo têm 14% a 23% de chance a mais de sobreviverem aos próximos 1,5 a 3 anos e conseguem gerar 40% mais empregos em comparação a startups sem capital anjo*[308] (correlação também verificada pela Oxford University)[309].

O estudo de Harvard também revela que investimento anjo aumenta de 10% a 17% a chance de o empreendedor lucrar quando desinvestir da *startup*. O investidor anjo também aumenta a probabilidade de a startup receber novos investimentos, dado que sua presença no *cap table* é vista como um sinalizador de potencial do produto.

No início da década de 2000, Wiltbank & Boeker apontaram que[310]:

(i) o retorno médio dos investidores anjos foi de 260% do capital em 3,5 anos[311];

[306] Morrissete, Stephen G. *A profile of Angel Investors*. The Journal of Private Equity, vol. 10, nº 3, pp. 52-66. Nova York: Institutional Investor Journal, 2007.

[307] Diversos autores ressaltam que um dos grandes impedimentos a pesquisas mais apropriadas sobre investimento anjo é exatamente a dificuldade de quantificá-los. Considerando que eles são agentes que investem patrimônio próprio e não precisam informar seus sucessos e insucessos a órgãos que podem publicizar essas informações, as fontes para pesquisas se tornam mais escassas do que o normal.

[308] Lerner, Josh; Schoar, Antoinette; Sokolinski, Stanislav; Wilson, Karen. *The Globalization of Angel Investments:* evidence across countries. Cambridge: Harvard Business School, 2016. Disponível em: <https://papers.ssrn.com/sol3/papers.cfm?abstract_id=2706546>. Acesso em 15.06.2019.

[309] Kerr, William R. Lerner; Josh. Schoar, Antoinette. *The Consequences of Entrepreneurial Finance:* evidence from angel financings. Review of Financial Studies, 27ª ed., nº 1. Oxford: Oxford University, janeiro de 2014. Disponível em: <http://www.people.hbs.edu/wkerr/KLS-Angels-Oct2011.pdf>. Acesso em 22.03.2018.

[310] Wiltbank, Robert, & Boeker, Warren. *Returns to angel investors in Groups*. Angel Capital Association & Kauffman Foundation (2007). Disponível em: <http://www.baylor.edu/business/finance/doc.php/229628.pdf>. Acesso em 04.01.2017.

[311] Outros estudos conduzidos entre 1989 e 2002 indicavam uma expectativa de retorno por volta de 30% (Morrissete, Stephen G. *A profile of Angel Investors*. The Journal of Private Equity, vol. 10, nº 3, pp. 52-66. Nova York: Institutional Investor Journal, 2007), enquanto

(ii) 7% dos desinvestimentos conseguiram retornos acima de 10x o capital investido (75% do total recebido pelos anjos na amostra analisada);

(iii) 48% dos desinvestimentos geraram lucro; e

(iv) 61% dos anjos abordados tiveram lucro ao fazer um *netting* de todos os seus investimentos (esses últimos dois itens demonstram a importância de diversificação do portfólio anjo, explicada no capítulo seguinte).

Naturalmente, startups hoje em dia se tornaram sinônimo exclusivo de tecnologia e bases digitais. Esse caminho veio da *escalabilidade de startups de tecnologia (altos retornos que vêm rápido) e pelo fato de elas precisarem de investimentos relativamente baixos*. Os dois fatores em conjunto formam o que chamamos de "*eficiência de capital*", que é algo bem buscado no mercado de *Venture Capital*.

Além de a menor necessidade de capital, o custo de *pivot* do empreendedor é mais baixo em *startups* com bases digitais em razão do método de desenvolvimento do produto (programação, na prática). Nas palavras de Lord & Mirabile[312], se uma *startup* de *software* perceber que seu algoritmo está tomando um rumo que não terá sucesso no mercado e precisa de uma alteração no desenvolvimento, provavelmente só serão necessários para isso "*uma caixa de cerveja, uma pizza e um fim de semana*".

Já uma empresa qualquer que não atua com produtos digitais pode precisar investir logo no início do empreendimento em linhas produtivas, cadeias de distribuição e locação de bens móveis/imóveis, representando um alto custo do negócio. Tais custos afundados (*sunk costs*) criam dois desincentivos para anjos investirem em *startups* sem bases tecnológicas:

(i) uma *startup* que precisa receber investimento muito alto representa um custo de oportunidade de diversas *startups* menores, prejudicando a diversificação do portfólio; e

Cássio Spina entende que anjos brasileiros possuem expectativa de retorno na média de 40% (Spina, Cássio. *Investimento Anjo*: guia prático para empreendedores e investidores. São Paulo: Nversos, 2011).

[312] Lord, Hambleton; Mirabile, Christopher. *Fundamentals of Angel Investing*. Boston: CreateSpace Independent Publishing Platform, 2016.

(ii) a *startup* tem pouco espaço para errar, dado que eventual *pivot* poderá tornar obsoleto grande parte do que adquiriu no investimento inicial.

Vide como o interesse dos anjos brasileiros nos diferentes setores de *startups* reflete a preferência por tecnologia, conforme pesquisa conduzida pela associação Anjos do Brasil[313]:

SETOR DE *STARTUPS*	% DE ANJOS INTERESSADOS
Agritech / Agricultura	60,3%
Tecnologia Educacional / Edtech	55,2%
Serviços Financeiros / Fintech	52,3%
Tecnologia para Saúde / Biotecnologia / Healtechs	52,3%
Software as a Service (SaaS)	50,9%
Negócios de Impacto	43,0%
Deeptech / Tecnologia de Base (IA, BigData, AR/VR)	40,4%
Tecnologias para setor energético / Energias limpas	38,3%
Alimentos inovadores/ Foodtech	35,4%
Construtech / Proptech / Tecnoologia para setor Imobiliário	33,2%
Entretenimento / Games	32,5%
Transporte e Logística	32,1%
Mobilidade urbana / Smartcities	28,9%
Indústria 4.0	28,2%
RetailTech / e-commerce	26,0%
Direct to Consumer (D2C)	25,3%
Hardware / IoT	24,5%
Tecnologia para Marketing / Publicidade / AdTech	23,5%
Serviços de TI / Telecom / Internet / Núvem / Cloud	21,7%

[313] O Crescimento do Investimento Anjo: pesquisa 2019 ano-base 2018. *Anjos do Brasil.* Disponível em: <www.anjosdobrasil.net>. Acesso em 01.07.2019.

Dito isso, de uma maneira geral, investidores anjos preferem áreas em que já possuem *expertise* e experiência prévia,[314]. Pode haver, então, investimento anjo em *startups* de biotecnologia, serviços financeiros, varejo, infraestrutura, construção civil, entre muitas outras.

Essa sinergia tem comprovação empírica. No estudo de Wiltbank & Boeker, os anjos abordados dedicavam metade do seu número de investimentos a iniciativas em suas áreas de *expertise* e conseguiam, em média, o dobro do seu retorno habitual quando investiam dentro dessas áreas[315]. Não precisamos ir longe para citar iniciativas de baixa sofisticação tecnológica que se revelaram excelentes escolhas para os anjos que as capitalizaram – Starbucks e FedEx[316].

Em 2021, o capital anjo investido nos Estados Unidos foi distribuído em *startups* dos seguintes setores[317]:

Setor	Saúde	*Software*	Energia	*Fintechs*	Varejo	Serviços de TI
% do total	29%	14%	14%	13%	7%	7%

Tal versatilidade de mercados é, inclusive, mais um diferencial em relação a outras fontes de captação, já que qualquer *startup* é elegível a investimento se tiver potencial de lucratividade e sinergia com a experiência do investidor. Anjos podem investir em uma franquia local de McDonald's, pista de patinação, restaurante da moda ou um cinema "*cult*", e, em todas essas situações, estarão fazendo jus à definição – agentes privados que investem capital próprio e *expertise*. No Brasil, que ainda

[314] McKaskill, Tom. *An Introduction to Angel Investing.* Melbourne: Breakthrough Publications, 2009. Disponível em: <https://www.angelcapitalassociation.org/data/Documents/Resources/McKaskill-_Intro_to_Angel_Investing.pdf?rev=CF33>. Acesso em 09.05.2017.

[315] Wiltbank, Robert, & Boeker, Warren. *Returns to angel investors in Groups.* Angel Capital Association & Kauffman Foundation (2007). Disponível em: <http://www.baylor.edu/business/finance/doc.php/229628.pdf>. Acesso em 04.01.2017.

[316] Shane, Scott. *The Importance of Angel Investing in Financing the Growth of Entrepreneurial Ventures.* SBA Office of Advocacy (2008). Disponível em: <http://signallake.com/innovation/AngelInvestingSept08.pdf>. Acesso em 31.03.2017.

[317] The Angel Investor Market in 2021: metrics indicate strong market.*Center for Venture Research*, 2022. Disponível em: <https://paulcollege.unh.edu/sites/default/files/resource/files/fy_2021_analysis_report_final.pdf>.. Acesso em 25.09.2022.

tem um mercado de inovação incipiente, é incomum que os próprios empreendedores adotem *business models* fora do setor de tecnologia – que já é validado – para não arriscar a captação de recursos.

Uma vez que são investidores informais, anjos podem encontrar oportunidades de negócios em qualquer lugar. Eles podem receber possíveis oportunidade de investimento de família e amigos, fóruns de investidores, sites de divulgação de empreendedores, diretórios de anjos, Fundos *Venture Capital* (que podem indicá-los para *startups* que ainda estão em estágio embrionário), bancos comerciais e de investimento; associações sem fins lucrativos voltadas ao desenvolvimento local, incubadoras e aceleradoras, universidades, advogados e outros[318].

Uma fonte de oportunidades que agrega bastante valor para a classe é a participação em associações de anjos. É o caso da Anjos do Brasil, associação que organiza e oferece congressos, debates, treinamentos, artigos e mais material voltado a disseminar a indústria no Brasil[319]. Anjos que se unem conseguem inúmeros benefícios que são detalhadamente tratados no Capítulo 5.4 abaixo.

Considerando que anjos têm interesse em *startups* nos primeiros estágios de vida, poderíamos questionar por que eles não poderiam exclusivamente usar *Equity Crowdfunding*. Afinal, uma plataforma virtual voltada para *startups* que consolida investimentos e faz todo o trabalho de *due diligence* demandaria menos tempo (e menos custo de oportunidade) do investidor.

Uma razão para anjos ainda investirem de maneira própria pode ser pela natureza arriscada da atividade, e como, ao invés de delegar a decisão e monitoramento a plataformas, eles preferem seguir uma postura hands-on.

Essa postura inclui uma *due diligence* extensa da *startup* e seus fundadores, abrangendo ativos tangíveis e intangíveis, nível dos gestores, projeção do crescimento, viabilidade tecnológica do produto, estudo do mercado-alvo e outros (vide Capítulo 4.3 abaixo). Esses mesmos esfor-

[318] McKaskill, Tom. *An Introduction to Angel Investing.* Melbourne: Breakthrough Publications, 2009. Disponível em: <https://www.angelcapitalassociation.org/data/Documents/Resources/McKaskill-_Intro_to_Angel_Investing.pdf?rev=CF33>. Acesso em 09.05.2017.

[319] Guia de Investimento Anjo e Documentos legais. *Anjos do Brasil* (2016). Disponível em: <www.anjosdobrasil.net>. Acesso em 27.06.2019.

ços são adotados para monitorar o empreendedor pós-investimento, a destinação dos recursos investidos e a direção em que está levando a *startup*. Em discursos que podem ser visto como um tanto corporativista, anjos costumam defender sua própria classe afirmando que seus filtros são maiores do que os das plataformas de *Crowdfunding*, mitigando o risco de se investir em *startups* fracas e isso custar o investimento[320].

Um risco adicional levantado pelos próprios investidores anjos sobre *Crowdfunding* é o ponto do conflito de interesses – anjos investem seu próprio patrimônio e não patrimônio de terceiros, havendo um incentivo claro para garantir sucesso da *startup* sem problemas de agência.

3.2. Ambições não-financeiras

Na lógica do agente econômico racional, qualquer investidor é motivado pelo desejo de auferir lucro. É daí que ele tira o incentivo para continuar no mercado. Dito isso, quando falamos de anjos – tão ambiciosos quanto qualquer outro investidor –, suas ambições não se encerram no lucro. As ambições não-financeiras são mais presentes nas atividades dos anjos do que de investidores no geral e até de Fundos *Venture Capital*, conforme comparam Morrisette[321] e estudos de cinco grandes instituições financeiras europeias[322]. Muito disso se atribui à satisfação pessoal de fazer parte da construção de uma empresa inovadora desde o seu início até se tornar um sucesso[323].

Conforme vimos, muitos anjos são/foram empreendedores bem-sucedidos e usam a experiência positiva para ajudar *startups* a seguir seus passos. Essa externalidade é refletida no prazer (irracional/extraeconômico) de ver seus pupilos começarem e desenvolverem uma com-

[320] Lord, Hambleton; Mirabile, Christopher. *Fundamentals of Angel Investing*. Boston: CreateSpace Independent Publishing Platform, 2016.

[321] Morrissete, Stephen G. *A profile of Angel Investors*. The Journal of Private Equity, vol. 10, nº 3, pp. 52-66. Nova York: Institutional Investor Journal, 2007.

[322] France, Germany, Italy, Spain and the United Kingdom: building momentum in venture capital across Europe. *Bpifrance; British Business Bank; Cassa Depositi e Prestiti; Instituto de Credito Oficial; KfW* (2016). Disponível em: <https://www.kfw.de/PDF/Download-Center/Konzernthemen/Research/PDF-Dokumente-Studien-und-Materialien/Building-Momentum-in-Venture-Capital-across-Europe.pdf>. Acesso em 01.05.2018.

[323] Wetzel, William E. Jr. *Angels and Informal Risk Capital*. MIT Sloan Management Review, 24:4. Cambridge: Massachusetts Institute of Technology, 1987, p. 23-34.

panhia. Segundo um anjo entrevistado por Osnabrugge & Robinson, *"I'm not in it for a fast buck. Besides, it's cheaper and more fun than buying a yacht. I enjoy investing in companies and getting involved; it's a real buzz"*[324]. Esse sentimento prazeroso que funciona como um retorno não financeiro do investimento é chamado na literatura econômica de "*psychic income*"[325].

Também há a emoção do prazer do sucesso – o mercado de investimentos em ativos de risco, assim como o de artes, joias e imóveis, vem acompanhado de uma satisfação pessoal no consumo. Assim como se aprecia a beleza de uma obra de arte, se veste um colar de diamantes e se vive em uma bela casa, também se regozija com a felicidade inerente a um investimento arriscado que se torna bem-sucedido[326]. Em todos esses exemplos, o sucesso na atividade traz autoimagem, autoestima e reconhecimento externo para o agente, agregando um prazer pessoal que se soma ao financeiro[327].

Além de conseguir participar da transformação de uma *startup* embrionária em um desinvestimento de sucesso, e usar o *case* como um troféu para mostrar ao mundo[328], alguns anjos também se interessam pelo impacto social das *startups* em que investem[329]. Investimentos que podem deixar a sociedade mais justa, mais saudável ou mais conve-

[324] *"Não estou nisso para um dinheiro rápido. Além disso, é mais barato e mais divertido do que comprar um iate. Gosto de investir em empresas e estar envolvido; é uma emoção forte"* (tradução livre). *In* Osnabrugge, Mark, Robinson, Robert. *Angel Investing*: matching start-up funds with start-up companies. São Francisco: Jossey-Bass, 2000.

[325] Lord, Hambleton; Mirabile, Christopher. *Fundamentals of Angel Investing*. Boston: CreateSpace Independent Publishing Platform, 2016.

[326] Morrissete, Stephen G. *A profile of Angel Investors*. The Journal of Private Equity, vol. 10, nº 3, pp. 52-66. Nova York: Institutional Investor Journal, 2007.

[327] McKaskill, Tom. *An Introduction to Angel Investing*. Melbourne: Breakthrough Publications, 2009. Disponível em: <https://www.angelcapitalassociation.org/data/Documents/Resources/McKaskill-_Intro_to_Angel_Investing.pdf?rev=CF33>. Acesso em 09.05.2017.

[328] Hill, Brian, Power, Dee. *Attracting Capital from Angels*. Nova York: John Wiley and Sons, 2002.

[329] Naturalmente, não há como saber se todos os investidores que afirmaram priorizar motivações altruístas estavam falando a verdade ou se apenas queriam ser ilustrados nas pesquisas sob uma luz positiva.

niente, tudo isso rendendo lucros magníficos no processo[330] – de fato, o melhor dos dois mundos (conceito do investimento de impacto).

A frente mais proeminente dessas iniciativas sociais é a diretriz *clean tech* – implementação de tecnologia que otimiza a produção e lucratividade com o menor impacto possível ao meio ambiente. Desde 2016, 10% do capital anjo nos Estados Unidos, a cada ano, foi para essas *startups*[331].

Em conclusão, além do óbvio incentivo econômico, podemos considerar que anjos são movidos por *ambições hedonistas*, que envolvem a vaidade, mérito e prazer em construir uma nova companhia; e por *ambições altruístas*, ajudando a melhorar o mundo de uma forma classicamente capitalista. Sullivan & Miller destacaram sete ambições não financeiras que moviam os anjos de sua época[332]:

(i) produto socialmente benéfico (83%);
(ii) prazer de participar ativamente na evolução da *startup* (66%);
(iii) criação de empregos locais (65%);
(iv) proximidade geográfica com a investida (63%);
(v) integração e *networking* com mais investidores sofisticados (61%);
(vi) alinhamento ideológico (59%); e
(vii) emoção de fazer investimentos arriscados por natureza (47%).

Consideremos ainda que o anjo não é uma categoria de investidor que esperará passivamente pelos seus resultados, mas participará ativamente da gestão da *startup* – não só para aumentar suas chances de retorno, mas pelo *psychic income*. Esse tempo do investidor representa custo de oportunidade, pois esse mesmo tempo poderia estar sendo dedicado a outras atividades lucrativas.

[330] Lord, Hambleton; Mirabile, Christopher. *Fundamentals of Angel Investing*. Boston: CreateSpace Independent Publishing Platform, 2016.

[331] The Angel Investor Market in Q1Q2 2018: seeking stability in post seed investing. *Center for Venture Research*, 2019. Disponível em: <https://paulcollege.unh.edu/sites/default/files/resource/files/q1q2-2018-analysis-report.pdf>. Acesso em 19.06.2019.

[332] Sullivan, M., Miller, A. *Applying Theory of Finance to Informal Risk Capital Research*: promise and problems. *In* Churchill, Neil (coord.). Frontiers of Entrepreneurship 1990. Babson Park: Babson College, 1990.

De um ponto de vista estritamente pragmático, o custo de oportunidade reduz o lucro real que o anjo aufere com o seu investimento na *startup*. Esse lucro real pode ser comparado com outras alternativas de investimento, principalmente de Fundos *Venture Capital*, que podem conseguir uma taxa de retorno maior que a dos anjos. Mas isso por si só não desencoraja o investimento anjo, dado que há outros ganhos além do estritamente financeiro.

Nessa linha, como incentivo não-financeiro adicional, o investidor anjo consegue trabalhar com pessoas criativas e talentosas, descobrir novas tecnologias, ser convidado a congressos de associação e *pitches* de empreendedores, e, no geral, ser visto como membro de uma confraria de investidores sofisticados[333]. Esses são os anjos que se juntam a grupos de investidores e aproveitam diversos benefícios de lucratividade, *networking* e eficiência, o que nos leva ao nosso próximo ponto.

3.3. Associações de anjos e investimentos sindicalizados

É crescente ao redor do mundo a onda de associações de investimento anjo. Entidades como *Angel Capital Association, British Business Angels Association, Italian Business Angels Network, European Business Angels Network, Business Angels Europe*, a própria Anjos do Brasil, entre outras, são pólos de *networking* em que anjos têm acesso uns aos outros e às oportunidades que carregam. Cada vez mais essas associações avançam nas suas estruturas internas e coordenação entre membros, e com isso melhoram a quantidade e qualidade de serviços oferecidos: oportunidades de investimento, educação e treinamento, consultoria jurídica e de gestão, e mentoria em sentido amplo[334].

Esses grupos de anjos podem ter diferentes propósitos. Algumas associações funcionam simplesmente como clubes para discussão sobre o mercado, compartilhamento de oportunidades de *startups*, treinamentos para iniciantes e expansão das redes de contatos, mas outras asso-

[333] Bonini, Stefano; Capizzi, Vincenzo; Valletta. Mario; Zocchi, Paola. *Groups, Networks and the Business Angels' Investment Process*. Hoboken: Stevens Institute of Technology School of Business, 2016. Disponível em: <https://papers.ssrn.com/sol3/papers.cfm?abstract_id=2856478>. Acesso em 30.04.2017.

[334] Bonini, Stefano et al. *Groups, Networks and the Business Angels' Investment Process*. Hoboken: Stevens Institute of Technology School of Business, 2016. Disponível em: <https://papers.ssrn.com/sol3/papers.cfm?abstract_id=2856478>. Acesso em 30.04.2017.

ciações podem, além dessas vantagens, atuar como veículos formais de investimento pelos seus membros – em outras palavras, permite a sindicalização[335] de investidores[336].

Sobre as vantagens que grupos de anjos têm sobre investidores que preferem atuar individualmente, Lerner & Schoar[337] citam que:

(i) anjos podem unir seus recursos para mobilizar um grande investimento, maior do que seria possível para um deles sozinho;
(ii) é possível canalizar mais recursos para despesas de *due diligence*, priorizando sua qualidade e afunilando propostas de investimento;
(iii) grupos são mais visíveis para o mundo das *startups* e assim receberão propostas em maior escala, maior qualidade e com menor esforço do que se o anjo estivesse captando sozinho;
(iv) esses grupos costumam ser formados pelos investidores mais capacitados da região, levando a um melhor julgamento sobre qual a alocação mais eficiente do capital agregado; e
(v) cada anjo pode investir uma parte menor do seu patrimônio em cada operação, permitindo participação em mais empreendimentos e diversificação do risco.

Especialmente em relação ao item "v", o investimento anjo sindicalizado consegue suprir uma falha grave – a carência de diversificação na carteira do investidor. Um portfólio que não conta com muitas *startups* acaba com menos chances de sucesso do que um portfólio diversificado.

335 Usamos aqui a palavra "sindicato" em tradução livre de "*syndicate*", que significa um grupo de investidores que junta seus recursos individuais para realizar um investimento conjunto.

336 Como mais uma possível vantagem das associações, alguns anjos também apontam que o aglutinamento dos anjos contribuiu para aumentar a qualidade dos investimentos feitos pela classe, que haveria sofrido uma deterioração durante a bolha da internet (grande fluxo de *startups* duvidosas que recebiam capital pouco cauteloso), *in* McKaskill, Tom. *An Introduction to Angel Investing.* Melbourne: Breakthrough Publications, 2009. Disponível em: <https://www.angelcapitalassociation.org/data/Documents/Resources/McKaskill-_Intro_to_Angel_Investing.pdf?rev=CF33>. Acesso em 09.05.2017.

337 Lerner, Josh; Schoar, Antoinette. *Rise of the Angel Investor*: challenge to public policy (2016). Disponível em: <http://www.thirdway.org/report/rise-of-the-angel-investor-a-challenge-to-public-policy>. Acesso em 01.06.2017.

Essa é inclusive uma regra de ouro do *Venture Capital* – a maior parte dos lucros de um anjo virá de um ou dois desinvestimentos de absurdo sucesso, enquanto as demais *startups* dificilmente geram lucro. Dado que o objetivo é ter um desses sucessos retumbantes na carteira, o anjo deve ampliar o seu escopo de investidas[338]. O conceito é amplamente discutido no estudo *"Capturing the Expected Angel Returns of Angel Investors in Groups: Less in more – Diversify"*[339].

Há validação empírica dessas constatações – no estudo de Wiltbank & Boeker, *7% dos investimentos avaliados representaram 75% do total dos retornos financeiros dos anjos*[340]. No mercado de Fundos *Venture Capital* não é diferente – 65% do portfólio de um Fundo *Venture Capital* gera 3,8% dos seus lucros, enquanto 4% do portfólio rende mais de 60% dos lucros (média dos países da OCDE)[341]. Tanto para anjos quanto para fundos, alguns poucos desinvestimentos de sucesso já pagam pelos outros investimentos da carteira e ainda enriquecem os investidores.

Dito isso, apesar de anjos geralmente concordarem que um portfólio diversificado mitiga os riscos da atividade e permite um sono mais tranquilo à noite, alguns sofrem dificuldades para diversificar em razão de **(i)** não ter patrimônio disponível para fazer muitos aportes; **(ii)** não ter tempo para dedicar à *due diligence* e mentoria de várias *startups*; **(iii)** *expertise* limitada a certos setores de *business*; e **(iv)** limitação geográfica quando não se vive em um *hub* de empreendedores[342].

Felizmente, a crescente sindicalização de anjos consegue mitigar diversos desses fatores limitantes. Quando um sindicato de investido-

[338] Lord, Hambleton; Mirabile, Christopher. *Fundamentals of Angel Investing*. Boston: CreateSpace Independent Publishing Platform, 2016.

[339] Le Merle, Matthew; Le Merle; Louis. *Capturing the Expected Angel Returns of Angel Investors in Groups:* less in more – diversify (2015). Disponível em: <http://www.fifthera.com/s/2016-Fifth-Era-Less-in-more-Diversify.pdf>. Acesso em 02.04.2017.

[340] Wiltbank, Robert, & Boeker, Warren. *Returns to angel investors in Groups*. Angel Capital Association & Kauffman Foundation (2007). Disponível em: <http://www.baylor.edu/business/finance/doc.php/229628.pdf>. Acesso em 04.01.2017.

[341] Nanda, Ramana. *Entrepreneurial Finance*: artigo apresentado na conferência "*The Role of Entrepreneurship in Fostering Innovation and Growth*" organizada pela OCDE. Paris: OECD, 2010.

[342] Le Merle, Matthew; Le Merle; Louis. *Capturing the Expected Angel Returns of Angel Investors in Groups:* less in more – diversify (2015). Disponível em: <http://www.fifthera.com/s/2016-Fifth-Era-Less-in-more-Diversify.pdf>. Acesso em 02.04.2017.

res reúne seus recursos, cada anjo pode aplicar menos capital do que se fosse o único investidor, o que permite que possa investir em mais *startups*. O *tradeoff* por uma participação (societária e financeira) menor em um número maior de *startups* é bem eficiente, pois, conforme verificamos acima, o sucesso absoluto de pelo menos uma delas provavelmente já garantirá o lucro do investidor.

Quando falamos de diversificação de anjos, não nos referimos apenas ao número de investidas, mas também a setores econômicos[343]. Se um investidor só estiver confortável em alocar capital em *startups* da área em que ele tem mais conhecimento (p.ex. *fintechs*), ele estará restrito a empreendedores de apenas um mercado e sujeito a desmandos setoriais. Em grupos de investimento, cada anjo oferece uma espécie de *expertise* diferente para maximizar os lucros do sindicato, já que poderão ser agregados diversos campos do saber[344].

Essa vantagem é bem nítida para anjos que são iniciantes, e, logo, possivelmente menos capacitados na *due diligence* e seleção das melhores *startups* para a carteira. Esses iniciantes podem investir montantes pequenos e diversificados[345], começando com outros anjos mais experientes[346]. Não só eles se beneficiarão da experiência dos veteranos, mas evitarão a maior exposição ao risco – os melhores empreendedores já estão familiarizados com o mercado dos anjos (especialmente no enxuto mercado brasileiro), logo, se uma *startup* está sendo proposta a um anjo iniciante, provavelmente ela já foi apresentada e descartada por outros anjos mais sêniores e conhecidos no mercado (*seleção adversa*).

Anjos em sindicato também impactam a forma com que a gestão da *startup* é monitorada e influenciada, já que o número maior de investidores permite **(i)** agregar mais *expertise* e experiência no negócio, **(ii)** divisão dos custos de transação (capital e tempo) de mentoria entre os

[343] Le Merle, Matthew; Le Merle; Louis. *Capturing the Expected Angel Returns of Angel Investors in Groups:* less in more – diversify (2015). Disponível em: <http://www.fifthera.com/s/2016-Fifth-Era-Less-in-more-Diversify.pdf>. Acesso em 02.04.2017.

[344] Lord, Hambleton; Mirabile, Christopher. *Fundamentals of Angel Investing*. Boston: CreateSpace Independent Publishing Platform, 2016.

[345] Ibidem.

[346] Spina, Cássio. *Investimento Anjo*: guia prático para empreendedores e investidores. São Paulo: Nversos, 2011.

sindicalizados, e **(iii)** maior poder de negociação nas tratativas com o empreendedor sobre o direcionamento da *startup*[347].

Além disso, anjos com recursos (tempo ou conhecimento) escassos para monitorar um portfólio de diversas *startups* podem deixar a missão ao cargo dos seus coinvestidores. Naturalmente, isso deve ser alinhado previamente dentro do sindicato com a oferta de contrapartida aos anjos mais atuantes[348]. Em outras palavras, um anjo que quiser ter um papel mais passivo (só contribuir com capital e não com mentoria) pode participar de um investimento sindicalizado deixando previamente acordado que outros tomarão o papel ativo[349]. O conceito de *smart money* não se perde com anjos passivos, pois até eles podem oferecer sua rede de contatos ao empreendedor, por exemplo.

Por fim, considerando todos esses benefícios, é possível afirmar que a criação e manutenção de associações de anjos se mostram eficientes para o aprimoramento da indústria da inovação, tanto no Brasil quanto no exterior.

3.4. Investidor anjo e Fundo Venture Capital: cooperação e(/ou) competição

Até o momento, já foi possível identificar (expressa ou intuitivamente) diversas diferenças do investimento anjo para as outras formas de captação de recursos relacionadas no Capítulo 3. Dito isso, a classe de investidor com que anjos mais trabalham, mais se identificam e com que até são comparados na literatura acadêmica é a classe de Fundos *Venture Capital*. Aqui nós temos breves comentários sobre suas semelhanças, diferenças, e, fundamentalmente, se esses dois grupos de investidores são complementares ou concorrentes entre si no mercado de *startups*.

Uma das razões de anjos serem tão conceituados é pela série de qualidades que compartilham com Fundos *Venture Capital* – ambos finan-

347 Bonini, Stefano et al. *Groups, Networks and the Business Angels' Investment Process*. Hoboken: Stevens Institute of Technology School of Business, 2016. Disponível em: <https://papers.ssrn.com/sol3/papers.cfm?abstract_id=2856478>. Acesso em 30.04.2017.

348 Spina, Cássio. *Investimento Anjo*: guia prático para empreendedores e investidores. São Paulo: Nversos, 2011.

349 Bonini, Stefano et al. *Groups, Networks and the Business Angels' Investment Process*. Hoboken: Stevens Institute of Technology School of Business, 2016. Disponível em: <https://papers.ssrn.com/sol3/papers.cfm?abstract_id=2856478>. Acesso em 30.04.2017.

ciam *startups* inovadoras, implementam rigorosas *due diligences* e atuam como mentores (e, às vezes, até administradores externos) das *startups* investidas[350].

Anjos e Fundos *Venture Capital* também compartilham alguns métodos de controle das suas investidas. Apesar de, via de regra, anjos preferirem técnicas de *soft monitoring* (mentoria, aconselhamento e afins, conforme Capítulo 3.6) e fundos preferirem *hard monitoring* (mecanismos contratuais), na prática, essas táticas se mesclam. Um exemplo recorrente no Brasil é o uso de cláusulas de vencimento antecipado de mútuo conversível (Capítulo 4.5.1 abaixo) para diversas hipóteses, que, na prática, criam obrigação de o empreendedor buscar aprovação prévia do investidor antes de tomar decisões relevantes no negócio. Tanto anjos quanto Fundos *Venture Capital* usam esse mecanismo contratual.

No entanto, não há apenas semelhanças nas estratégias de investimento entre anjos e Fundos *Venture Capital*. A primeira diferença entre elas é que fundos costumam avaliar centenas de empreendimentos até encontrar um em que eles estejam dispostos a investir. Isso se deve aos altos custos de transação relacionados à preferência por *startups* em estado mais avançado (*due diligence* mais cara e demorada) e por terem de justificar suas decisões aos investidores[351]. Já a taxa de conversão de proposta para investimento de investidores anjos, por outro lado, é comparativamente maior[352]. Essa estatística indica, conforme já indicado por outros autores[353], que anjos fazem *due diligences* menos rigorosas do que Fundos *Venture Capital*. *A contrario sensu* do que ocorre nos fundos, anjos investem em *startups* mais novas (logo, a *due diligence* se reduz em com-

350 Lerner, Josh; Schoar, Antoinette. *Rise of the Angel Investor*: challenge to public policy (2016). Disponível em: <http://www.thirdway.org/report/rise-of-the-angel-investor-a-challenge-to-public-policy>. Acesso em 01.06.2017.

351 McKaskill, Tom. *An Introduction to Angel Investing*. Melbourne: Breakthrough Publications, 2009. Disponível em: <https://www.angelcapitalassociation.org/data/Documents/Resources/McKaskill-_Intro_to_Angel_Investing.pdf?rev=CF33>. Acesso em 09.05.2017.

352 The Angel Investor Market in Q1Q2 2018: seeking stability in post seed investing. *Center for Venture Research*, 2019. Disponível em: <https://paulcollege.unh.edu/sites/default/files/resource/files/q1q2-2018-analysis-report.pdf>. Acesso em 19.06.2019.

353 Shane, Scott. *The Importance of Angel Investing in Financing the Growth of Entrepreneurial Ventures*. SBA Office of Advocacy (2008). Disponível em: <http://signallake.com/innovation/AngelInvestingSept08.pdf>. Acesso em 31.03.2017.

plexidade) e não estão sujeitos aos controles impostos a um gestor de fundos[354].

Uma segunda diferença é o quanto Fundos *Venture Capital* são mais dedicados a *startups* de tecnologia "pura" do que investidores anjos, principalmente pelo fato de a alta escalabilidade dessas *startups* se converter matematicamente em desinvestimentos com diversos múltiplos, agradando os cotistas do fundo. Entre 1980 e 2004, nos Estados Unidos, 81% dos investimentos de Fundos *Venture Capital* estavam em *startups* cujos produtos eram exclusivamente tecnológicos[355]. Já em 2018, aparentando uma concentração menor, mas ainda existente, os investimentos de Fundos *Venture Capital* americanos ficaram divididos entre os seguintes setores principais:

Setor	Internet	Saúde	Celular / telecom	*Softwares* (excluídos de Internet/ celular)	Bens e serviços de consumo
% do total	44,5%	14%	12%	8,5%	5%

A terceira diferença entre anjos e Fundos *Venture Capital* é o escopo de investimento. Essa é a mais relevante para entender se esses investidores são parceiros ou concorrentes, dado que anjos costumam investir em *startups* que ainda não chegaram na etapa de atrair investimento de

354 Apesar de serem menos conservadores e mais arrojados na tomada de decisão de investir na *startup*, o risco trazido por esse filtro menor é mitigado pela mentoria e rede de relacionamentos que anjos agregam às investidas. Fundos *Venture Capital*, por outro lado, não costumam oferecer essas *soft skills* de forma tão intensa quanto anjos, já que seus gestores costumam vir do mercado financeiro e sem uma experiência comercial extensa. Em razão disso, os Fundos *Venture Capital* mais conceituados têm afunilado seus possíveis gestores, selecionando majoritariamente os que também contam com alguma experiência comercial e não só financeira, *in* McKaskill, Tom. *An Introduction to Angel Investing.* Melbourne: Breakthrough Publications, 2009. Disponível em: <https://www.angelcapitalassociation.org/data/Documents/Resources/McKaskill-_Intro_to_Angel_Investing.pdf?rev=CF33>. Acesso em 09.05.2017.

355 Shane, Scott. *The Importance of Angel Investing in Financing the Growth of Entrepreneurial Ventures.* SBA Office of Advocacy (2008). Disponível em: <http://signallake.com/innovation/AngelInvestingSept08.pdf>. Acesso em 31.03.2017.

Venture Capital ou *Corporate Venture*. Podemos constatar isso empiricamente – o *ticket* médio de Fundos *Venture Capital* (Capítulo 2.7) é maior do que o *ticket* médio de investidores anjos (Capítulo 4.4). Conforme estudado em cada um dos estágios de vida das *startups* no início do Capítulo 2, são as *startups* mais avançadas que recebem investimentos mais volumosos.

Nessa linha, anjos são mais propensos a seguir uma regra de *timing* onde, quanto mais cedo for realizado o investimento na empresa, maior será o retorno potencial, e isso leva para as *startups* de estágio *seed/early*. Naturalmente, isso é uma consequência do valor menor que a *startup* tem enquanto ainda está nesses estágios, ainda cercada por alto risco e incerteza. A partir do momento em que consegue chegar ao estágio de expansão, possui um produto validado, gestão capacitada, gera renda e recebeu algumas rodadas de capital, a *startup* se torna um investimento de menor risco e menor potencial de lucro.

No entanto, conforme a *startup* vai crescendo, sua demanda de capital também aumenta e a posição do anjo que já investiu passa a perder sua relevância originária. Em dado momento, o aporte inicial já estará afundado (*sunk*) no empreendimento, a *startup* desejará buscar recursos em maior escala, e o anjo poderá não ter vontade/capacidade de participar das futuras rodadas de financiamento[356].

Com o poder de negociação do anjo notoriamente reduzido (dada a posição possivelmente menor que assume com o tempo), encontramos aí um possível incentivo econômico para o empreendedor e o Fundo *Venture Capital* aumentarem seus lucros mediante uma redução dos lucros do primeiro investidor[357]. Juntos, teoricamente poderiam pressionar o anjo a aceitar uma participação reduzida na *cap table* ou abdicar de alguns poderes que lhe eram originalmente conferidos.

[356] HELLMAN, Thomas, THIELE, Veikko. *Friends or Foes? The Interrelationship between Angel and Venture Capital Markets.* Journal of Financial Economics. Amsterdã: Elsevier, março de 2015. Disponível em: <https://papers.ssrn.com/sol3/papers.cfm?abstract_id=2323553>. Acesso em: 27.03.2017.

[357] LEAVITT, Jeffrey M. *Burned Angels:* the coming wave of minority shareholder oppression claims in venture capital start-up companies. North Carolina Journal of Law & Technology, vol. 6, issue 2. Chapel Hill: University of North Carolina School of Law, 2005. Disponível em: <http://ncjolt.org/wp-content/uploads/2016/09/14_6NCJLTech2232004-2005.pdf>. Acesso em 31.05.2017.

Naturalmente, o risco é mitigado por proteções legais e contratuais, especialmente: **(i)** a proteção em lei societária do acionista minoritário (consolidada nos Estados Unidos, Europa, Canadá e em outros países); **(ii)** cláusula de direito antidiluição (geralmente previsto no contrato de investimento); e **(iii)** direito de veto do anjo a futuras rodadas de investimento (uma cláusula padrão no mercado de anjos)[358]. Um bom contrato pode mitigar o risco de o anjo ser vítima de conluio, e, em contrapartida, tal aumento de complexidade tende a aumentar os custos de transação de elaborá-lo no caso a caso.

Apesar da proteção legal e contratual, já houve situações em que conluio do empreendedor e do fundo prejudicou as expectativas dos anjos envolvidos em aportes passados. Empreendedores puderam conspirar com gestores de Fundo *Venture Capital* para, por exemplo, dissolver a empresa em que o anjo tem participação, transferir todo o capital humano para uma nova empresa e receber nela o investimento de *Venture Capital*, dessa vez sem a participação do anjo[359]. Esses anjos prejudicados pela ausência de poder de barganha nas futuras rodadas de investimentos foram chamados em estudo especializado de *burned angels*[360].

Hellman & Thiele apontam que o efeito econômico de longo prazo desse risco moral pode ser um efetivo esvaziamento no mercado de anjos e de empreendedores, resultando em pouca concorrência e alta

[358] Também pode haver diversas outras táticas que mitigam o risco de conluio no caso a caso. Por exemplo: em algumas *startups*, as atividades podem estar trancadas por registros de propriedade industrial (marcas e patentes) ou contratos vinculados à própria empresa, mitigando o risco de o anjo ser tomado como "refém" sob ameaça de desconstituição da investida.

[359] Hellman, Thomas, Thiele, Veikko. *Friends or Foes? The Interrelationship between Angel and Venture Capital Markets.* Journal of Financial Economics. Amsterdã: Elsevier, março de 2015. Disponível em: <https://papers.ssrn.com/sol3/papers.cfm?abstract_id=2323553>. Acesso em: 27.03.2017.

[360] Leavitt, Jeffrey M. *Burned Angels:* the coming wave of minority shareholder oppression claims in venture capital start-up companies. North Carolina Journal of Law & Technology, vol. 6, issue 2. Chapel Hill: University of North Carolina School of Law, 2005. Disponível em: <http://ncjolt.org/wp-content/uploads/2016/09/14_6NCJLTech2232004-2005.pdf>. Acesso em 31.05.2017.

concentração[361]. Muitos agentes com capital disponível podem ficar desencorajados de se tornarem anjos pela possibilidade de serem passados para trás. Da mesma forma, os autores apontam que esse risco será precificado, levando os anjos a exigir uma participação maior na *startup* por um preço menor (em outras palavras, reduzir o *valuation*). Com a precificação do risco, os anjos já conseguem "compensá-lo" de antemão caso se tornem *burned angels* no futuro[362].

Se, eventualmente, o risco moral discutido acima levar a efetivo esvaziamento no mercado de anjos, empreendedores poderão enfrentar uma maior escassez de recursos no estágio embrionário/inicial, resultando em mais iniciativas sendo sufocadas no vale da morte antes de chegar ao estágio de *Venture Capital*, aumentando a taxa de mortalidade de *startups*. Eles também precisariam aceitar *valuations* mais baixos, enfrentando concentração de anjos porque haveria menos alternativas no mercado. Por consequência, o mercado de empreendedores poderia se esvaziar em proporção semelhante ao de anjos[363].

Diante do exposto, no comentado estudo de Hellman & Thiele (cujo título é "*Friends or Foes?*"), conclui-se que anjos e Fundos *Venture Capital* têm uma relação ambivalente. Eles são "*amigos*" na medida em que confiam no senso um do outro para ajudar na avaliação de quais *startups* são mais promissoras. Eles podem ser "*inimigos*" porque, depois que Fundos *Venture Capital* usam os anjos para filtrar os melhores empreendedores, eles podem ser incentivados a descartar esses anjos pelo valor limitado que agregam e para abrir mais espaço na *cap table*.

[361] Hellman, Thomas, Thiele, Veikko. *Friends or Foes? The Interrelationship between Angel and Venture Capital Markets*. Journal of Financial Economics. Amsterdã: Elsevier, março de 2015. Disponível em: <https://papers.ssrn.com/sol3/papers.cfm?abstract_id=2323553>. Acesso em: 27.03.2017.

[362] Outra ação de anjos que receiam se tornar *burned angels* seria estimular/forçar o empreendedor a aceitar uma proposta de desinvestimento da *startup* assim que as ofertas começarem a surgir. Na visão do anjo maximizador de lucros, pode ser mais conveniente e oportuno para ele aceitar o desinvestimento de uma empresa em *seed stage* do que deixá-la chegar à etapa de Fundos *Venture Capital* e arriscar ser prejudicado por conluio.

[363] Hellman, Thomas, Thiele, Veikko. *Friends or Foes? The Interrelationship between Angel and Venture Capital Markets*. Journal of Financial Economics. Amsterdã: Elsevier, março de 2015. Disponível em: <https://papers.ssrn.com/sol3/papers.cfm?abstract_id=2323553>. Acesso em: 27.03.2017.

No mercado de *startups* brasileiro, não há dúvida de que o fator "*amigo*" é soberano em relação ao fator "*inimigo*". Em ecossistemas menos amigáveis ao empreendedorismo, (como poderia ser chamado o brasileiro), foi verificado que o investidor anjo é ainda mais valorizado pelo Fundo *Venture Capital* como um *gatekeeper* – cuja presença na *cap table* é bom indicador do potencial da *startup* em que ele planeja investir também[364]. Nesse sentido, *anjos e fundos são complementares entre si, e não concorrentes,* já que cada um investe em etapas diferentes da *startup* e contam um com o outro para desbravar o ecossistema.

Esse *status* do mercado de inovação no Brasil parece não só incentivar o fator "*amigo*", mas desincentivar bastante o fator "*inimigo*". Trata-se de um mercado de pouquíssimas pessoas em que muitos já se conhecem – nada comparado aos Estados Unidos, Europa e Ásia. Nesses países mais desenvolvidos, são diversos *players* no mercado de *Venture Capital*, e um desentendimento com outro investidor não necessariamente implica dizer que um deles será alijado do mercado em futuras negociações.

Já em um ecossistema como o brasileiro, os investidores mais proeminentes e profissionais especializados (p. ex. escritórios de advogados) se conhecem e contam uns com os outros para ficar a par de novas oportunidades (não só anjos, mas empreendedores, incubadoras, aceleradoras, plataformas de *Crowdfunding*, Fundos *Venture Capital* e *Corporate Venture*). Logo, não parece que seria uma decisão eficiente para um empreendedor ou para um investidor agir em conluio para prejudicar os primeiros investidores de uma *startup*.

No limite, são os responsáveis pelo conluio que terminariam "*burned*" no mercado, dado que a notícia certamente repercutiria nos círculos profissionais. A marca nas suas reputações poderia destruir qualquer possibilidade de futuros negócios, colocando os infratores em uma "lista negra"[365] e tornando pouco lucrativa a escolha de prejudicar terceiros investidores para maximizar os ganhos de um único eventual desinvestimento.

[364] Lerner, Josh; Schoar, Antoinette; Sokolinski, Stanislav; Wilson, Karen. *The Globalization of Angel Investments:* evidence across countries. Cambridge: Harvard Business School, 2016. Disponível em: <https://papers.ssrn.com/sol3/papers.cfm?abstract_id=2706546>. Acesso em 15.06.2019.

[365] Spina, Cássio. *Investimento Anjo*: guia prático para empreendedores e investidores. São Paulo: Nversos, 2011.

3.5. Mercado hoje: atualidades do investimento anjo

O mercado de anjos nos Estados Unidos parece estar em ritmo de crescimento. Apesar de haver sofrido uma desaceleração com a crise de 2008, a recuperação que se seguiu estimulou um retorno ao surgimento de novos anjos. Essa correlação parece sugerir que o mercado de anjos parece ser bem sensível a mudanças nas condições macroeconômicas, florescendo quando são favoráveis e sofrendo quando são recessivas[366].

Em 2015, de acordo com alguns estudos sobre o mercado americano, **(i)** US$ 24,6 bilhões foram investidos por anjos, os quais criaram 270 mil empregos direta ou indiretamente[367]; **(ii)** a relação entre anjo ativo a cada 1.000 americanos aumentou 36% desde 2002[368]; **(iii)** havia 249,1 anjos ativos a cada Fundo *Venture Capital* e Fundo *Corporate Venture*, ao passo que em 2002 eram apenas 108,9 anjos[369].

Percebemos que, no geral, os anjos continuam fornecendo cada vez mais material para profissionais, acadêmicos e pesquisadores defenderem o reforço de políticas públicas em favor do mercado *Venture Capital*.

Curiosamente, estudos de 2015 a 2018[370] demonstram que anjos nos Estados Unidos estão alterando seu escopo de investimento. Conforme adiantamos nesse estudo, anjos costumam ser ligados em estudos acadêmicos ao financiamento de *startups* em estágio *seed*, ainda não maturadas o suficiente para Fundos *Venture Capital* (i.e., risco ainda bem alto, não geram renda, não tem outras opções de capital etc.). No estudo de Wil-

[366] Shane, Scott. *The Importance of Angel Investing in Financing the Growth of Entrepreneurial Ventures*. SBA Office of Advocacy (2008). Disponível em: <http://signallake.com/innovation/AngelInvestingSept08.pdf>. Acesso em 31.03.2017.

[367] The Angel Investor Market in Q1Q2 2018: seeking stability in post seed investing. *Center for Venture Research*, 2019. Disponível em: <https://paulcollege.unh.edu/sites/default/files/resource/files/q1q2-2018-analysis-report.pdf>. Acesso em 19.06.2019.

[368] Shane, Scott. *The Importance of Angel Investing in Financing the Growth of Entrepreneurial Ventures*. SBA Office of Advocacy (2008). Disponível em: <http://signallake.com/innovation/AngelInvestingSept08.pdf>. Acesso em 31.03.2017.

[369] Shane, Scott. *What Explains Recent Trends in Angel Activity?* (2016). Disponível em: <https://smallbiztrends.com/2016/09/angel-investing-trends.html>. Acesso em 09.06.2017.

[370] The Angel Investor Market in Q1Q2 2018: seeking stability in post seed investing. *Center for Venture Research*, 2019. Disponível em: <https://paulcollege.unh.edu/sites/default/files/resource/files/q1q2-2018-analysis-report.pdf>. Acesso em 19.06.2019.

tbank & Boeker, sobre anjos anteriores a 2007, 45% das *startups* investidas ainda não geravam renda[371].

No entanto, desde 2015, apenas 25% do capital anjo investido nos Estados Unidos anualmente foi para *startups* em *seed stage*, e 54% foi para *startups* no *early stage*. As evidências indicam que *anjos estão se afastando das startups embrionárias e indo em direção às startups de early stage*. Sendo esse um fenômeno empiricamente observado nos últimos 4 anos, é possível afirmar que a nova geração de anjos pode ter dado alguns passos em direção à tese de investimento de Fundos *Venture Capital*. Na verdade, autores já dizem isso desde 2008, havendo pesquisas indicando que 64,6% das *startups* que receberam capital anjo já tinham fluxo de caixa positivo e 48,4% já eram vistas pelos investidores como empresas estabelecidas[372] – mas agora o fenômeno vem ganhando ainda mais atenção.

Em que pese essa aproximação maior do mercado de anjos junto a *startups* um pouco mais avançadas, muitas das características que procuram ainda se mantêm – empresas de capital fechado que trazem inovação nos seus produtos, processos, estratégias e afins, dependem da equipe empreendedora para executar a ideia com sucesso, não contam com pleno acesso a financiamento bancário em razão do alto risco que correm, entre outras[373].

Falando agora sobre o mercado dos anjos brasileiro, temos observado um crescimento consistente – em 2018, o investimento anjo no Brasil chegou a R$ 979 milhões (para referência, 2014 viu um valor de apenas R$ 450 milhões)[374]. Falando agora sobre o mercado dos anjos brasileiro, temos observado um crescimento consistente – em 2018, o investimento anjo no Brasil chegou a R$ 979 milhões (para referência, 2014 viu um

[371] WILTBANK, Robert, & BOEKER, Warren. *Returns to angel investors in Groups*. Angel Capital Association & Kauffman Foundation (2007). Disponível em: <http://www.baylor.edu/business/finance/doc.php/229628.pdf>. Acesso em 04.01.2017.

[372] SHANE, Scott. *The Importance of Angel Investing in Financing the Growth of Entrepreneurial Ventures*. SBA Office of Advocacy (2008). Disponível em: <http://signallake.com/innovation/AngelInvestingSept08.pdf>. Acesso em 31.03.2017.

[373] MCKASKILL, Tom. *An Introduction to Angel Investing*. Melbourne: Breakthrough Publications, 2009. Disponível em: <https://www.angelcapitalassociation.org/data/Documents/Resources/McKaskill-_Intro_to_Angel_Investing.pdf?rev=CF33>. Acesso em 09.05.2017.

[374] O Crescimento do Investimento Anjo: pesquisa 2019 ano-base 2018. *Anjos do Brasil*. Disponível em: <www.anjosdobrasil.net>. Acesso em 01.07.2019.

valor de apenas R$ 450 milhões)[375]. Após atingir o valor recorde de mais de R$ 1 bilhão no ano de 2019, o mercado dos anjos brasileiro sofreu uma queda brusca de 20% no ano de 2020, em função dos impactos da pandemia da Covid-19 na economia, o retornando ao patamar de R$ 856 milhões[376]. Em 2021 o mercado apresentou sinais de retomada do capital investido aos patamares pré-pandemia, com um aumento de 17%, mas que ainda é insuficiente para as demandas do ecossistema de inovação[377].

Apesar de haver sido um bom crescimento nessa frente, há também um longo caminho a percorrer – em 2018, enquanto estávamos flertando com o marco de R$ 1 bilhão, o investimento anjo nos Estados Unidos bateu estrondosos US$ 23,1 bilhões.

Esse imenso déficit desenha um Brasil que ainda não possui condições institucionais plenamente satisfatórias para a inovação, e, com isso, causa alguns reflexos que não são tão vistos em países de cultura empreendedora mais enraizada. Um desses efeitos, como já vimos, é que a presença de um anjo ou Fundo *Venture Capital* em uma *startup* aumenta suas chances de atrair mais investidores relevantes no mercado para novas rodadas[378].

Em outras palavras, como o País já não tem uma cultura empreendedora implantada e nem produz muitas *startups* de qualidade, os Fundos *Venture Capital* confiam ainda mais nos anjos para lhes apontarem quais são os empreendedores que de fato merecem um investimento[379]. O fato de uma *startup* ser investida por um anjo é uma sinalização positiva para o restante do mercado, especialmente se esse mercado for tão enxuto

[375] O Crescimento do Investimento Anjo: pesquisa 2019 ano-base 2018. *Anjos do Brasil*. Disponível em: <www.anjosdobrasil.net>. Acesso em 01.07.2019.

[376] O Crescimento do Investimento Anjo: pesquisa 2022 ano-base 2021. *Anjos do Brasil*. Disponível em: <www.anjosdobrasil.net>. Acesso em 24.09.2022.

[377] O Crescimento do Investimento Anjo: pesquisa 2022 ano-base 2021. *Anjos do Brasil*. Disponível em: <www.anjosdobrasil.net>. Acesso em 24.09.2022.

[378] Lerner, Josh; Schoar, Antoinette; Sokolinski, Stanislav; Wilson, Karen. *The Globalization of Angel Investments:* evidence across countries. Cambridge: Harvard Business School, 2016. Disponível em: <https://papers.ssrn.com/sol3/papers.cfm?abstract_id=2706546>. Acesso em 15.06.2019.

[379] Hellman, Thomas, Thiele, Veikko. *Friends or Foes? The Interrelationship between Angel and Venture Capital Markets*. Journal of Financial Economics. Amsterdã: Elsevier, março de 2015. Disponível em: <https://papers.ssrn.com/sol3/papers.cfm?abstract_id=2323553>. Acesso em: 27.03.2017.

que seus agentes majoritariamente se conhecem, como é o caso brasileiro[380].

Os efeitos produzidos em países de ecossistema desfavorável continuam – as *startups* que mais se apresentam como elegíveis para investimento anjo nesses países são primordialmente as mais desenvolvidas dos seus meios. Não só isso, mas elas também se contentam com valores mais baixos de capital em troca de mais participação (*valuations* menores)[381].

Esse seria, ainda segundo o estudo, um efeito decorrente de uma autocensura pelos empreendedores que ainda estão em estágio embrionário, uma vez que não esperam receber capital por ainda não haverem crescido o suficiente. Em razão da quantidade limitada de operações proporcionadas pelas *startups* nesses países, os anjos que nele atuam têm chance de serem mais avessos ao risco ou inexperientes em financiamento de estágio embrionário.

3.6. Mercado amanhã: políticas públicas de incentivo ao investimento anjo

Lá atrás, no Capítulo 1, nós demonstramos que o Estado deve buscar cumprir o objetivo de desenvolvimento nacional da Constituição. Partindo do ideal de Joseph Schumpeter, de que Estados se desenvolvem através de inovações, caberia ao poder público atuar como propulsor do ecossistema de inovação. Mas que políticas públicas ele pode adotar na prática?

Aqui, nesse tópico, nós tentaremos responder essa pergunta que ficou em aberto no Capítulo 1. O Estado pode estimular a inovação mediante *incentivos ao investimento em startups – mais precisamente, incentivos ao investimento anjo*. Viabilizando o acesso de *startups* a investidores que as ajudarão a expandir e atravessar o vale da morte, e com ajuda do res-

[380] Spina, Cássio. *Investimento Anjo*: guia prático para empreendedores e investidores. São Paulo: Nversos, 2011.

[381] Lerner, Josh; Schoar, Antoinette; Sokolinski, Stanislav; Wilson, Karen. *The Globalization of Angel Investments:* evidence across countries. Cambridge: Harvard Business School, 2016. Disponível em: <https://papers.ssrn.com/sol3/papers.cfm?abstract_id=2706546>. Acesso em 15.06.2019.

tante do ecossistema[382], o poder público poderá permitir a *cacofonia* inovadora que apontamos no Capítulo 1 como chave de desenvolvimento.

Partindo de exemplos do exterior, observamos que o poder público teve um papel relevante no estímulo ao investimento em *startups* nos Estados Unidos, Europa e Israel. Os Estados conseguiram cumprir essa façanha com instrumentos diretos (capital público diretamente investido em conjunto com investidores privados) e com instrumentos indiretos (flexibilização regulatória e incentivos fiscais)[383].

3.6.1. Coinvestimento – capital público em *startups*

Capital público foi fundamental para o desenvolvimento do *Venture Capital* nos Estados Unidos – os próprios pioneiros do Vale do Silício se financiaram com fundos de instituições públicas (e também de universidade

[382] Na década de 90, Henry Etzkovitz criou a metáfora que melhor demonstra como estimular um ecossistema de *startups* – a hélice tríplice, um propulsor de crescimento girado pela relação universidade x indústria x Estado. Nessa linha de pensamento, cada vértice do triângulo tem sua obrigação – as instituições de ensino devem estimular o aprendizado voltado ao empreendedorismo e promover pesquisas científicas relevantes, o mercado deve criar e investir em startups, e o Estado deve fomentar um ecossistema favorável para viabilizar as ações acima. Tomando um exemplo prático dessa hélice em bom funcionamento, o *1980 Bayh-Dole Act* (*Patent and Trademark Law Amendments Act*) incentiva a transferência de tecnologias produzidas em universidades financiadas por verba pública federal para o mercado. *In* Valente, Luciano. *Hélice Tríplice:* metáfora dos anos 90 descreve bem o mais sustentável modelo de sistema de inovação. Entrevista com Henry Etzkovitz. Revista Conhecimento & Inovação, vol. 6, n. 1. Campinas: Instituto Uniemp, 2010, p. 6-9.

[383] Poderia ser citado também o uso de política antitruste para estimular o ecossistema de inovação. A premissa seria de que mercados dominados por monopólios são menos propícios a inovar pelo fato de as monopolistas estarem em posições acomodadas, logo, com menos incentivo a construir inovações do que novos *players*. Para quem acredita na livre concorrência como estimuladora de inovação, como o autor Kenneth Arrow, a política antitruste ajudaria as *startups* a nascerem e crescerem, agregando então nos objetivos da Defesa da Concorrência de preservação do bem-estar do consumidor e livre iniciativa. No entanto, essa premissa não é consenso entre economistas. O próprio Schumpeter entende que apenas grandes empresas (e monopólios) são capazes de promover as inovações mais disruptivas, já que apenas elas conseguem fazer frente aos altos custos de transação envolvidos. Seguindo essa segunda corrente, um mercado pulverizado seria menos propício à inovação (lembrando também que um dos incentivos para inovar é exatamente chegar a uma posição de monopólio, que depois será protegida por direitos de propriedade como patentes). Não é a ambição desse livro solucionar esse debate travado há tantas décadas, logo, não abordaremos política concorrencial aqui.

privadas) no início do século XX[384]. Até hoje, o governo americano concede empréstimos a fundos de investimentos privados que usam esses recursos para investir em pequenos negócios que preencham certos critérios (*Small Business Investment Act*)[385]. Na União Europeia não é diferente – desde 2007 que os Estados-membros têm sido os maiores investidores de *Venture Capital*, tendo contribuído com mais de 1/5 do total dos investimentos em *startups*.

O Estado pode usar recursos públicos em benefício do ecossistema de *startups* de diversas formas. Uma que produz excelentes resultados é o financiamento de incubadoras – em estudo de 2011, foi observado que **(i)** a maioria das incubadoras americanas de sucesso contavam com financiamento público; e **(ii)** havia uma correlação direta entre quanto capital público a incubadora recebia e a velocidade/intensidade com que suas *startups* incubadas ficavam prontas para receber investimentos, geravam empregos, etc[386].

No entanto, dado o foco desse livro no investimento anjo, abordaremos a ferramenta de uso de capital público que mais dialoga com os investidores anjos – a participação ativa do poder público com recursos públicos em rodadas de investimento de *startups* junto com investidores privados, tudo mediante um fundo constituído e gerido pelo próprio Estado[387] (sem prejuízo de outras estruturas)[388].

[384] France, Germany, Italy, Spain and the United Kingdom: building momentum in venture capital across Europe. *Bpifrance; British Business Bank; Cassa Depositi e Prestiti; Instituto de Crédito Oficial; KfW* (2016). Disponível em: <https://www.kfw.de/PDF/Download-Center/Konzernthemen/Research/PDF-Dokumente-Studien-und-Materialien/Building-Momentum-in-Venture-Capital-across-Europe.pdf>. Acesso em 01.05.2018.

[385] U.S. Small Business Administration. Disponível em: <https://www.sba.gov>. Acesso em 19.05.2019.

[386] Lewis, Davis; Harper-Anderson, Elvis; Molnar, Lawrence. *Incubating Success:* incubation Best Practices that lead to successful new ventures. Institute for Research on Labor, Employment, and the Economy. Ann Harbor: University of Michigan, 2011. Disponível em: <http://www.nist.gov/ineap/upload/Incubating-Success-Report.pdf>. Acesso em: 31.05.2017.

[387] Wilson, Karen. *Policy Lessons from Financing Innovative Firms*. OECD Science, Technology and Industry Policy Papers, nº 24. Paris: OECD Publishing, 2015. Disponível em: <http://dx.doi.org/10.1787/5js03z8zrh9p-en>. Acesso em 19.04.2017.

[388] Alternativamente, alguns Estados já constituíram fundos na estrutura "*fund of funds*", ou seja, que se juntam com outros investidores privados para investir em Fundos *Venture*

Ao absorver parte da demanda de capital da *startup* na rodada de investimento, o poder público automaticamente reduz a quantidade de recursos com que o investidor anjo precisa participar. Com isso, há o ganho extremamente relevante de permitir que o investidor tenha capital adicional para investir em ainda mais *startups*, ampliando seu portfólio (ainda que receba uma fatia menor de cada empresa, conforme ganhos econômicos da diversificação discutidos no Capítulo 3.3).

Quanto à fração do investimento que o fundo público deve tomar, o mais comum é que seja um valor *pari passu* com os investidores privados – dessa forma, 50% do capital que a *startup* ganha é público. Há um aparente consenso do mercado de anjos de que o valor máximo a ser investido pelo Estado não deve superar 50%[389], assim evitando desalinhamento de incentivos entre Estado e investidores (p. ex. um Fundo *Venture Capital* escolher uma *startup* mais arriscada do que o normal porque uma fatia relevante do risco estaria sendo assumida pelo Estado)[390].

Conforme prática de mercado, alguns fundos de coinvestimento oferecem incentivo ainda maior para investidores privados ao assumir uma parte maior do risco e uma parte menor do retorno[391]. Um exemplo: o Estado pode começar no sindicato com direito a 50% de todos os retornos originados da *startup*, mas apenas até conseguir recuperar totalmente o capital inicialmente investido. Após esse marco, ele passa

Capital e se tornam seus cotistas, ao invés de aportar capital nas *startups* diretamente (tal como o nosso fundo de investimentos em quotas). Dessa forma, o poder público pode deixar as decisões de investimento nas mãos de gestores qualificados e somente se responsabilizar pelo fornecimento de capital. *In* WILSON, Karen. *Policy Lessons from Financing Innovative Firms*. OECD Science, Technology and Industry Policy Papers, nº 24. Paris: OECD Publishing, 2015. Disponível em: <http://dx.doi.org/10.1787/5js03z8zrh9p-en>. Acesso em 19.04.2017.

389 WILSON, Karen. *Policy Lessons from Financing Innovative Firms*. OECD Science, Technology and Industry Policy Papers, nº 24. Paris: OECD Publishing, 2015. Disponível em: <http://dx.doi.org/10.1787/5js03z8zrh9p-en>. Acesso em 19.04.2017.

390 LERNER, Josh. *Boulevard of Broken Dreams:* why public efforts to boost entrepreneurship and venture capital have failed – and what to do about it. Princeton: Princeton University Press, 2009.

391 WILSON, Karen. *Policy Lessons from Financing Innovative Firms*. OECD Science, Technology and Industry Policy Papers, nº 24. Paris: OECD Publishing, 2015. Disponível em: <http://dx.doi.org/10.1787/5js03z8zrh9p-en>. Acesso em 19.04.2017.

a ter direito a apenas a 20% dos retornos, aumentando os lucros e diminuindo os riscos dos investidores privados ao mesmo tempo.

Há diversos precedentes que demonstram a efetividade do coinvestimento no exterior. Até 2006, Portugal não tinha uma cultura relevante de investimento em *startups* – até que o poder público permitiu a criação de um fundo de coinvestimento. Desde então, as maiores cifras que financiam a inovação de *startups* portuguesas vêm de anjos. A Nova Zelândia também passou por experiência semelhante desde que começou a originar políticas de coinvestimento com anjos e Fundos *Venture Capital*[392].

No Brasil, até muito recentemente, não havia o que se falar em coinvestimento público. Isso mudou em 14 de novembro de 2017, quando o BNDES publicou edital de chamada pública[393] para a contratar um gestor para a sua mais nova idealização: a constituição de um FIP – Capital Semente (Capítulo 2.7.4) para o BNDESPar coinvestir, junto a anjos e aceleradoras, em *startups* que passarem no seu processo de seleção.

Meses depois da publicação do edital, foi finalmente constituído o "*FIP Anjo Fundo de Investimento em Participações Capital Semente*", primeiro fundo de coinvestimento brasileiro. Sob gestão da Domo Invest e com a presença do BNDESPar como cotista, o fundo foca em *startups* de agronegócio, biotecnologia, *smartcities*, economia criativa, nanotecnologia, novos materiais, comunicação, saúde e tecnologias da informação[394].

[392] WILSON, Karen. *Policy Lessons from Financing Innovative Firms*. OECD Science, Technology and Industry Policy Papers, nº 24. Paris: OECD Publishing, 2015. Disponível em: <http://dx.doi.org/10.1787/5js03z8zrh9p-en>. Acesso em 19.04.2017.

[393] BNDES. *Edital de Chamada de Chamada Pública para a Contratação de Fundo com Coinvestimento Anjo e seu Respectivo Gestor*. Disponível em: <https://www.bndes.gov.br/wps/wcm/connect/site/a87767ab-f2dd-4818-994b-7ee103259156/edital-fundo-anjo.pdf?MOD=AJPERES&CVID=l-WsSMc>. Acesso em 15.01.2018.

[394] O regulamento do FIP Anjo traz mais especificidades. O fundo subclassifica suas potenciais investidas em duas categorias. A primeira é o grupo das Empresas Nascentes, que faturam até R$ 1 milhão e preferencialmente já têm seu protótipo concluído ou em fase de prova de conceito, enquadráveis então na categoria "*seed stage*". O segundo grupo é das Pequenas Empresas, que faturam entre R$ 1 milhão e R$ 16 milhões ao ano. Os investimentos em Empresas Nascentes acompanham uma série de regras potencialmente desnecessárias, como *(i)* participação em até 10% do capital social da *startup*, considerando inclusive eventual conversão de dívida; *(ii)* investimento entre R$ 100 mil e R$ 500 mil por investida, considerando inclusive futuras rodadas de investimentos; e *(iii)* investimentos nas

Iniciativas como esse FIP Anjo animam o mercado por se tratar de uma demanda já antiga – principalmente por parte dos anjos brasileiros – e colaboram para que o País se torne uma terra de empreendedorismo.

3.6.2. Incentivos fiscais

Políticas públicas que reduzem a carga tributária do investimento anjo como forma de estimulá-lo são prática comum no exterior. Não só os incentivos estimulam mais pessoas a se tornarem anjos, mas também a se tornarem empreendedores e a construir mais *startups*[395]. Adicionalmente, um incentivo fiscal para indiretamente cumprir o objetivo de desenvolvimento nacional previsto na Constituição nada mais é do que um investimento público. Conforme estudo da Grant Thornton, estima-se que *cada R$ 1 investido em startups se transforma em R$ 5,84 injetados no mercado local em até 5 anos*, alimentando diretamente a arrecadação fiscal[396].

Um *disclaimer* antes de seguirmos – estamos falando aqui exclusivamente de incentivos tributários em benefício de investidores em *startups*, e não em benefícios de *startups* diretamente (classificação em que

mesmas condições dos anjos e aceleradoras coinvestidores (impossibilitando assim que o fundo abdique de parte dos ganhos ou absorva mais perdas para aumentar o incentivo aos agentes privados). Investimentos em Empresas Nascentes também devem seguir alguns requisitos como *due diligence* obrigatória, periodicidade para envio de relatórios e reuniões com a *startup*, e mecanismos para mitigar conflito de interesse no processo decisório (p. ex. potenciais investidas em que um dos sócios é também quotista do fundo ou então um outro fundo gerido pelo mesmo gestor). Já o investimento pelo FIP em Pequenas Empresas depende de menos regras no regulamento (indicando que o BNDES tende a flexibilizar seu controle conforme a *startup* passa pelos estágios de crescimento).

395 As políticas públicas voltadas à capacitação de empreendedores são cursos educacionais voltados para empreendedorismo, centros de *networking* e parcerias com pesquisas científicas de universidades, impulsionando o motor que movimenta a hélice tríplice. Dado que não essas políticas não estimulam o investimento anjo diretamente, foram mantidas fora do escopo desse livro. *In* Wilson, Karen. *Policy Lessons from Financing Innovative Firms*. OECD Science, Technology and Industry Policy Papers, nº 24. Paris: OECD Publishing, 2015. Disponível em: <http://dx.doi.org/10.1787/5js03z8zrh9p-en>. Acesso em 19.04.2017.

396 O estímulo como ferramenta para o fomento do investimento em startups: o caso do investimento anjo, *Anjos do Brasil & Grant Thornton* (01.12.2017). Disponível em: <http://www.anjosdobrasil.net/uploads/7/9/5/6/7956863/estudo_sobre_estimulo_para_investimento_em_startups_-_anjos_do_brasil_e_grant_thornton.pdf>. Acesso em 09.07.2019.

se enquadrariam o regime do Simples Nacional e o Projeto de Lei nº 6.625[397], por exemplo).

Dito isso, vejamos alguns bons exemplos estrangeiros de incentivos fiscais para investidores anjos (alguns também aplicáveis a Fundos *Venture Capital*):

a) Estados Unidos

Pelo *Small Business Jobs Act of 2010*, três grandes incentivos fiscais foram concedidos a anjos e empreendedores: **(i)** um investidor pode ganhar isenção do imposto de renda ("*IR*") sobre até 100% do ganho de capital decorrente do desinvestimento de uma empresa de pequeno porte (uma "*small business*"), desde que ele tenha mantido seu investimento por pelo menos 5 anos (*26 U.S. Code, §1.202*) em uma ou mais pequenas empresas (*26 U.S. Code, §1.045*); **(ii)** esse prazo também pode ser acumulado em mais de um investimento – se um investidor aufere ganho de capital antes do desfecho dos 5 anos, ele terá até 60 dias para alocar tal ganho em outro pequeno negócio, e, assim, aproveita a isenção (*26 U.S. Code, § 1045*); e **(iii)** caso haja perda no investimento, o investidor que contribuiu para o primeiro milhão aportado em um *small business* poderá deduzir o prejuízo (*26 U.S. Code, §1.244*).

Um assunto sensível no regime fiscal dos Estados Unidos é o exercício de *stock options*, que são opções de compra de participação na *startup* concedidas a um gestor ou funcionário para incentivá-lo a entrar na empresa. Nessa estrutura, caso a *startup* consiga crescer, todos os seus colaboradores conseguem uma fatia proporcional do sucesso.

Startups que remuneram seus colaboradores em *stock options* conseguem dois benefícios – primeiro, não desembolsam nenhum valor na hora da outorga, o que é visto como um fator precioso quando capital como é considerado um recurso escasso (principalmente nos estágios embrionário e inicial), e, segundo, atraem pessoas qualificadas para suas

[397] O Projeto de Lei nº 6.625 propõe um incentivo fiscal para *startups* mediante a criação Sistema de Tratamento Especial a Novas Empresas de Tecnologia (SisTENET). De acordo com a proposta, *startups* criadas com objeto social de bases tecnológicas seriam isentas do pagamento de tributos federais durante 2 anos, prorrogáveis por mais 2. Mesmo com as amarras trazidas pelo projeto (faturamento trimestral de até R$ 60 mil e máximo de 4 funcionários), ainda seria um propulsor relevante para a criação de mais *startups* de tecnologia se eventualmente aprovado.

vagas, ainda que precisem pagar um custo de oportunidade por não trabalhar em companhias consolidadas[398].

Normalmente, o contrato de *stock option* contém cláusula de *vesting* – ou seja, as opções são outorgadas ao colaborador pela *startup* na largada, mas só poderão ser exercidas no futuro. Por exemplo, em um contrato de *stock options* que abarca 1.000 ações e tem duração de 5 anos, é previsto que só serão liberadas para exercício de compra (*vested*), pelo colaborador, 200 opções por ano. Nesse cenário, o colaborador conseguirá todas as 1.000 ações se ficar na *startup* durante os 5 anos e cumprir eventuais *key-performance indicators* (KPI) no contrato – estrutura chamada de *restricted stock* no mercado dos Estados Unidos.

Para beneficiar o colaborador, o contrato de *stock option* costuma permitir que a opção de compra das ações ocorra a um preço pré-fixado, e não por valor de mercado (*valuation* atual da empresa). No exemplo anterior, o colaborador pode exercer a opção de comprar 200 ações ao valor fixo de US$ 15 por ação, ainda que seu valor atual já tenha subido para US$ 20 por ação. Esse conceito é relevante para fins tributários nos Estados Unidos, dado que a diferença entre o valor pré-fixado e o valor de mercado da ação – diferença essa chamada de "*elemento de barganha*" (US$ 5 no nosso exemplo) – pode ser tributada como um rendimento do colaborador[399].

No regime fiscal americano, o beneficiário de um contrato de *stock options* que se refere a ações pré-existentes poderá optar entre declarar o elemento de barganha como rendimento no momento da outorga da opção ou declarar no momento do exercício da opção. Dependendo de quanto a *startup* crescer entre a assinatura do contrato e o exercício

[398] NVCA. *Submission to Senate Finance Committee with Tax Reform Proposals*. Disponível em: <http://nvca.org/?ddownload=27871>. Acesso em 19.07.2017.

[399] A lei americana criou duas categorias de *stock options*: *(i) incentive stocks (26 U.S. Code § 422)*, destinadas a executivos da companhia; e *(ii) non-qualified stock options (26 CFR 1.83-7)*, destinadas a um rol mais amplo de funcionários, diretores externos, consultores etc. Enquanto elementos de barganha decorrentes do exercício de *non-qualified stock options* são tributados pelo *income tax*, os elementos de barganha decorrentes do exercício de *incentive stocks* podem ser tributados pelo AMT (*alternative minimum tax*).

da opção, isso pode ser uma grande economia tributária para o colaborador[400].

Por fim, o tratamento fiscal das *stock options* nos Estados Unidos é a base de uma das propostas da NVCA com a aprovação do *Empowering Employees Through Stock Ownership Act*, que permitiria a colaboradores adiarem a incidência do imposto sobre elemento de barganha para o futuro, pulverizando no tempo o valor que precisará desembolsar[401].

b) União Europeia

Dado que os Estados-membros concedem incentivos fiscais diferentes, selecionamos por amostragem os que melhor servem como exemplo. Na França, pessoas físicas conseguem até 18% de isenção do IR sobre o total investido em pequenas empresas até o limite de € 50 mil se mantiverem o investimento por cinco anos. Na Bélgica, anjos recebem um crédito fiscal de 30% no momento do investimento de até € 100 mil em uma sociedade empresária de pequeno porte, que pode ser elevado a 45% para microempresas.

Na Itália, pessoas físicas podem conseguir isenção do IR sobre ganho de capital se o investimento atingir um certo mínimo do capital social e se mantiver pelo mínimo de 3 anos; e pessoas jurídicas podem conseguir até 95% de isenção do IR sobre o ganho de capital se mantiverem o investimento pelo mínimo de 1 ano e contabilizá-lo como ativo finan-

[400] Vide um exemplo prático: João e José são funcionários de uma *startup* que outorga 1.000 opções de compra de ações para cada um, podendo ser exercidas pelo preço pré-fixado de US$ 15 cada após 5 anos. Dado que as ações valem US$ 20 cada no momento da outorga, cada funcionário declara de uma forma; João decide declarar o elemento de barganha assim que as *stock options* lhe foram outorgadas, totalizando o rendimento de US$ 50 mil (US$ 5 x 10.000) e recolhendo imposto de renda sobre esse valor. José, por outro lado, prefere declarar o elemento de barganha somente quando exercer as *stock options*, 5 anos depois, momento em que as ações da *startup* passaram a valer US$ 80 cada. Dado que o elemento de barganha pós-5 anos se tornou muito maior, José irá declarar um rendimento total de US$ 75 mil (US$ 75 x 10.000), recolhendo assim um imposto de renda muito maior que o de João. *In* How Restricted Stock and RSUs Are Taxed. *Investopedia* (03.03.2016). Disponível em: <http://www.investopedia.com/articles/tax/09/restricted-stock-tax.asp>. Acesso em 07.07.2019.

[401] Submission to Senate Finance Committee with Tax Reform Proposals. *NVCA* (17.07.2017). Disponível em: <http://nvca.org/?ddownload=27871>. Acesso em 19.07.2017.

ceiro[402]. Por fim, na Irlanda, no contexto do programa "*Employment and Investment Incentive*", pessoas físicas e jurídicas conseguem crédito fiscal de 30% do investimento, acrescido de mais 10% quando se comprovar que o capital contribuiu para gerar empregos ou foi usado pela investida para fins de R&D, benefício aplicável em aportes de até de € 150 mil[403].

c) Israel

Israel se tornou um dos ecossistemas de inovação mais aquecidos do mundo desde a implantação em 1993 do Programa Yozma (hebraico para "*iniciativa*"). Desde então, o país é um polo para investidores e empreendedores[404], e, em parte, graças a políticas que aliviam a carga tributária dos investidores.

O incentivo fiscal que mais estimula os anjos israelenses é a possibilidade de pessoas físicas e jurídicas deduzirem os valores investidos em *startups* da base de cálculo do imposto de renda, desde que respeitadas algumas condições (p. ex. respeito a um teto de investimento por *startup* e período mínimo de três anos)[405]. Adicionalmente, alguns investidores institucionais (Fundos *Venture Capital*) também podem pleitear isenção fiscal desde que cumpram as condições (p. ex. patrimônio total superior

[402] Effectiveness of tax incentives for venture capital and business angels to foster the investment of SMEs and start-ups: final report. *European Comission* (junho de 2017). Disponível em: <https://ec.europa.eu/taxation_customs/sites/taxation/files/final_report_2017_taxud_venture-capital_business-angels.pdf>. Acesso em 06.09.2018.

[403] The Employment and Investment Incentive (EII) – IT55 Relief for Investment in Corporate Trades. *Enterprise Ireland* (mai/2016). Disponível em: <https://www.enterprise-ireland.com/en/Invest-in-Emerging-Companies/Source-of-Private-Capital/Revenue-Employment-Incentive-and-Investment-Scheme.pdf>. Acesso em 06.09.2017.

[404] Vide (1) National Venture Capital Association Money Tree™ Report Q4 2018. *PwC*. Disponível em: <https://www.pwc.com/us/en/moneytree-report/moneytree-report-q4-2018.pdf>. Acesso em 15.06.2019; e (2) France, Germany, Italy, Spain and the United Kingdom: building momentum in venture capital across Europe. *Bpifrance; British Business Bank; Cassa Depositi e Prestiti; Instituto de Crédito Oficial; KfW* (2016). Disponível em: <https://www.kfw.de/PDF/Download-Center/Konzernthemen/Research/PDF-Dokumente-Studien-und-Materialien/Building-Momentum-in-Venture-Capital-across-Europe.pdf>. Acesso em 01.05.2018.

[405] Rostowsky, Ian. *Venture capital investment in Israel*: market and regulatory overview (01.12.2015). Disponível em: <https://uk.practicallaw.thomsonreuters.com/5-561-9027>. Acesso em 06.09.2017.

a US$ 10 milhões, 50% dos quais aportados por estrangeiros, e 30% dos recursos investidos em *startups* que estejam sediadas ou que exerçam a maioria de suas atividades em Israel)[406].

Para concluir esse Capítulo 3 – além dos Estados Unidos, França, Bélgica, Itália, Nova Zelândia e Israel, há também políticas de incentivo fiscal pró-empreendedorismo na Inglaterra, Espanha, Argentina, e diversos outros, todos colhendo bons frutos como geração de empregos, avanços tecnológicos e arrecadação tributária. Esses *benchmarks* estrangeiros servem como exemplos práticos e aplicáveis no Brasil, que podem ser listados de forma objetiva[407]:

(i) dedutibilidade do investimento anjo da base de cálculo do IR;
(ii) isenção do IR sobre o ganho de capital decorrente do desinvestimento;
(iii) compensação de lucros e prejuízos decorrentes de investimento anjo;
(iv) crédito fiscal na medida do valor investido em *startups*.

Dessa forma, por fim, cabe ao mercado da inovação pressionar os representantes do povo para que, a despeito da interminável fome de arrecadação, consigamos um regime tributário que estimula o nascimento de cada vez mais investidores anjos, viabilizando o cumprimento do objetivo de desenvolvimento nacional da Constituição brasileira.

[406] Levenfeld, Barry; Platt, Barak; Yigal, Arnon. *Israel.* Private Equity 2009, vol. 2, Venture Capital Handbook, 2009. Disponível em: <https://www.arnon.co.il/sites/default/files/files_from_old/25.%20Venture%20Capital%20in%20Israel%20_0.pdf>. Acesso em 06.09.2017.

[407] Coelho, Gustavo Flausino; Caminha, Lucas. *Leão da Nemeia:* o 1º dos trabalhos do investidor anjo. Jota (11.09.2017). Disponível em: <https://www.jota.info/opiniao-e-analise/artigos/leao-da-nemeia-o-1o-dos-trabalhos-do-investidor-anjo-11092017>. Acesso em 09.07.2019.

CAPÍTULO 4
ESTRUTURA DE UM INVESTIMENTO ANJO – ASPECTOS JURÍDICOS E FINANCEIROS

Nesse Capítulo, nós passaremos a entender quais são as regras e mecanismos envolvidos nas operações de investimento anjo, avaliando cada passo em uma ordem cronológica.

Tradicionalmente, o ciclo de etapas de uma operação de investimento anjo começa na prospecção de oportunidades, geralmente trazidas por empreendedores ou identificadas no mercado pelos próprios anjos. Quando há um possível projeto na mesa, o investidor começa suas conversas preliminares com o empreendedor para avaliar a oportunidade e conveniência de apoiar o negócio. Cássio Spina usa uma metáfora interessante: o momento de prospecção, avaliação do plano e entendimentos preliminares é a "*paquera*" – sem compromisso envolvido, partes ainda se conhecendo e tentando identificar incentivos para levar o relacionamento adiante[408].

Algumas negociações entre partes tornam necessária a abertura de informações confidenciais para que elas possam estudar a viabilidade de uma futura relação comercial. É natural que a parte reveladora das informações – que costuma ser a *startup*, abrindo dados sigilosos sobre seu produto – se preocupe com o bom uso das informações estratégicas e com o risco de serem usadas de má-fé por terceiros. Essa questão nos leva ao primeiro ponto jurídico da operação de investimento anjo.

[408] SPINA, Cássio. *Investimento Anjo*: guia prático para empreendedores e investidores. São Paulo: Nversos, 2011.

4.1. *Non-disclosure agreement* ("*NDA*")

O uso indevido de informações confidenciais representa um dano considerável à competitividade no mercado atual. Em 2000, companhias dos Estados Unidos reportaram a perda conjunta de aprox. US$ 1 trilhão de dólares em razão de roubo de segredos de negócio, e foi estimado por relatório da Symantec que esse prejuízo cresce em US$ 250 bilhões a cada ano[409]. Podemos estimar que agora, duas décadas depois e em um mercado mais propenso a ataques cibernéticos, esse valor tenha crescido a níveis tão difíceis de quantificar quanto prejudiciais à saúde da economia.

A melhor estrutura para mitigar esse risco foi encontrada na *common law* pelos juristas anglo-saxões. Em negociações que envolviam segredos industriais, informações estratégicas e outros dados concorrencialmente sensíveis, foi criada a figura de um acordo originador de relação especial de confidencialidade, trazendo a proteção dessas informações e consequências patrimoniais de descumprimento – daí surgiram os acordos de confidencialidade, também chamados de *non-disclosure agreement* (*NDA*), *confidentiality agreement*, *confidential disclosure agreement* (*CDA*), *proprietary information agreement* (*PIA*) e *secrecy agreement*[410]. Esse é o panorama geral do NDA.

Quando avaliamos especificamente a relação entre investidor e empreendedor, em que um deles está apresentando um projeto ao qual se dedicou para criar e desenvolver, poderíamos pensar que a assinatura de um NDA para proteger a *startup* seria condição precedente a qualquer futura negociação. Poderíamos pensar também que seria legítimo o empreendedor exigir esse documento antes de defender a viabilidade do seu negócio, evitando assim a apropriação indevida por terceiros. Essa é, afinal, a grande preocupação do empreendedor – ter sua ideia plagiada e perder uma oportunidade dourada[411].

[409] Shaw, Eric; Stock, Harley. *Behavioral Risk Indicators of Malicious Insider Theft of Intellectual Property:* misreading the writing on the wall. Symantec (2011). Disponível em: <http://www.symantec.com/content/en/us/about/media/pdfs/symc_malicious_insider_whitepaper_Dec_2011.pdf>. Acesso em 19.06.2017.

[410] Arake, Henrique. *Os Acordos ou Termos de Confidencialidade* (2009). Disponível em: <https://jus.com.br/artigos/13040/os-acordos-ou-termos-de-confidencialidade>. Acesso em: 12.01.2019.

[411] A preocupação é parcialmente fundada, já que há, sim, precedentes de abuso da confiança depositada em anjos. Na verdade, já houve no mercado de *Venture Capital* americano

Com tudo isso em mente, pode parecer contraintuitivo, mas, no mercado de investimento anjo e *Venture Capital*, haver um NDA antes da apresentação de um projeto a investidores é um fenômeno bem raro[412]. Salvo alguns casos em que um anjo ou Fundo *Venture Capital* está particularmente interessado no projeto do empreendedor, o pedido de assinatura de NDA acaba sendo prontamente recusado, visto até como um indicativo de inexperiência do líder da *startup* (e, se o próprio investidor for inexperiente em matéria contratual, visto ainda como ofensivo em alguns casos).

Naturalmente, a resistência dos investidores a assinar NDAs não revela necessariamente a intenção oculta de tomar a ideia do empreendedor ilicitamente, principalmente pela existência do risco de imagem (um investidor que sabotasse uma *startup* com uso indevido de sua ideia ficaria marcado em *black list* no enxuto mercado brasileiro). O problema dos investidores está, na verdade, na operacionalização desses acordos. Anjos e Fundos *Venture Capital* avaliam dezenas ou centenas de projetos até decidirem investir em um deles. Assinar um NDA a cada projeto seria uma grande ineficiência para o investidor por várias razões[413].

A primeira delas é operacional. Dado que nem toda reunião com empreendedor que está apresentando sua *startup* ao anjo vai resultar em um investimento, o investidor não se sente obrigado a passar pela inconveniência de avaliar, assinar e armazenar um NDA para cada uma dessas reuniões. Esse fator operacional é agravado pela obrigação de controlar o prazo de cada obrigação de confidencialidade.

O segundo problema deriva do anterior: custo. Por mais que o investidor pudesse impor os termos de um NDA ao empreendedor, que

algumas tentativas de se abordar um empreendedor com uma oferta de investimento ou aquisição, mas que eram só uma fachada para que o ofertante conseguisse uma visão *backstage* da estrutura da *startup*, e então no futuro usá-la para seus próprios interesses, *in* Lord, Hambleton; Mirabile, Christopher. *Fundamentals of Angel Investing*. Boston: CreateSpace Independent Publishing Platform, 2016.

412 Why Investors EVADE Non-Disclosure Agreements. *Jumpstart* (2011). Disponível em: <https://www.jumpstartinc.org/2011/12/09/why-investors-evade-non-disclosure/>. Acesso em: 30.04.2017.

413 Why Investors EVADE Non-Disclosure Agreements. *Jumpstart* (2011). Disponível em: <https://www.jumpstartinc.org/2011/12/09/why-investors-evade-non-disclosure/>. Acesso em: 30.04.2017.

é a parte mais fraca da relação, ele precisaria envolver advogados pelo menos na elaboração de uma minuta padrão. Anjos poderiam precisar contratar escritórios externos. Fundos *Venture Capital* costumam ter departamento jurídico interno dos gestores e administradores, mas mobilizar o tempo de funcionários também é, no limite, custo. O preço para assinar diversos NDAs que não se tornarão investimentos, salvo exceções, seria uma alocação ineficiente de recursos (mesmo considerando eventual ganho de escala na análise de diversos acordos semelhantes).

O terceiro problema, nessa linha de custo, é o tempo gasto com os envios entre partes e advogados com suas revisões no documento. Em paralelo, um projeto de empreendedor é apreciado pelo investidor em reuniões de 10 a 15 minutos e, via de regra, é rejeitado. Dessa forma, um anjo ou fundo pode preferir nem avaliar a proposta se for exigido um NDA, tornando até a menção disso um movimento arriscado pelo empreendedor que está pedindo investimento.

O quarto empecilho é que se o investidor não for um *expert* na área de atuação do empreendedor, pode preferir conversar com anjos da área para confirmar se vale a pena fazer o investimento. Já vimos no Capítulo 3.3 que uma das vantagens de grupos de anjos é a possibilidade de conversar com investidores de diversos setores econômicos. Se um anjo presumir intuitivamente que um projeto de *startup* é promissor, mas não puder validar essa opinião informalmente com seus colegas sob pena de infringência de um NDA, poderá ser mais seguro rejeitar o empreendedor de plano.

O quinto problema é o onipresente risco de litígio que acompanha todo e qualquer contrato. Ainda que não seja a intenção do investidor se apropriar da ideia, ele não pode garantir que não se envolverá em *startups* com produtos semelhantes (mas com uma equipe melhor, por exemplo), e, no limite, isso poderia dar margem para uma ação indenizatória ajuizada pelo empreendedor inicialmente rejeitado. O risco estaria então em investir futuramente em *startups* de natureza semelhante à que pediu o NDA e custos com advogados para tocar o processo – de todo modo, não encontramos precedente desse cenário na jurisprudência.

Por fim, Lord & Mirabile reproduzem um clássico entendimento do mercado segundo o qual boas ideias, por si só, valem "*dez centavos cada dúzia*", e que o que realmente agrega valor à boa ideia é a *probabilidade de execução eficiente pelo empreendedor*[414]. Nessa linha, se o empreendedor acredita que a mera exposição da ideia já anulará o valor da *startup*, não só ele pode estar sinalizando que sua execução não teria um diferencial, mas também sugerindo que a atividade pretendida poderá ser replicada por terceiros no futuro (baixas barreiras de entrada).

Ocasionalmente, em etapas mais avançadas da negociação, um investidor pode sim aceitar a assinatura de um NDA com o empreendedor[415], ou, mais comum, o próprio contrato de investimento pode conter cláusula de confidencialidade[416]. Nesse caso, como maior interessada no sigilo, a *startup* deverá se atentar a como tornar o NDA um bom mitigador para vazamentos de informação, mas de uma forma que não engesse o investidor no seu dia a dia ou que acabe reduzindo seu interesse em seguir em frente com a capitalização.

A boa formalização de um NDA, combinada com as medidas judiciais apropriadas para sua *enforceability*, são essenciais. Os *trade secrets*, ou segredos de negócios da atividade empresária, constituem um dos seus ativos mais preciosos de grandes companhias e também de *startups* (vide início desse Capítulo). Seu maior poder é imortalidade em potencial (já que, ao contrário de propriedade intelectual tradicional, não está sujeito a registros e períodos de duração), mas, por outro lado, o *trade secret* estará perdido para sempre na hipótese de um vazamento, assim como a vantagem competitiva que ele trazia[417].

As informações confidenciais, além de abarcarem dados econômicos (demonstrações financeiras, balanço e projeções), poderão conter quaisquer dados de conteúdo comercial ou técnico, tal como equipamentos, tecnologias, desenhos, programas de computador, documentos técnicos, produtos ou especificações de produtos, estratégias de distribuição

[414] Lord, Hambleton; Mirabile, Christopher. *Fundamentals of Angel Investing*. Boston: CreateSpace Independent Publishing Platform, 2016.

[415] Spina, Cássio. *Investimento Anjo*: guia prático para empreendedores e investidores. São Paulo: Nversos, 2011.

[416] Guia de Investimento Anjo & Documentos Legais. Modelo de mútuo conversível. *Anjos do Brasil* (27.05.2016). Disponível em: <www.anjosdobrasil.net>. Acesso em 27.06.2019.

[417] Zimmerman, Stephanie. *Secret's Out:* the ineffectiveness of current trade secret law structure and protection for global health. Penn State International Law Review, vol. 29, article 4. State College: Penn State Law, 2011. Disponível em: <http://elibrary.law.psu.edu/cgi/viewcontent.cgi?article=1201&context=psilr>. Acesso em: 31.05.2017.

e vendas, campanhas de publicidade, políticas de preços, listas de fornecedores, metodologias, invenções, aplicações, *know-how*, entre outros[418].

Na prática, um NDA tradicional traz nas suas cláusulas: **(i)** delimitação do que deve ser tratado como informação confidencial no caso concreto, e, portanto, protegida pela obrigação de não revelar; **(ii)** exceções ao que deve receber tratamento sigiloso, principalmente informações que se tornarem de domínio público ou que forem requeridas por autoridade administrativa ou judicial; **(iii)** obrigação de devolução/destruição das informações confidenciais após fim das tratativas; **(iv)** prazo de vigência da obrigação, podendo também ser prazo indeterminado; **(v)** obrigação de indenizar no caso de vazamentos; e **(vi)** foro para resolução de disputas.

Do ponto de vista jurisdicional, o ordenamento brasileiro traz diversos instrumentos de *enforcement* das obrigações de não fazer (cumprimento do sigilo) e de dar (indenização) criadas nos NDAs – cláusula geral da boa-fé objetiva (art. 113 do Código Civil), responsabilidade civil (art. 927 do Código Civil), crime de concorrência desleal por uso de informações sigilosas adquiridas contratualmente (art. 195, XI da Lei nº 9.279/1996), crime de *insider trading* (art. 27-D da Lei nº 6.385/1976), entre outros.

Do ponto de vista da negociação de cláusulas do NDA, costuma ser discutido o que exatamente será tratado como informação confidencial (p.ex.: toda e qualquer informação, ou só informações "*carimbadas*" como confidenciais), prazo de vigência e destino das informações após seu uso (se serão destruídas ou devolvidas à parte divulgadora). Quando estiver finalmente concluída essa etapa e assinado o NDA, empreendedor e investidor podem começar a discutir a eventual operação de forma mais material.

4.2. *Term-sheet*

Com as informações estratégicas da *startup* em mãos, o anjo pode tomar uma decisão mais fundamentada quanto à oportunidade e conveniência do investimento. Essa etapa é constituída pela assinatura de um *term-sheet*

[418] BOUCHOUX, Deborah E. *Protecting your Company's Intellectual Property:* a practical guide to trademarks, copyrights, patents & trade secrets. Nova York: Amacom, 2001, p. 202-204.

(também chamado de memorando de entendimentos ou carta de intenções) – um documento celebrado entre empreendedor e investidor, normalmente não vinculativo, que formaliza os entendimentos iniciais entre as partes[419].

Do ponto de vista econômico, a preocupação que anjos devem ter no *term-sheet* é a cobertura de quatro pontos principais – a relação preço *versus* participação na *startup*, direitos de proteção ao investidor (antidiluição), mecanismos de influência do anjo na gestão e direitos do anjo em um desinvestimento[420].

Na prática, as cláusulas do *term-sheet* se referem a: **(i)** tipo de investimento (participação ou dívida conversível); **(ii)** condições precedentes; **(iii)** estrutura do negócio; **(iv)** direitos do investidor; e **(v)** exclusividade do empreendedor, além de outros termos necessários no caso concreto[421].

Além de cumprir a função preliminar de documentar as premissas básicas do investimento, o *term-sheet* também serve como um efeito moral de constrangimento contra uma parte que cogitar surpreender a outra com a decisão de não seguir em frente com as negociações, mesmo estando em etapa avançada de negociações. Esse efeito será sentido principalmente pelo empreendedor, que, via de regra, já possui menor poder de barganha no mercado brasileiro (em alguns casos, o *term-sheet* vincula apenas o empreendedor).

Com o *term-sheet* assinado e em mãos, chega o momento de passar a *startup* completamente "a limpo" por um processo de *due diligence* – uma auditoria jurídica, financeira, qualitativa e quantitativa da *startup* para descobrir todos os aspectos relevantes do negócio que poderão impactar o seu futuro.

[419] LOBO, Alexandre L.; POTENZA, Guilherme P. *Investimentos Venture Capital e Private Equity: Considerações Práticas e Jurídicas.* In: BOTREL, Sergio. BARBOSA, Henrique (Coordenadores). Finanças Corporativas: Aspectos Jurídicos e Estratégicos, Rio de Janeiro: Gen Atlas, 2016, pp. 267-316.

[420] LORD, Hambleton; MIRABILE, Christopher. *Fundamentals of Angel Investing.* Boston: CreateSpace Independent Publishing Platform, 2016.

[421] Guia de Investimento Anjo & Documentos Legais. Modelo de mútuo conversível. *Anjos do Brasil* (27.05.2016). Disponível em: <www.anjosdobrasil.net>. Acesso em 27.06.2019.

4.3. *Due diligence* – auditoria jurídica/financeira nas operações de investimento

O uso do *due diligence* por investidores para analisar empresas em que desejam investir é um conceito ancestral. Para não darmos muitos passos atrás na história, podemos partir do mercado de capitais dos Estados Unidos, no qual a *due diligence* se encontra na seção 11(b)(3) do *1933 Securities Act*[422].

[422] *Section 11: (b) Notwithstanding the provisions of subsection (a) no person, other than the issuer, shall be liable as provided therein who shall sustain the burden of proof – (3) that*
(A) as regards any part of the registration statement not purporting to be made on the authority of an expert, and not purporting to be a copy of or extract from a report or valuation of an expert, and not purporting to be made on the authority of a public official document or statement, he had, after reasonable investigation, reasonable ground to believe and did believe, at the time such part of the registration statement became effective, that the statements therein were true and that there was no omission to state a material fact required to be stated therein or necessary to make the statements therein not misleading; and (B) as regards any part of the registration statement purporting to be made upon his authority as an expert or purporting to be a copy of or extract from a report or valuation of himself as an expert, (i) he had, after reasonable investigation, reasonable ground to believe and did believe, at the time such part of the registration statement became effective, that the statements therein were true and that there was no omission to state a material fact required to be stated therein or necessary to make the statements therein not misleading, or (ii) such part of the registration statement did not fairly represent his statement as an expert or was not a fair copy of or extract from his report or valuation as an expert; and
(C) as regards any part of the registration statement purporting to be made on the authority of an expert (other than himself) or purporting to be a copy of or extract from a report or valuation of an expert (other-than himself), he had no reasonable ground to believe and did not believe, at the time such part of the registration statement became effective, that the statements therein were untrue or that there was an omission to state a material fact required to be stated therein or necessary to make the statements therein not misleading, or that such part of the registration statement did not fairly represent the statement of the expert or was not a fair copy of or extract from the report or valuation of the expert; and
(D) as regards any part of the registration statement purporting to be a statement made by an official person or purporting to be a copy of or extract from a public official document, he had no reasonable ground to believe and did not believe, at the time such part of the registration statement became effective, that the statements therein were untrue, or that there was an omission to state a material fact required to be stated therein or necessary to make the statements therein not misleading, or that such part of the registration statement did not fairly represent the statement made by the official person or was not a fair copy of or extract from the public official document.

Na época em que o mercado ainda se recuperava da crise de 1929, investidores exigiam vastas informações de companhias abertas para se proteger de emissoras que não davam *disclosure* completo de sua saúde financeira. Nesse sentido, o *1933 Securities Act* serviu para oferecer (até hoje) amplos poderes legais para ajuizamento de ações indenizatórias contra participantes de ofertas de valores mobiliários – abarca como possíveis réus todas as pessoas que assinaram o documento de registro, a companhia emissora, seus diretores e sócios (tanto na época da emissão quanto na época da ação judicial), funcionários que emitiram opiniões favoráveis à emissão e todos os intermediários (*underwriters*).

Naturalmente, esse leque extremamente genérico criaria um perigo constante de responsabilidade para todos os envolvidos, e, se não houvesse uma forma de mitigar o risco, poderia nem haver incentivo econômico suficiente para emissões no mercado de capitais americano. Atualmente, se a responsabilização fosse levada a cabo da forma acima, tal mercado seria praticamente um deserto.

Para evitar esse esvaziamento, o *1933 Securities Act* trouxe certos filtros para determinar quem poderá ser demandado em juízo por investidores insatisfeitos. Com exceção da companhia emissora, não será responsabilizado o agente que, mesmo envolvido em uma emissão com informações falsas, **(i)** se manifestou expressamente contra as informações falsas, ou se absteve de conduzir a oferta enquanto não fossem sanadas; ou **(ii)** procurou o regulador assim que tomou conhecimento das informações falsas; ou **(iii)** empreendeu melhores esforços na operação para garantir a veracidade das informações econômico-financeiras e jurídicas prestadas pela emissora, e, nesse processo, não detectou irregularidades.

A seção do *1933 Securities Act* no item "iii" acima é uma sucinta, mas precisa definição de um processo de *due diligence*. A norma americana diz que o agente envolvido na emissão não será responsabilizado por danos sofridos por investidores se comprovar que, mediante uso de sua própria *expertise* e de terceiros especializados (advogados, contadores, agências de *rating* e *gatekeepers* no geral), investigou todos os aspectos materiais da emissão e não mapeou inconsistências nas informações prestadas – logo, se ainda assim restaram inconsistências, elas estavam tão bem ocultadas que não seria esperado do agente conseguir mapeá-las. Hoje em dia, a *due diligence* é adotada ao redor do mundo por coordenadores de ofertas de valores mobiliários, inclusive servindo como evidência do cumprimento do dever de diligência por coordenadores de ofertas públicas no âmbito da CVM.

Transcendendo seu uso em companhias abertas do mercado de capitais, a *due diligence* também é adotada nos investimentos privados em empresas fechadas. Mas, ao contrário do mercado de capitais, aqui não se trata de um dever para mitigar responsabilidade frente a terceiros, mas sim uma *due diligence realizada pelo investidor no interesse próprio de ter o maior número de informações à sua disposição para decidir se investe ou não na empresa.*

A *due diligence* é motivada principalmente porque, na negociação entre investidor e os sócios originais da empresa, as partes têm interesses contrapostos – o investidor que deseja comprar o maior percentual possível de ações pelo menor custo possível, enquanto os sócios originais da investida desejam vender o menor percentual possível de participação pelo maior custo possível (trata-se da discussão de *valuation*, melhor explicada no Capítulo 4.4). Nesse sentido, os sócios têm incentivo econômico para esconder do investidor os passivos da empresa, já que, se forem mapeados, o investidor irá precificá-los e descontá-los do valor que pagará pelas ações[423].

Para contornar esse véu de assimetria de informação que pode ser sofrido pelo investidor, ele implementa um processo de *due diligence* para levantar todos os aspectos jurídicos e econômico-financeiros do negócio. Para tal, elabora-se uma lista com todos os documentos que podem refletir a realidade da empresa potencialmente adquirida, geralmente depois da assinatura do *term-sheet* da operação. A lista costuma ser dividida em duas frentes: uma econômico-financeira e outra jurídica (mas todas de natureza notavelmente multidisciplinar)[424].

[423] Nesse sentido, O aspecto da *due diligence* que mais impacta na precificação dos riscos e desconto total do preço final de uma operação (e no atrito entre partes na negociação sobre quanto deve influenciar) é o resultado dos pareceres técnicos de prestadores de serviço especializados, *in* Raupp, Fabiano Maury; Warken, Ricardo Muller. *Utilização da Due Diligence em Processos de Fusão e Aquisição* (2009). Disponível em: <http://www.atena.org.br/revista/ojs-2.2.3-08/index.php/pensarcontabil/article/view/4>. Acesso em 20.06.2017.

[424] Lobo, Alexandre L.; Potenza, Guilherme P. *Investimentos Venture Capital e Private Equity: Considerações Práticas e Jurídicas.* In: Botrel, Sergio. Barbosa, Henrique (Coordenadores). Finanças Corporativas: Aspectos Jurídicos e Estratégicos, Rio de Janeiro: Gen Atlas, 2016, pp. 267-316.

A frente econômico-financeira do processo investigativo abrange no seu escopo a consistência das demonstrações financeiras, livros societários e contábeis, contratos financeiros[425], títulos de propriedade dos ativos e possíveis ônus, valores atribuídos aos ativos, ônus de propriedade, direitos de propriedade intelectual, e passivos de qualquer natureza.

A frente jurídica, em paralelo, tem a missão de buscar riscos de toda espécie, especialmente regulatório, ambiental, trabalhista, tributário, previdenciário, consumerista, contratual e de *compliance*[426], bem como pendências societárias para a empresa e sócios autorizarem o investimento[427]. A busca pode eventualmente abranger também o resto do grupo econômico, administradores e até parceiros de negócios.

Pelo seu papel de pintar uma "*big picture*" da empresa investida, a *due diligence* é fundamental no mercado de compra e venda de participação de empresas, tanto no mercado de capitais quanto em operações privadas. É esperado que qualquer potencial investidor entenda e implemente o processo investigativo, sob pena de assumir um risco incomum e desaconselhável[428].

[425] A análise de contratos financeiros é especialmente relevante porque é padrão de mercado eles conterem cláusula de vencimento antecipado do empréstimo/financiamento nas hipóteses de alteração do quadro societário da empresa. Sendo assim, é importante um levantamento detalhado para mapear os terceiros que deverão oferecer *waiver* à operação como uma condição precedente para a operação. Não só isso, mas a avaliação dos contratos vigentes é vital para o comprador medir as obrigações em que estará submetido.

[426] Guia de Investimento Anjo e Documentos legais. *Anjos do Brasil* (2016). Disponível em: <www.anjosdobrasil.net>. Acesso em 27.06.2019.

[427] A a *due diligence* societária da investida cumpre um papel fundamental na formalização da operação. A partir de análise cuidadosa dos atos societários (constitutivos e intermitentes) da empresa, é possível evitar qualquer futuro questionamento à legitimidade da aquisição. Por exemplo, todos os contratos/estatutos sociais exigem deliberação prévia de órgãos *intra corporis* sobre determinadas matérias. Uma operação de fusão ou incorporação precisa ser autorizada em assembleia geral (art. 122, VIII da Lei das Sociedades por Ações), mas também pode existir no contrato/estatuto social uma exigência de aprovação pelo Conselho de Administração, por exemplo. Uma *due diligence* que não leve em conta esses fatores societários (entre outros, como a existência de *poison pills* e direitos de *tag along*) poderá ter sua validade contestada, além de causar prejuízos inesperados ao comprador.

[428] ALBUQUERQUE, Bruno Caraciolo Ferreira. *Responsabilidade Civil das Instituições Financeiras nas Ofertas Públicas de Valores Mobiliários*. Revista de Direito Bancário e do Mercado de Capitais, ano 15, vol. 57, julho-setembro. São Paulo: Revista dos Tribunais, 2012.

4.3.1. *Due diligence* no investimento anjo

No mercado de investimento anjo – um segmento do mercado de investimentos privados –, a *due diligence* é um pouco menos ortodoxa do que em operações societárias tradicionais em razão da etapa preliminar em que ainda se encontram as *startups*. A falta de estrutura e ativos precificáveis cria regras diferentes para o jogo da investigação.

A *due diligente* de investimento anjo foca mais, portanto, nas qualificações e sinergia da equipe fundadora, viabilidade econômica do produto, testes com clientes *beta*, projeto/modelo de negócio, estudo de mercado, definição de público-alvo e estratégias de divulgação[429]. Os quesitos de uma *due diligence* de empresa tradicional (p.ex.: patrimônio líquido, passivos contábeis etc.) ficam em segundo plano[430].

Empiricamente falando, o nível de esforços empreendidos na *due diligence* está intrinsecamente conectados com a probabilidade de sucesso do investimento anjo. No estudo de Wiltbank & Boeker, foi mapeado nada menos que um crescimento diretamente proporcional (correlação) entre a quantidade de horas gastas na *due diligence* de uma *startup* e o lucro auferido pelo anjo no respectivo desinvestimento[431].

Para chegar a essa conclusão, foi calculada uma média de 20 horas que anjos da amostra gastam a cada *due diligence*. No estudo, os anjos que gastaram mais do que a média de 20 horas conquistaram um percentual médio de retorno de 590% do capital investido. Por outro lado, os anjos que gastaram menos do que as 20 horas tiveram percentual médio de retorno de apenas 110%. A proporção entre as horas trabalhadas e rendimentos nas saídas foi revelada como sendo praticamente direta. Os desinvestimentos de anjos que gastaram 40 horas (1/4 da amostra) proporcionaram os estrondosos 710% de retorno sobre o capital investido.

429 Spina, Cássio. *Investimento Anjo*: guia prático para empreendedores e investidores. São Paulo: Nversos, 2011.

430 Naturalmente, pode haver exceções em que a startup já tinha recursos, aufere renda, tem funcionários e tem estrutura operacional consolidada, levando a *due* diligence a abranger itens mais sofisticados já descritos acima (a auditoria de Fundos *Venture Capital* vai nessa linha).

431 Wiltbank, Robert, & Boeker, Warren. *Returns to angel investors in Groups*. Angel Capital Association & Kauffman Foundation (2007). Disponível em: <http://www.baylor.edu/business/finance/doc.php/229628.pdf>. Acesso em 04.01.2017.

Ainda no estudo, 65% dos desinvestimentos em operações com horas de *due diligence* abaixo da média trouxeram prejuízo para os investidores. Por outro lado, apenas 35% dos desinvestimentos em operações que aplicaram horas de *due diligence* acima da média resultaram em prejuízo.

O *tradeoff* de uma *due diligence* aprofundada é o custo de tempo e dinheiro que o anjo gastará para investigar a *startup* antes de sequer saber se investirá nela. Por essa razão, alguns preferem economizar e "enxugar" a auditoria, o que, conforme indicam os dados acima, pode não ser a melhor solução. Uma alternativa para reduzir custos e ainda assim manter a *due diligence* em níveis adequados de qualidade é investir em sindicato, permitindo compartilhamento dos gastos de tempo e dinheiro da investigação (Capítulo 3.3)[432].

Os dados empíricos expostos acima nos levam a concluir que a *due diligence* é uma técnica fundamental que integra as melhores práticas do investimento anjo. Na sequência, estudaremos na espécie os principais riscos que devem ser mapeados ao longo do processo investigativo, tomando como referencial as etapas de *due diligence* designadas por Lord & Mirabile para maximizar o pragmatismo da investigação[433].

A primeira fase da investigação consiste em identificar os riscos (*identify key-risks*) que a *startup* enfrenta ou poderá enfrentar. *Primeiro*, e risco apontado pela nossa bibliografia como ponto mais crítico na *due diligence*, temos o *risco de equipe* – ou seja, a capacidade do empreendedor e sua equipe de executar a ideia por trás da *startup*, e o que pode dar errado nesse ínterim.

Novas ideias de empreendedores são extremamente comuns, e, ainda assim, muitas *startups* naufragam. Isso porque a execução dessa ideia é tão ou mais relevante do que a ideia em si, e, por isso, a capacidade de

[432] Vide (1) McKaskill, Tom. *An Introduction to Angel Investing.* Melbourne: Breakthrough Publications, 2009. Disponível em: <https://www.angelcapitalassociation.org/data/Documents/Resources/McKaskill-_Intro_to_Angel_Investing.pdf?rev=CF33>. Acesso em 09.05.2017; e (2) Bonini, Stefano; Capizzi, Vincenzo; Valletta. Mario; Zocchi, Paola. *Groups, Networks and the Business Angels' Investment Process.* Hoboken: Stevens Institute of Technology School of Business, 2016. Disponível em: <https://papers.ssrn.com/sol3/papers.cfm?abstract_id=2856478>. Acesso em 30.04.2017.

[433] Lord, Hambleton; Mirabile, Christopher. *Fundamentals of Angel Investing.* Boston: CreateSpace Independent Publishing Platform, 2016.

execução pela equipe fundadora da *startup* é primordial para o sucesso e para a decisão do anjo sobre investir (ponto já indicado no Capítulo 4.1).

Podemos citar diversos atributos que anjos procuram no empreendedor e sua equipe como pré-requisitos ao investimento: entusiasmo, confiabilidade e *expertise* da equipe[434]; gestão qualificada, potencial de crescimento e barreiras de entrada no mercado da *startup*[435]; integridade[436], tenacidade, inteligência racional/emocional, entendimento profundo do mercado e presença/carisma[437] (interessante notar que, nas pesquisas citadas, o fator "equipe" foi o mais apontado pelos anjos, inclusive mais do que o fator "produto"). A avaliação subjetiva sobre a sinergia e "*química*" entre o anjo e a equipe empreendedora, assim como entre os próprios empreendedores, também é muito relevante para garantir que as relações interpessoais agregarão valor no negócio[438].

A necessidade de uma boa relação entre equipe empreendedora e investidor também vem do alinhamento de expectativas sobre o futuro desinvestimento. Considerando que a maioria dos investimentos de anjos dura de 3 a 7 anos, os fundadores precisam estar preparados para avaliar ofertas de aquisição de forma realista e também para sair do

434 Osnabrugge, Mark, Robinson, Robert. *Angel Investing*: matching start-up funds with start-up companies. São Francisco: Jossey-Bass, 2000.

435 Hill, Brian, Power, Dee. *Attracting Capital from Angels*. Nova York: John Wiley and Sons, 2002.

436 Esse fator "integridade", apesar de parecer romantizado, é apenas bem pragmático. A *due diligence* é muito usada para aferir risco moral, já que o empreendedor tem incentivo econômico para omitir informações negativas sobre a *startup* quando a está apresentando para potenciais investidores (em uma tentativa de maximizar o *valuation*). Esse desvio é relativamente comum no mercado dos anjos, e, uma vez que as informações que o empreendedor tentou esconder são descobertas no processo de *due diligence*, a confiança é seriamente prejudicada, *in* Spina, Cássio. *Investimento Anjo*: guia prático para empreendedores e investidores. São Paulo: Nversos, 2011.

437 Lord, Hambleton; Mirabile, Christopher. *Fundamentals of Angel Investing*. Boston: CreateSpace Independent Publishing Platform, 2016.

438 Vide um exemplo de obstáculos interpessoais na relação entre os líderes da *startup* – investidores podem ver com maus olhos uma potencial investida que é liderada por pessoas de relações pessoais muito estreitas, como parentes, melhores amigos ou casais, já que uma eventual ruptura pode interferir no negócio.

comando da *startup* caso necessário (a maioria dos desinvestimentos termina com tal afastamento)[439].

Adicionalmente, apesar de não contar exatamente como risco da equipe, o anjo pode enfrentar alguns contratempos de *family, friends and fools* que detêm capital na *startup*. Conforme Capítulo 2.1, alguns eventos na *startup* podem levar ao desgaste das relações pessoais do empreendedor, e, por conseguinte, a baixa *performance*. Não só isso, mas os familiares, amigos e/ou tolos podem interferir na negociação, administração ou decisão do desinvestimento da empresa. Sendo assim, o anjo deverá avaliar o risco que esses investidores representam no caso a caso[440].

Em termos práticos, o empreendedor e seu time podem ser avaliados em seis etapas: **(i)** análises de currículos para aferir experiência[441]; **(ii)** entrevistas para aferir aptidão e confiança[442]; **(iii)** busca de informa-

439 McKaskill, Tom. *An Introduction to Angel Investing*. Melbourne: Breakthrough Publications, 2009. Disponível em: <https://www.angelcapitalassociation.org/data/Documents/Resources/McKaskill-_Intro_to_Angel_Investing.pdf?rev=CF33>. Acesso em 09.05.2017.

440 McKaskill, Tom. *An Introduction to Angel Investing*. Melbourne: Breakthrough Publications, 2009. Disponível em: <https://www.angelcapitalassociation.org/data/Documents/Resources/McKaskill-_Intro_to_Angel_Investing.pdf?rev=CF33>. Acesso em 09.05.2017.

441 Alguns profissionais entendem que experiência não é um fator crucial, especialmente se estamos falando de iniciativas realmente disruptivas em que simplesmente não há prática prévia no mercado, como quando surgiu comércio eletrônico. Por outro lado, é possível que uma iniciativa disruptiva naufrague exatamente por não haver mercado para ela ainda, cabendo então a um gestor experiente tomar aquela ideia previamente tentada e torná-la rentável. Seguindo essa linha, experiência seria um fator crucial. *In* Lord, Hambleton; Mirabile, Christopher. *Fundamentals of Angel Investing*. Boston: CreateSpace Independent Publishing Platform, 2016.

442 Especialmente em relação às entrevistas, indica-se certas perguntas para mapear o quadro geral da equipe e suas inteligências intelectuais/emocionais: *"What are {CEO Name's} strengths? What are some areas for further development? What's the best way to tell {CEO Name} something you know he/she doesn't want to hear? How does {CEO Name} use advisors? Does he/she share everything and ask for reaction, or does he/she just come with specific (e.g. narrow questions / concerns?) How open is he/she to influence from advisors (e.g. investors?) If {Company Name} were to fail due to leadership, it would be because of what characteristic of {CEO Name}? Does {CEO Name} show sufficient emotional intelligence to be able to navigate the typical ups and downs of an early stage company? Do one or more members of the management team have a proven track record and does prior track record include successful exit(s)/returned money to investors? Does the management team have applicable domain expertise? Does the management team have complementary skills?", in* Lord, Hambleton; Mirabile, Christopher. *Fundamentals of Angel Investing*. Boston: CreateSpace Independent Publishing Platform, 2016.

ção sobre a equipe no mercado para aferir reputação; **(iv)** acompanhar pessoalmente o dia a dia da equipe para aferir as competências na vida real; **(v)** diálogo direto com cada membro da equipe para aferir todos os pontos anteriores; e **(vi)** estudo dos *gaps* mapeados para mitigar com eventuais treinamentos ou contratação de funcionários especializados[443].

Segundo, a *due diligence* também precisa mapear eventuais *riscos do produto* – se o empreendedor já tem a tecnologia para fabricar seu produto de forma competitiva, e se é possível implementar essa fabricação na escala necessária. Em outras palavras, se é possível construir o produto para o mercado. Nessa etapa, é relevante pesquisar se já existe algum produto análogo no mercado, dado que, caso não haja, pode haver algum obstáculo que não permita o desenvolvimento.

Esse risco pode também estar ligado à falta de recursos materiais ou humanos para desenvolvimento do produto, e não só a uma impossibilidade de fato[444]. Para mitigar o risco técnico, o anjo pode sempre prospectar outros anjos ou *startups* que atuem com produtos/mercados semelhantes ao da potencial investida (mais uma razão excelente para integrar uma associação. No entanto, caso tudo indique que o produto ainda não foi desenvolvido por ninguém, talvez simplesmente não seja possível fazê-lo a um custo razoável.

Terceiro, a *due diligence* também deve mapear o *risco de mercado* – entender se haverá demanda pelo produto que a *startup* irá ofertar. Esse estudo é crítico para entender se a ideia do empreendedor, mesmo sendo boa, vai gerar tração suficiente com o público-alvo a ponto de se converter em vendas. São diversas perguntas a se fazer aqui. Não só se eventuais clientes *beta* comprariam o produto se ele existisse, mas também se o cliente pagaria por ele. Se sim, quanto, e em que posição o produto estaria em sua lista de prioridades[445]. Essa etapa é mais uma

[443] Lord, Hambleton; Mirabile, Christopher. *Fundamentals of Angel Investing.* Boston: CreateSpace Independent Publishing Platform, 2016.

[444] Spina, Cássio. *Investimento Anjo*: guia prático para empreendedores e investidores. São Paulo: Nversos, 2011.

[445] Nessa linha, um cuidado adicional a ser tomado pelo anjo enquanto ele desenvolve suas conversas com os consumidores é o cuidado com "*early adopters*" – pessoas ou empresas que estão dispostas a comprar produtos que acabaram de chegar no mercado. Aqui nós temos as grandes corporações com departamentos destinados a acompanhar inovações do mercado,

instância em que anjos podem auxiliar com seu *networking*, já que pode abrir contatos relevantes para ajudar a entender o mercado (p.ex. outros anjos, *startups* do segmento e consumidores industriais).

O risco de mercado não é influenciado apenas por fatores endógenos, como o preço que poderá ser cobrado pelo produto e custo de desenvolvimento, mas também por fatores exógenos, como o poder de mercado dos incumbentes[446] e eventos macroeconômicos que impactem no custo ou a demanda. Por exemplo, uma *startup* pode precisar de insumos importados para desenvolver um medicamento e ser surpreendida com um disparo do valor do câmbio, levando às alturas o custo de produção.

Quarto, a *due diligence* também deve enfrentar o *risco financeiro*, que abrange a estrutura de capital e planejamento de investimentos/despesas. Os seguintes itens têm especial relevância: **(i)** condições suspensivas para a *startup* captar novas rodadas de investimento (p. ex.: aprovação regulatória de produto, validação com clientes *beta*, faturamento mínimo); **(ii)** tempo até atingir o *breakeven*; **(iii)** aspectos sazonais das projeções de vendas; **(iv)** possíveis impactos no preço do produto por pressão concorrencial (incumbentes baixando os próprios preços); e **(v)** projeção dos custos trabalhistas e fiscais[447].

Vê-se que o risco financeiro está diretamente ligado às futuras demandas de capital da *startup* – quanto será necessário, quais investidores

pequenas empresas procurando desesperadamente por qualquer vantagem concorrencial, e até as pessoas que ficam horas na fila esperando por um lançamento. Esses *early adopters* são excelentes fontes de *feedback* para o MVP de uma *startup* quando prospectados. No entanto, o interesse dessa parcela muito pequena do mercado pelo produto do empreendedor jamais deve ser confundido com tração de mercado. Afinal, o objetivo deles é sempre tentar o novo, então eles têm uma facilidade de sair da condição atual que o consumidor comum não tem. A batalha real está em abordar esse comprador "*mainstream*" (que forma a esmagadora maioria do público-alvo) e entender do diálogo se ele vai se interessar pelo que está sendo colocado à venda na prateleira da *startup*. *In* LORD, Hambleton; MIRABILE, Christopher. *Fundamentals of Angel Investing*. Boston: CreateSpace Independent Publishing Platform, 2016.

[446] Por exemplo, se os concorrentes do empreendedor naquele mercado terão capacidade de forçá-lo para fora do mercado mediante táticas que forçarão aumento dos ciclos e custos de vendas e R&D (risco majorado em mercados muito concentrados).

[447] LORD, Hambleton; MIRABILE, Christopher. *Fundamentals of Angel Investing*. Boston: CreateSpace Independent Publishing Platform, 2016.

poderão participar das futuras rodadas de investimento, projeção de condições do mercado de *Venture Capital* para quando ocorrer a rodada. etc.

Quinto, existem riscos que existirão a depender do produto. Pode haver *risco regulatório* sempre que houver necessidade de aprovação por uma agência competente, como para produtos de *startups* farmacêuticas (ANVISA) e *fintechs* de crédito (Banco Central). Adicionalmente, *startups* cuja tecnologia seja patenteável precisam registrar a patente no INPI para protegê-la de uso indevido de terceiros concorrentes, devendo ser mapeado, no caso a caso, o *risco de propriedade intelectual*.

Uma vez identificados os *key-risks*, o investidor deve esquematizar todos os riscos e mitigadores para montar sua tese de investimento[448]. A partir daí, balanceando os prós e contras da tese (na prática, entender se o investimento tem um potencial de pagamento relevante em um período razoável). Lord & Mirabile dizem que tal ponderação é o momento no qual o anjo precisa concluir "*what needs to be believed*" sobre a *startup* para que ela gere sucesso.

Se a ponderação terminar com o investidor anjo concluindo que tem interesse em fazer o investimento na *startup*, é oficialmente encerrada a *due diligence* e chegado o momento de negociar o valor investido e o percentual de participação que ele ganhará em troca. A *due diligence* permitirá a precificação adequada de cada *key-risk* levantado, o que determinará o curso dessa discussão[449].

[448] Na prática, elaborar uma tese de investimento consiste nas três seguintes perguntas (chamadas de "*Três P's*"): *(i) Potencial de investimento*: essa é uma *startup* que pode chegar a um IPO ou atrairá uma oferta de aquisição por um comprador estratégico nos primeiros anos? Ou um meio-termo?; *(ii) Probabilidade de sucesso*: os riscos que foram apurados têm mitigadores razoáveis ou o investimento mais lembra uma aposta?; e *(iii) Período até desinvestimento*: há alguma condição precedente que deixará a *startup* parada por anos antes de um evento de liquidez (p. ex. aprovação regulatória de medicamento) ou ela atrairá atenção de eventuais compradores na largada? *In* LORD, Hambleton; MIRABILE, Christopher. *Fundamentals of Angel Investing*. Boston: CreateSpace Independent Publishing Platform, 2016.

[449] RAUPP, Fabiano Maury; WARKEN, Ricardo Muller. *Utilização da Due Diligence em Processos de Fusão e Aquisição* (2009). Disponível em: <http://www.atena.org.br/revista/ojs-2.2.3-08/index.php/pensarcontabil/article/view/4>. Acesso em 20.06.2017.

4.4. *Valuation* e valor do investimento

O valor do aporte que anjos investem em *startups* apresentam diversas variáveis por trás, e não só o resultado da *due diligence*. Nos Estados Unidos, a média de investimento anjo fica entre US$ 50 mil e US$ 75 mil[450]. Na Itália, fica entre € 100 mil e € 300 mil[451]. No Brasil, em pesquisa recente, foi verificado que o *investimento médio foi de R$ 128 mil em 2022*[452].

A literatura de anjos também opina sobre qual deve ser o valor ideal – Lord & Mirabile sugerem que o investimento inicial deve oscilar entre US$ 10 mil e US$ 50 mil nos Estados Unidos[453], enquanto Cássio Spina sugere ficar entre R$ 250 mil e R$ 500 mil no Brasil[454].

Essas ordens de grandeza pesquisadas empiricamente e sugeridas na literatura revelam que não há uma regra geral. O valor investido no caso a caso é calculado considerando a conveniência e oportunidade do investimento, condições de mercado, potencial da *startup* e o resultado da *due diligence*.

O capital a ser investido pelo anjo é fundamentalmente ligado ao percentual de participação que receberá da *startup* – um dos pontos fundamentais negociados entre investidor e empreendedor. Conforme já vimos, o empreendedor tem incentivos para pedir o maior valor possível de capital do investidor em troca do menor número possível de quotas/ações, e vice-versa. Como diz Cássio Spina, o interesse de concretizar

[450] LORD, Hambleton; MIRABILE, Christopher. *Fundamentals of Angel Investing*. Boston: CreateSpace Independent Publishing Platform, 2016.

[451] BONINI, Stefano; CAPIZZI, Vincenzo; VALLETTA. Mario; ZOCCHI, Paola. *Groups, Networks and the Business Angels' Investment Process*. Hoboken: Stevens Institute of Technology School of Business, 2016. Disponível em: <https://papers.ssrn.com/sol3/papers.cfm?abstract_id=2856478>. Acesso em 30.04.2017.

[452] O Crescimento do Investimento Anjo: pesquisa 2022 ano-base 2021. *Anjos do Brasil*. Disponível em: <www.anjosdobrasil.net>. Acesso em 24.09.2022.

[453] LORD, Hambleton; MIRABILE, Christopher. *Fundamentals of Angel Investing*. Boston: CreateSpace Independent Publishing Platform, 2016.

[454] Vide (1) RAMOS, Pedro; PERRONI, Diogo; BAPTISTA LUZ, Felipe. *A regulação do Investimento-Anjo no Brasil*: comentários e perspectivas a respeito da Lei Complementar 155/2016 (2017). Disponível em: <https://baptistaluz.com.br/wp-content/uploads/2018/06/artigo-baptista-luz-pt-regulação-do-Investimento-anjo-no-Brasil.pdf>. Acesso em 28.04.2017; e (2) SPINA, Cássio. *Investimento Anjo*: guia prático para empreendedores e investidores. São Paulo: Nversos, 2011.

uma ambição do empreendedor é confrontado com o interesse de uma alocação eficiente de recursos que gere renda futura do anjo[455].

Esse valor atribuído pelo investidor a uma *startup* na sua rodada de investimento, que determinará proporcionalmente quanto ele ganhará de participação, se chama *valuation*. Para fins de esquematização do livro, nós colocamos esse capítulo depois do capítulo de *due diligence*, mas, na prática, esses processos acabam andando em paralelo – os riscos e mitigadores mapeados na *due diligence* são precificados e compõem o cálculo do *valuation*.

Para fazer tal cálculo, o anjo verifica se as projeções da *startup* são alinhadas com a sua expectativa de retorno, especialmente quanto ao *timing* do desinvestimento e expectativa de futuras rodadas de aportes. Para isso, ele projeta o valor que espera conseguir no desinvestimento e o percentual de participação que terá na investida naquele momento. Por conta dessa dependência de fatores incertos, pode-se estar diante de um verdadeiro "*exercício de adivinhação*"[456].

A avaliação leva em conta dois valores – *premoney valuation*, que é o valor da *startup* antes de receber investimento, e *postmoney valuation*, que é o valor projetado para ela depois de ser capitalizada pelo anjo[457]. Nesse cálculo, *é fundamental que o anjo leve em conta o número de diluições que virão de futuras rodadas de investimento na startup*, seja por outros anjos, ou por investidores institucionais – o intuito é estimar quanto de participação ele manterá a longo prazo se não continuar exercendo o direito de preferência (explicado à frente). Havendo todos os dados na mesa, o investidor anjo pode refleti-los no cálculo do *valuation*[458].

455 SPINA, Cássio. *Investimento Anjo*: guia prático para empreendedores e investidores. São Paulo: Nversos, 2011.

456 SPINA, Cássio. *Investimento Anjo*: guia prático para empreendedores e investidores. São Paulo: Nversos, 2011.

457 LOBO, Alexandre L.; POTENZA, Guilherme P. *Investimentos Venture Capital e Private Equity: Considerações Práticas e Jurídicas*. In: BOTREL, Sergio. BARBOSA, Henrique (Coordenadores). Finanças Corporativas: Aspectos Jurídicos e Estratégicos, Rio de Janeiro: Gen Atlas, 2016, pp. 267-316.

458 RAMSINGHANI, Mahendra. *The Business of Venture Capital:* insights from leading practitioners on the art of raising a fund, deal structuring, value creation, and exit strategies. 2ª ed. Hoboken: John Wiley & Sons, 2014.

Cássio Spina diz que, via de regra, o *valuation* médio das melhores *startups* (que ainda estão na fase de capital anjo) é de R$ 750 mil, podendo chegar até R$ 1,5 milhão[459]. Pensando em um cenário hipotético de *valuation* de R$ 1,5 milhão e um investimento de R$ 400 mil (pela média brasileira já estimada acima), o investidor anjo receberia uma participação de 37,5% na *startup* (naturalmente, trata-se de uma mera estimativa que não leva em conta as inúmeras particularidades do caso concreto).

A discussão sobre quanta participação o empreendedor cederá ao anjo é complexa, dependendo do estágio da *startup* e das projeções referentes às futuras rodadas de investimentos (quanto o anjo ainda vai ter de participação depois de um Fundo *Venture Capital* entrar no futuro e diluí-lo?)[460]. Adicionalmente, a discussão também é marcada pelo fato de o anjo estar em uma posição mais avantajada na negociação, especialmente por *startups* em estágios iniciais ainda não terem muitas fontes elegíveis de recursos. Tal cenário gera incentivo para o anjo impor condições mais rígidas ao empreendedor, exigindo uma grande parcela elevada (até demais) de participação na *startup* e colocando a questão como *deal breaker*.

No entanto, isso pode trabalhar contra o próprio anjo. Se o empreendedor sair como parte prejudicada da negociação (abrindo mão de grande parte da sua *startup*), esse mesmo fundador acabará excessivamente diluído em futuras rodadas de investimentos. Logo, quando for necessário que novos investidores entrem no negócio em troca de mais participação, o empreendedor poderá se ver alijado do seu próprio negócio. Se isso acontecer, será que ele ainda terá vontade de tocar sua *startup* com o mesmo ímpeto?

Estamos falando de uma questão econômica e psicológica – se o empreendedor perceber que já não tem participação relevante na sua própria empresa, limitando bastante o seu retorno quando eventualmente chegar à venda (podendo até torná-lo irrelevante), ele perderá

[459] SPINA, Cássio. *Investimento Anjo*: guia prático para empreendedores e investidores. São Paulo: Nversos, 2011.

[460] *In* SPINA, Cássio. *Investimento Anjo*: guia prático para empreendedores e investidores. São Paulo: Nversos, 2011.

o incentivo econômico de dirigir a *startup*[461]. O estímulo do início da empreitada já não estará mais lá, já que esse fundador trabalhará para o sucesso dos seus investidores, e não para o seu próprio.

Em efetivamente ocorrendo esse caso ao longo do investimento, acontecer é recomendado um consenso entre os investidores para que eles devolvam parte da participação ao empreendedor com objetivo de manter seu entusiasmo – fala-se de *recomposição de cap table*. No entanto, isso é mera liberalidade dos investidores, exige contrapartida, e, provavelmente, se cogitarem essa opção, é porque a perda de incentivos e *performance* do empreendedor já estará bem nítida para todos. Para evitar esse cenário difícil, as boas práticas recomendam que anjos evitem subjugar o empreendedor na negociação, ainda que tenham poder de barganha para isso, sendo preferencial que trabalhem em conjunto para chegar a um *valuation* que não desincentive nenhuma das partes.

Um bom mitigador para eventuais discordâncias entre anjo e empreendedor sobre qual exatamente seria esse valor justo é o seguinte método – as partes assinam o contrato com base em um *valuation* intermediário entre as opiniões dos dois e inserindo no contrato uma cláusula de reajuste de participação com base nos resultados futuros. Através desse mecanismo, se as projeções feitas pelo empreendedor para a *startup* forem as que mais corresponderem à realidade no decorrer das atividades, a sua participação será majorada de forma proporcional, e vice-versa[462].

Uma vez que o investidor e empreendedor tenham concordado com o *valuation*, valor do aporte e percentual de participação cedido, eles finalmente assinam o contrato que formaliza o investimento na *startup*. A depender do instrumento, eles também podem postergar a discussão sobre *valuation* para um momento futuro, conforme veremos a seguir com a natureza desse veículo contratual e as preferências do mercado.

[461] Spina, Cássio. *Investimento Anjo*: guia prático para empreendedores e investidores. São Paulo: Nversos, 2011.

[462] Spina, Cássio. *Investimento Anjo*: guia prático para empreendedores e investidores. São Paulo: Nversos, 2011.

4.5. Instrumento contratual e cláusulas relevantes

No Brasil, o instrumento preferido entre os anjos e investidores de *Venture Capital* no geral sempre foi o contrato de *mútuo conversível em participação societária* – um modelo bem-visto no exterior e importado pelos anjos brasileiros[463]. Nessa estrutura contratual, o anjo investe seu capital na *startup* inicialmente na forma de dívida, e não de participação, por um período determinado até decidir (se decidir) convertê-la em quotas ou ações (os eventos em que a conversão normalmente ocorre estão detalhados abaixo).

Como não era previsto na lei até o Marco Legal das Startups (que tipificou expressamente essa forma de contratação em 2021), alguns autores[464] entendiam que o mútuo conversível era um contrato atípico, nos termos do art. 425 do Código Civil[465]. Também havia argumentos para enquadrá-lo em um mútuo ou compra e venda de participação – pode ser defendido que é um contrato de mútuo ordinário, mas com opção de conversão, ou um contrato de compra e venda de participação a prazo e com condições suspensivas. Por outro lado, o mútuo conversível é, de fato, resultado de uma mescla entre essas duas estruturas diversas, sendo então razoável entender que se trata de contrato atípico.

O impacto prático dessa discussão caía justamente sobre o risco de o mútuo conversível ser descaracterizado perante o Judiciário pela sua natureza atípica (seja pela própria *startup* ou credores da *startup* tentando alcançar o patrimônio do investidor). O risco pode ser mitigado por duas defesas – a primeira, de que o Código Civil permite a cele-

[463] Vide (1) Lobo, Alexandre L.; Potenza, Guilherme P. *Investimentos Venture Capital e Private Equity: Considerações Práticas e Jurídicas.* In: Botrel, Sergio. Barbosa, Henrique (Coordenadores). Finanças Corporativas: Aspectos Jurídicos e Estratégicos, Rio de Janeiro: Gen Atlas, 2016, pp. 267-316; e (2) Ramos, Pedro; Perroni, Diogo; Baptista Luz, Felipe. *A regulação do Investimento-Anjo no Brasil*: comentários e perspectivas a respeito da Lei Complementar 155/2016 (2017). Disponível em: <https://baptistaluz.com.br/wp-content/uploads/2018/06/artigo-baptista-luz-pt-regulação-do-Investimento-anjo-no-Brasil.pdf>. Acesso em 28.04.2017.

[464] Ramos, Pedro; Perroni, Diogo; Baptista Luz, Felipe. *A regulação do Investimento-Anjo no Brasil*: comentários e perspectivas a respeito da Lei Complementar 155/2016 (2017). Disponível em: <https://baptistaluz.com.br/wp-content/uploads/2018/06/artigo-baptista-luz-pt-regulação-do-Investimento-anjo-no-Brasil.pdf>. Acesso em 28.04.2017.

[465] Art. 425. É lícito às partes estipular contratos atípicos, observadas as normas gerais fixadas neste Código.

bração de contratos atípicos, desde que observados os princípios gerais do direito privado. Não parece haver dúvida de que o objeto do mútuo conversível é lícito e compatível com tais princípios (cláusulas gerais de boa-fé, função social do contrato etc.), já que a estrutura nada mais é do que uma mescla de dois contratos tipificados.

A segunda linha de defesa é o fato de o mútuo conversível ter se consolidado como a forma mais habitual de investimento anjo no Brasil, sendo viável afirmar que se tornou um verdadeiro costume – norma endógena do mercado e fonte do Direito brasileiro[466]. De acordo com Paula Forgioni[467], os costumes mercantis reiterados são fontes do Direito Comercial e servem para dar previsibilidade ao comportamento dos agentes econômicos. Sendo assim, o respeito a tais costumes confere segurança não só econômica, mas também jurídica[468].

Em nossa visão, o fato de o mercado de anjos usar o mútuo conversível há diversos anos, sem formação de jurisprudência desfavorável à estrutura, confirma que ele se tornou um costume mercantil, e, como tal, o Judiciário deve julgar improcedente qualquer pedido de desconstituição do instrumento sob alegação de uma suposta atipicidade ilícita.

[466] No caso brasileiro, os costumes estão especificamente apontados como fonte do Direito pela Lei de Introdução ao Direito Brasileiro (Decreto-Lei nº 4.657, mais conhecido como "LINDB"). O art. 4º diz que, quando não houver resposta na lei, o juiz deverá decidir um caso de acordo com analogia, costumes e princípios gerais do direito. Seguindo a mesma lógica, o Código Comercial dos Estados Unidos aproveita usos e costumes comerciais como fontes do Direito de forma semelhante – lá, eles são chamados de "*usages of trade*", que são: "*any practice or method of dealing having such regularity of observance in a place, vocation, or trade as to justify an expectation that it will be observed with respect to the transaction in question. The existence and scope of such a usage must be proved as facts. If it is established that such a usage is embodied in a trade code or similar record, the interpretation of the record is a question of law*" (*Uniform Commercial Code, § 1-303. Course of Performance, Course of Dealing, and Usage of Trade).*

[467] FORGIONI, Paula Andrea. *A Evolução do Direito Comercial Brasileiro:* da mercancia ao mercado. São Paulo: Revista dos Tribunais, 2009.

[468] Leis, atos dos agentes econômicos e jurisprudência refletem uma complexa interação que deve ser respeitada por qualquer eventual julgador de controvérsias negociais. Finalizando essa breve digressão com palavras de Forgioni: "*o direito da vida mercantil mistura-se às regras postas pelo Estado e, nessa ambiência, exsurge o regramento do mercado*", *in* FORGIONI, Paula Andrea. *A Evolução do Direito Comercial Brasileiro:* da mercancia ao mercado. São Paulo: Revista dos Tribunais, 2009.

A partir do Marco Legal das Startups, a discussão se encerrou de vez em favor da estrutura.

Essa preferência dos anjos brasileiros pelo mútuo conversível que acabamos de narrar tem duas razões principais[469]:

(i) investidores de sociedades limitadas (maioria das *startups* em fase de capital anjo) são registrados como sócios na Junta Comercial, criando uma exposição indesejada e um correlato risco de desconsideração da personalidade jurídica (Capítulo 5.3); e

(ii) classificação do capital investido como dívida, permitindo ao anjo uma posição superior em eventual processo concursal de recuperação judicial, liquidação ou falência[470]. Do ponto de vista econômico, o anjo difere o momento em que parte do risco de crédito (credor) para o risco do negócio (sócio).

Sem dúvida, o item "i" é o real incentivo do mútuo conversível, já que, mesmo que o capital do anjo seja considerado dívida, é muito improvável que ele irá recuperá-lo em processo concursal. Ainda que a *startup* tenha patrimônio, muito provavelmente ele será consumido por dívidas fiscais e trabalhistas. Sendo assim, o real ganho do investidor anjo ao se figurar como credor é se proteger de tentativas de desconsideração perpetradas pelos tais credores fiscais e trabalhistas.

Adicionalmente, o mútuo conversível traz uma conveniência – o investidor e empreendedor não precisam, necessariamente, concordar em um *valuation* assim que os recursos são desembolsados. Dado que o mútuo só se tornará participação societária no futuro, *as partes podem deixar o cálculo da participação para quando (e se) o crédito for convertido.* A alternativa funciona bem para evitar a excessiva subjetividade de dis-

[469] Lobo, Alexandre L.; Potenza, Guilherme P. *Investimentos Venture Capital e Private Equity: Considerações Práticas e Jurídicas. In* Botrel, Sergio. Barbosa, Henrique (Coordenadores). Finanças Corporativas: Aspectos Jurídicos e Estratégicos, Rio de Janeiro: Gen Atlas, 2016, pp. 267-316.

[470] Art. 153 da Lei 11.101, de 2005: Pagos todos os credores, o saldo, se houver, será entregue ao falido.

cutir *valuation* de *startups* em estágio muito embrionário[471]. Já em relação a quando acontece o desembolso dos recursos, anjo e empreendedor poderão negociar se o capital será liberado de uma vez só para a *startup*, ou se em diferentes parcelas conforme são atingidas certas datas ou certas metas de *performance*[472].

Em direção similar, o legislador resolveu recentemente conhecer o contrato de mútuo conversível como uma forma lícita – e própria – de captação de recursos por startups, ao inserir no rol de instrumentos jurídicos de investimento em inovação o "*contrato de mútuo conversível em participação societária celebrado entre o investidor e a empresa*" (art. 5º, § 2º, IV, do Marco Legal das Startups), cujo aporte realizado pelo investidor não será reconhecido como integrante do capital social da sociedade investida.

Por fim, antes de nos aprofundarmos na estrutura contratual, vale dizer que outras estruturas também podem ser adotadas para formalizar o investimento anjo, como uma compra direta de participação societária, opção de compra e venda de participação a prazo ou adiantamento de futuro aumento de capital (AFAC).

Por fim, antes de nos aprofundarmos na estrutura contratual, vale dizer que outras estruturas também podem ser adotadas para formalizar o investimento anjo, como uma compra direta de participação societária, opção de compra e venda de participação a prazo ou adiantamento de futuro aumento de capital (AFAC) – nenhuma tão adotada quanto o mútuo conversível.

4.5.1. Cláusulas de proteção ao investidor anjo

Independente do veículo contratual em que o investimento estiver materializado, são indispensáveis no instrumento as seguintes cláusulas que protegem a essência econômica do investimento anjo (por ser padrão de mercado, nós usaremos o mútuo conversível como referencial ao explicar essas cláusulas, sem prejuízo de serem plenamente aplicáveis em outros

[471] RAMSINGHANI, Mahendra. *The Business of Venture Capital:* insights from leading practitioners on the art of raising a fund, deal structuring, value creation, and exit strategies. 2ª ed. Hoboken: John Wiley & Sons, 2014.

[472] Guia de Investimento Anjo & Documentos Legais. Modelo de mútuo conversível. *Anjos do Brasil* (27.05.2016). Disponível em: <www.anjosdobrasil.net>. Acesso em 27.06.2019.

instrumentos). Anos de atividade de *Venture Capital* ao redor do mundo produziram os mais diversos e sofisticados mecanismos contratuais para proteger o investidor e aumentar as chances de desinvestimento lucrativo – vejamos os que se tornaram mais populares:

a) *Tag along* e *drag along*

O direito de *tag along* é mais conhecido, na verdade, pela sua versão aplicável a acionistas de companhias abertas pela Lei das Sociedades por Ações[473] (que é um pouco diferente do *tag along* do investimento anjo, como se verá no final desse capítulo). Em companhias abertas, trata-se de um direito dos acionistas minoritários venderem suas ações da companhia a um terceiro que está comprando as ações do seu controlador. Para permitir o exercício para os minoritários de companhias abertas, a lei criou a obrigação de o terceiro adquirente promover uma oferta pública de aquisição de todas as ações emitidas pela companhia que está sendo adquirida, por um preço de pelo menos 80% do valor por ação pago ao controlador[474].

[473] Art. 254-A. A alienação, direta ou indireta, do controle de companhia aberta somente poderá ser contratada sob a condição, suspensiva ou resolutiva, de que o adquirente se obrigue a fazer oferta pública de aquisição das ações com direito a voto de propriedade dos demais acionistas da companhia, de modo a lhes assegurar o preço no mínimo igual a 80% (oitenta por cento) do valor pago por ação com direito a voto, integrante do bloco de controle. (...)

[474] Há uma divergência doutrinária no *tag along* em contexto de companhias abertas (mas não aplicável em investimento anjo), sobre quais minoritários teriam direito a exercê-lo. O art. 254-A da Lei de Sociedades por Ações diz que o *tag along* somente será estendido a ações com direito a voto, mas não estabelece se esse direito precisa ser pleno e permanente, ou se pode ser um direito restrito a apenas algumas situações ou matérias (p. ex. acionistas preferenciais que ganham direito a voto quando passam mais de três anos sem receber dividendos). A Instrução CVM nº 361, que regulamenta ofertas públicas de aquisição de companhias abertas, diz no art. 29 que o direito a voto só legitima o direito ao *tag along* quando é pleno e permanente para o detentor. Autores de uma corrente da doutrina, como Carlos Augusto da Silveira Lobo, concorda que o entendimento do regulador é legítimo, enquanto autores de outra corrente, como Nelson Eizirik e Modesto Carvalhosa, entendem que o art. 29 da instrução é ilegal por criar uma restrição que não existe em lei. Na prática, essa controvérsia doutrinária foi parcialmente sanada pela autorregulação. Para companhias abertas se listarem sob o Nível 2 de Governança Corporativa da B3, elas são obrigadas a prever, em seus estatutos, direito de *tag along* para acionistas preferenciais (mas por apenas 70% do preço pago a ordinários). Companhias abertas que desejam ser listadas sob o segmento Novo

Diferente de alguns institutos do nosso ordenamento, o *tag along* não é uma "jabuticaba" do mercado de capitais brasileiro. A União Europeia, por exemplo, estabelece como regra geral, o direito de *tag along* para minoritários de companhias abertas, mas deixando cada Estado-membro definir em suas legislações internas[475] a partir de qual percentual o comprador de ações de uma companhia deve fazer a oferta pública de aquisição das ações remanescentes[476].

Naturalmente, a necessidade de comprar todas as ações de minoritários que aceitarem a oferta aumenta exponencial/artificialmente o custo para se adquirir o controle majoritário de uma companhia, dificultando o fluxo livre de trocas de poder de controle no mercado de capitais. Parte da doutrina empresarialista entende que a obrigação gera ineficiência no mercado, já que, quando se impõe uma obrigação de comprar todas as ações dos minoritários via direito de *tag along*, ela seria usada para "entrincheirar" administradores ineficientes – ainda que contra os interesses dos minoritários – que seriam substituídos pelo novo controlador para aumentar a *performance* da companhia[477].

Mercado sequer podem emitir ações preferenciais, então o problema também fica, de certa forma, resolvido (salvo as *golden shares* – ações do Estado que já existiam e são decorrentes de privatização). Vide (1) LOBO, Carlos Augusto. *Título XII:* coligação e grupamento de sociedades. *In* LAMY FILHO, Alfredo; PEDREIRA, José Luiz Bulhões (coord.). Direito das Companhias. 2ª ed. Rio de Janeiro: Gen/Forense, 2017; e (2) EIZIRIK, Nelson; GAAL, Ariádna; PARENTE, Flávia; HENRIQUES, Marcus. *Mercado de Capitais:* regime jurídico. 3ª ed. Rio de Janeiro: Renovar, 2011.

475 Temos alguns exemplos desses países que, inclusive, já haviam disciplinado o *tag along* antes da determinação da União Europeia – a Inglaterra já previa o direito desde 1968, quando publicou o *City Code on Mergers and Takeovers*, modelo esse também seguido pela França, *in* EIZIRIK, Nelson; GAAL, Ariádna; PARENTE, Flávia; HENRIQUES, Marcus. *Mercado de Capitais:* regime jurídico. 3ª ed. Rio de Janeiro: Renovar, 2011.

476 Directiva 2004/25/CE do Parlamento Europeu e do Conselho de 21 de Abril de 2004 relativa às ofertas públicas de aquisição. *Jornal Oficial da União Europeia*. Disponível em: <http://eur-lex.europa.eu/legal-content/PT/TXT/PDF/?uri=CELEX:32004L0025&from=PT>. Acesso em 22.05.2017.

477 JENSEN, Michael. *Takeovers:* their causes and consequences. The Journal of Economic Perspectives, vol. 2, nº 1. Pittsburgh: American Economic Association, 1998, pp. 12-48. Disponível em: <http://ecsocman.hse.ru/data/822/126/1231/jensen_-_takeovers_1988.pdf>. Acesso em: 24.05.2017.

Essa blindagem de administração ineficiente tem potencial de influenciar negativamente a autorregulação econômica do mercado[478]. Por outro lado, algumas aquisições de poder de controle são consumadas com o objetivo de desmantelar a companhia-alvo (*sell for parts*), o que resulta em drástica redução do valor da ação e prejuízo aos acionistas remanescentes. Em cenários como esse, o *tag along* pode ser levantado como oportuno para prevenir a ocorrência[479].

Conforme adiantado no início desse tópico, *o tag along no mercado de capitais tem um conceito um pouco diferente do tag along no investimento anjo* (no qual é, inclusive, bem mais tranquilo e menos controvertido). A explicação do conceito na origem foi para indicar que, em ambos os mundos, o *tag along* existe para permitir a saída de um investidor quando o outro investidor recebe uma oferta de aquisição.

Em um mútuo conversível ou contrato de investimento, o direito de *tag along* de um investidor anjo não decorre da Lei das Sociedades por Ações, mas sim de cláusula contratual expressa (e dificilmente um investimento anjo é celebrado sem ela). Tal cláusula prevê que, se um terceiro fizer oferta de aquisição das ações de um ou mais sócios da *startup*, o anjo poderá vender suas próprias ações em conjunto com o sócio a esse terceiro, nas mesmas condições financeiras ofertadas ao outro sócio[480]. Essa possibilidade de saída é uma decorrência lógica do conceito de que o investimento anjo é fortemente baseado no empreendedor por trás da *startup* (logo, não faria sentido continuar na empresa sem ele).

A cláusula *tag along* tem uma contraparte chamada de cláusula *drag along*. As duas são direitos do anjo que são ativados quando um terceiro faz oferta de aquisição, mas, são diferentes no conceito. Enquanto

[478] Oioli, Erik Frederico. *Anotações sobre o regime de aquisição do controle na Lei das S.A:* o caso das companhias de capital disperso. Revista de Direito das Sociedades e dos Valores Mobiliários. São Paulo: Almedina, 2015.

[479] Oioli, Erik Frederico. *Anotações sobre o regime de aquisição do controle na Lei das S.A:* o caso das companhias de capital disperso. Revista de Direito das Sociedades e dos Valores Mobiliários. São Paulo: Almedina, 2015.

[480] Lobo, Alexandre L.; Potenza, Guilherme P. *Investimentos Venture Capital e Private Equity: Considerações Práticas e Jurídicas.* In: Botrel, Sergio. Barbosa, Henrique (Coordenadores). Finanças Corporativas: Aspectos Jurídicos e Estratégicos, Rio de Janeiro: Gen Atlas, 2016, pp. 267-316.

o *tag along* é ativado no cenário em que o empreendedor deseja aceitar a oferta, o *drag along* é ativado no cenário em que é o anjo que deseja aceitá-la. Ainda que o empreendedor não queira vender suas ações, o anjo pode vender as suas e exercer o direito de *drag along* para vender, de forma forçada, todas as outras ações emitidas pela *startup* em nome dos demais sócios. Do ponto de vista econômico, a cláusula existe porque um o potencial adquirente teria pouco interesse em comprar apenas as ações do anjo, dado que não seriam suficientes para lhe conferir o poder de controle da *startup*.

Do ponto de vista jurídico, trata-se de um direito robusto que confere ao anjo o poder de decidir o momento em que a *startup* será vendida (na prática, é só ele querer aceitar uma oferta de aquisição para todos os sócios desinvestirem). Para facilitar a negociação da cláusula junto ao empreendedor *ex ante*, geralmente são estabelecidas condições mínimas para o exercício da obrigação de *drag along* (p. ex. só pode ser exercido pelo anjo quando o valor da oferta contemplar certo múltiplo do último *valuation*). Lobo & Potenza trazem um esqueleto de cláusula nesse sentido:

> Os Acionistas concordam e aceitam que, a qualquer tempo, caso um acionista qualquer ("Acionista Relevante") receba proposta de terceiro para a aquisição de 100% das ações da companhia ("Participação Pretendida"), e o Acionista Relevante concorde com a alienação da Participação Pretendida, sem prejuízo aos demais direitos relevantes, o Acionista Relevante terá o direito de negociar a alienação da Participação Pretendida em nome de todos os demais acionistas, desde que assegure aos Investidores um preço por ação equivalente a, no mínimo, o maior dentre (i) 2× o custo de aquisição de seu investimento na Companhia, corrigido pro rata die pela variação do CDI, e (ii) 1,5× o preço a ser pago por ação ordinária.

b) Direito de preferência (ou de primeira oferta) e cláusula de *lockup*

A cláusula de *direito de preferência* diz que, caso um sócio da *startup* decida aproveitar um evento de liquidez para vender suas quotas/ações, mas o anjo não queira sair ainda, este tem direito de comprar a participação do empreendedor nas mesmas condições da oferta do terceiro interessado[481].

[481] Lobo, Alexandre L.; Potenza, Guilherme P. *Investimentos Venture Capital e Private Equity: Considerações Práticas e Jurídicas*. In: Botrel, Sergio. Barbosa, Henrique (Coordenadores).

Conforme rememorado por Lobo & Potenza, para evitar uma perda na liquidez das ações da *startup* eventualmente causada pela existência do direito de preferência[482], pode ser mais pertinente adotar o *direito de primeira oferta* (*right of first refusal*). Segundo esse direito, se um sócio da *startup* quiser vender sua participação, ele deve oferecê-la antes ao investidor, e, apenas se o investidor recusar expressamente, poderá oferecer a participação para terceiros (naturalmente, uma cláusula de direito de primeira oferta pode ser escrita em conjunto com um direito de preferência).

Em teoria, ambas essas cláusulas conflitam com outra padrão no mercado de anjos – a *cláusula de lockup*, que impede o empreendedor de sair da *startup* enquanto o anjo estiver nela. Assim como o *tag along*, a motivação desse impedimento reflete o racional de que o investimento anjo não é na ideia, mas sim no empreendedor por trás (Capítulo 4.3.1).

De fato, tanto o direito de preferência quanto o direito de primeira oferta implicam um cenário em que o empreendedor vai vender suas ações, mas o anjo não. Esse contexto fático esbarraria na cláusula de *lockup*, que *impede* justamente que o empreendedor saia sem o anjo. Como essas cláusulas coexistem na prática?

Primeiro, depende de como a cláusula de *lockup* está escrita. Ela pode prever que o empreendedor tem a obrigação de não sair da administração da *startup*, mas que ele é livre para alienar suas ações se assim desejar – desde que permaneça como diretor, conselheiro etc. Nesse cenário em que o empreendedor deseja vender suas ações, o investidor pode preferir exercer o direito de preferência por acreditar que, se aguardar, o desinvestimento no futuro poderá ser mais lucrativo do que naquele momento. Sendo assim, o anjo não usaria o direito de preferência ou de primeira oferta para tomar o poder de controle da *startup* e passar a ser o

Finanças Corporativas: Aspectos Jurídicos e Estratégicos, Rio de Janeiro: Gen Atlas, 2016, pp. 267-316.

482 *"A contratação do direito de preferência pode interferir drasticamente na liquidez das ações (ou quotas), bem como reduzir o seu valor. Isso porque terceiros potencialmente interessados na aquisição das ações ofertadas muitas vezes se recusarão a investir tempo e recursos na elaboração da melhor proposta que poderiam apresentar se souberem que, apesar de todo seu esforço, subsiste a grande chance de não concretizarem o negócio em função da preexistência de um direito de preferência, para o qual correm o risco de servir de mera base comparativa"*, *in* Botrel, Sérgio. *Fusões e Aquisições*. 2ª ed. São Paulo: Saraiva, 2013, p. 301.

administrador ou "dono", mas sim para esperar um momento mais adequado para desinvestir enquanto mantém o empreendedor na administração[483].

Segundo, ainda que a cláusula de *lockup* de fato impeça o empreendedor de alienar suas ações sem que o anjo aliene as dele, nada impede que as partes cheguem a um acordo sobre permitir a alienação mesmo assim. Trata-se, no fim do dia, de uma obrigação de não fazer assumida por uma parte (empreendedor) em contrato privado, plenamente sujeita a concordância (*waiver*) da outra parte (anjo).

Por fim, lembremos que o direito de preferência *contratual* – descrito acima – não deve ser confundido com o direito de preferência *legal* previsto no art. 171 da Lei de Sociedades por Ações, segundo o qual todos os sócios de uma companhia têm prioridade na subscrição de ações emitidas em aumento de capital até o percentual de ações da mesma classe que tinham pré-aumento[484]. Esse direito legal é um mecanismo antidiluição para permitir que os sócios originais preservem seus poderes políticos originais e se protejam de aumentos de capital abusivos (i.e., um aumento sem fundamentação econômica decidido por um sócio mais capitalizado apenas para diluir os direitos dos demais sócios).

c) *Pay-to-Play*

Essa é uma cláusula ainda pouco usual no mercado brasileiro (principalmente por quão enxuto é o mercado brasileiro de *Venture Capital*), mas, se for usada, é materialmente relevante para a relação entre os primeiros investidores da *startup* e investidores que ingressam nas futuras rodadas de financiamento[485].

[483] Isso porque, como já vimos, a ideia do anjo ao investir em um empreendedor é deixá-lo cuidar da *startup* de perto e ficar apenas como mentor de questões estratégicas – uma atividade que demanda bem menos tempo do que tocar de fato o dia a dia operacional da *startup*. É por isso que um anjo consegue (e deve) diversificar seu portfólio de *startups* investidas, alocando seu tempo de forma eficiente entre todas elas e sem se envolver na administração de rotina.

[484] Art. 171. Na proporção do número de ações que possuírem, os acionistas terão preferência para a subscrição do aumento de capital.(...)

[485] LOBO, Alexandre L.; POTENZA, Guilherme P. *Investimentos Venture Capital e Private Equity: Considerações Práticas e Jurídicas*. In: BOTREL, Sergio. BARBOSA, Henrique (Coordenadores). Finanças Corporativas: Aspectos Jurídicos e Estratégicos, Rio de Janeiro: Gen Atlas, 2016, pp. 267-316.

A cláusula *pay-to-play*, quando existente, vem a partir da segunda rodada e é um custo imposto aos investidores pré-existentes por novos investidores que não exercerem o direito de preferência legal de subscrever novas ações no aumento de capital. Caso o investidor originário não exerça esse direito (i.e., prefira não investir mais capital na *startup* e aceite ser diluído), o *pay-to-play* transforma as ações do investidor de preferenciais em ordinárias, o que, na prática, significa lhes retirar os direitos de preferência na liquidação, direitos de veto, entre outros.

Na prática, essa cláusula existe para que investidores novos possam concentrar os direitos preferenciais quando os antigos não desejarem (ou não puderem) aportar mais capital na *startup*, especialmente pelo fato de investidores novos possuírem mais poder de barganha (e mais capital para aplicar, no caso de Fundos *Venture Capital*) do que investidores antigos[486]. Dito isso, presença dessa cláusula em contratos de investimento no Brasil ainda é um fato raro.

d) Preferência de liquidação

Uma das proteções de investidor mais comuns no mercado, tanto no exterior[487] quanto no Brasil. Essencialmente, a cláusula de *preferência de liquidação* existe para, em um evento de venda da *startup*, estabelecer um valor mínimo que deverá ser pago ao investidor antes que os demais sócios tenham direito à sua parte do preço pago pela empresa, ainda que isso signifique que eles acabem com menos[488]. Lobo & Potenza trazem o esqueleto de uma cláusula padrão de preferência de liquidação:

> **Preferência na Liquidação.** No caso de qualquer liquidação, dissolução, ou extinção voluntária ou involuntária ou qualquer outro *Evento de Liquidação Presumida* da Companhia, os portadores de *Ações Preferenciais* [da

[486] Lobo, Alexandre L.; Potenza, Guilherme P. *Investimentos Venture Capital e Private Equity: Considerações Práticas e Jurídicas.* In: Botrel, Sergio. Barbosa, Henrique (Coordenadores). Finanças Corporativas: Aspectos Jurídicos e Estratégicos, Rio de Janeiro: Gen Atlas, 2016, pp. 267-316.

[487] Osnabrugge, Mark, Robinson, Robert. *Angel Investing*: matching start-up funds with start-up companies. São Francisco: Jossey-Bass, 2000.

[488] Lobo, Alexandre L.; Potenza, Guilherme P. *Investimentos Venture Capital e Private Equity: Considerações Práticas e Jurídicas.* In: Botrel, Sergio. Barbosa, Henrique (Coordenadores). Finanças Corporativas: Aspectos Jurídicos e Estratégicos, Rio de Janeiro: Gen Atlas, 2016, pp. 267-316.

> Classe A] então circulantes terão direito a receber o pagamento com recursos dos ativos da *Companhia* disponíveis para distribuição aos seus acionistas, em condições de igualdade, antes que qualquer pagamento seja feito aos portadores de *Ações Ordinárias* em virtude da titularidade das mesmas, num valor por ação igual a [uma vez (1×)] o valor do *Preço Original de Emissão das Ações Preferenciais por cada Ação Preferencial* detida pelo citado portador, mais quaisquer dividendos declarados ainda não pagos, conforme o caso.

De acordo com essa estrutura, se um terceiro pagar certo preço para adquirir todas as quotas/ações dos sócios da *startup*, o investidor anjo terá direito a retirar daquele preço, todo o capital originalmente investido antes que o grupo de sócios possa dividi-lo *pro rata* conforme seus percentuais do capital social da *startup*. Naturalmente, a preferência de liquidação só é relevante quando a *startup* estiver sendo vendida por um preço relativamente baixo, caso em que todos sairão prejudicados – o anjo esperava um retorno exponencial, mas só recebe o capital investido (ou parte), e o empreendedor esperava enriquecer com a *startup*, mas recebe apenas pouco (ou até mesmo nada)[489].

Contratualmente, a preferência de liquidação é formalizada mediante a emissão de quotas/ações preferenciais ao investidor anjo garantindo essa prioridade (possibilidade já pacificada também para sociedades limitadas)[490], enquanto os demais sócios (p. ex. fundadores, *family and friends* e empregados com *stock options*) continuam detendo quotas/ações ordinárias.

A preferência de liquidação também deve ser elaborada para refletir como será calculada a divisão do valor remanescente do que foi pago pelo adquirente após o investidor retirar o seu quinhão (p.ex. a divisão

[489] A *contrario sensu*, a preferência de liquidação não será necessária em um cenário em que a venda da *startup* foi a um preço farto suficiente para enriquecer todos os sócios. Por essa razão, convém estabelecer um valor mínimo de oferta de compra de participação a partir do qual as quotas/ações especiais do investidor serão convertidas em ações ordinárias, e, por consequência, não haverá nenhuma preferência de liquidação.

[490] Apesar de já ter sido matéria controvertida em algumas Juntas Comerciais no passado, o Departamento de Registro Empresarial e Integração (DREI) publicou a Instrução Normativa nº 38, passando a autorizar expressamente que sociedades limitadas emitam quotas preferenciais, além de poderem também manter quotas em tesouraria e instalar conselho de administração.

passará a ser *pari-passu*, repartindo esse valor igualmente entre todos os sócios? Ou haverá um limite máximo que o investidor poderá receber na divisão, dado que ele já usufruiu do benefício da preferência?) De todo modo, o contrato de investimento deverá refletir de forma objetiva o que for acordado entre as partes *ex ante* para evitar conflitos no desinvestimento.

Por fim, a cláusula de preferência de liquidação também é relevante como item de negociação entre investidores anjos e investidores de *Venture Capital* nas futuras rodadas de investimento na *startup*. Por ser um padrão de mercado muito consolidado, todos os investidores de diferentes rodadas acabam exigindo a cláusula (especialmente se outro investidor antigo já a tiver), criando a necessidade de se elaborar um mecanismo de preferência entre os próprios investidores.

Nesse tal mecanismo, a preferência de um anjo que já está na *cap table* da *startup* pode ser ameaçada por um Fundo *Venture Capital* interessado em participar da próxima rodada (novamente, a questão de investidores novos terem mais poder de barganha do que investidores antigos)[491]. Dito isso, dado o valor de bons relacionamentos no mercado brasileiro e o *deal flow* que isso traz, o normal é que os investidores conciliem os seus direitos de preferência para que usufruam dele de forma *pari-passu*.

e) Direitos de veto

É extremamente padrão no mercado de anjos e *Venture Capital* (local e internacional) que, no contrato de mútuo conversível ou de investimento, algumas decisões de negócio sejam condicionadas ao prévio consentimento do investidor – uma espécie de *hard monitoring* para manter limites na atuação dos empreendedores. As matérias amarradas com direito de veto costumam ser, sem limitação:

- **(i)** qualquer operação que possa afetar direitos de propriedade intelectual da *startup* (p. ex. marcas, patentes de *software* e licenciamentos);
- **(ii)** concessão de garantias em favor de terceiros;

[491] Lobo, Alexandre L.; Potenza, Guilherme P. *Investimentos Venture Capital e Private Equity: Considerações Práticas e Jurídicas. In* Botrel, Sergio. Barbosa, Henrique (Coordenadores). Finanças Corporativas: Aspectos Jurídicos e Estratégicos, Rio de Janeiro: Gen Atlas, 2016, pp. 267-316.

(iii) atos ou operações que impliquem em um efeito material relevante na saúde financeira da *startup*;
(iv) distribuição de dividendos ou juros sobre capital próprio (seguindo a lógica de que lucros devem ser reinvestidos, também adotada em contratos de aceleradoras do Capítulo 2.5).

Se o empreendedor tomar qualquer uma dessas decisões sem um "ok" prévio, será configurada uma hipótese de vencimento antecipado – item "f" abaixo.

f) Eventos de vencimento antecipado

Trata-se de eventos que, quando ocorridos, tornam na mesma data o crédito do investidor imediatamente líquido, certo e exigível contra a *startup*. Os eventos costumam ser, sem limitação, os seguintes[492]:

(i) descumprimento da destinação de recursos do capital anjo;
(ii) extinção, liquidação ou dissolução da *startup*;
(iii) requerimento de falência, pedido de recuperação judicial ou extrajudicial;
(iv) passivo individual ou agregado superar certo *threshold*;
(v) empreendedor deixar de ser sócio e/ou administrador da *startup* (ou seja, violação da cláusula de *lockup*);
(vi) verificação de inveracidade ou incompletude de uma das declarações prestadas no contrato; e
(vii) descumprimento de qualquer obrigação assumida no contrato (p.ex. tomar uma decisão sujeita a veto pelo investidor sem consentimento prévio).

Essa é uma cláusula desenhada como ferramenta de coerção[493] – ainda que seja quase impossível que o investidor consiga recuperar seu

[492] RAMOS, Pedro; PERRONI, Diogo; BAPTISTA LUZ, Felipe. *A regulação do Investimento-Anjo no Brasil*: comentários e perspectivas a respeito da Lei Complementar 155/2016 (2017). Disponível em: <https://baptistaluz.com.br/wp-content/uploads/2018/06/artigo-baptista-luz--pt-regulação-do-Investimento-anjo-no-Brasil.pdf>. Acesso em 28.04.2017.

[493] As cláusulas de coerção de anjos têm força similar às de Fundos *Venture Capital*, que também contam com um arsenal de mecanismos contratuais coercitivos para maximizar lucros e mitigar perdas. Veja-se uma lista exemplificativa de cláusulas que Fundos *Venture*

patrimônio executando o mútuo, ele pode ajuizar a execução judicial e impor medidas de constrição de patrimônio. Essa coerção se torna mais forte se o mútuo conversível houver constituído gravames nas quotas/ações dos sócios da *startup* (penhor ou cessão fiduciária) como garantia do crédito. Nessa estrutura, o vencimento antecipado cumulado com multa e eventuais encargos adicionais permitiria a excussão da garantia.

Dito isso, exceto pelos eventos que implicam no fim da *startup*, o investidor anjo sempre tem a prerrogativa de dar *waiver* e não considerar a dívida vencida (muito comum, por exemplo, *startups* boas descumprirem obrigação de cumprir certos KPI – *key-performance indicators*), podendo até mesmo aproveitar o evento para pedir a conversão do seu mútuo[494].

g) Opções de *call* e *put*

O *direito de call* permite, basicamente, que continue existindo uma cláusula de *hard monitoring* e penalidade mesmo após a cláusula de vencimento antecipado (pelo fato de o mútuo haver sido convertido em investimento). Ao invés de acelerar a exigibilidade do crédito, o investidor pode, mediante

Capital adotam em seus contratos de investimento: *(i) Voting trust*: empreendedores são forçados a abrir mão de suas ações se não atingirem os KPI; *(ii) Unlocking provision*: se surgir uma oferta de aquisição que o fundo deseja aceitar, mas um sócio não queira, ele deverá comprar a participação do fundo pelo mesmo preço ofertado pelo terceiro; *(iii) Put provision*: direito do fundo de vender a *startup* ao "maior lance" se não conseguir um desinvestimento até certa data; *(iv) Registration and public offering provision*: direito do fundo de requerer um IPO a partir de certa data prevista no contrato, ou, se não houver condições para tal, forçar a venda da *startup*; e *(v) Tag along* e *drag along*, *in* McKaskill, Tom. *An Introduction to Angel Investing*. Melbourne: Breakthrough Publications, 2009. Disponível em: <https://www.angelcapitalassociation.org/data/Documents/Resources/McKaskill-_Intro_to_Angel_Investing.pdf?rev=CF33>. Acesso em 09.05.2017.

494 Foi o caso de Peter Thiel, um dos primeiros anjos que investiu no Facebook – R$ 500 mil a título de mútuo conversível. Mesmo com o Facebook fracassando o KPI pré-acordado de atingir 1,5 milhão de usuários, Thiel acabou aceitando converter a dívida. Os resultados falam por si mesmo – sua participação de 10,2% no Facebook, resultante da conversão, valorizou estrondosos 10.000x em 6 anos (!), *in* Kirkpatrick, David. *The Facebook Effect*. Nova York: Simon & Schuster, 2010, p. 89.

ocorrência de certo evento, exigir que lhe sejam vendidas todas as quotas ou ações da *startup* (às vezes até por um valor simbólico de R$ 1)[495].

Já o *direito de put* não é uma penalidade, mas uma saída. Trata-se da opção que o investidor pode exercer para vender sua participação na *startup* para os sócios usando uma metodologia de cálculo pré-determinada.

4.5.2. Cláusula de conversão do mútuo e a relevância do tipo societário da *startup*

No contrato de mútuo conversível, inclui-se certos períodos/eventos a partir dos quais o investidor anjo pode converter sua dívida em participação. Seguindo padrão de mercado, são essas as hipóteses de conversão de dívida mais comuns: **(i)** direito de converter a qualquer tempo, sem qualquer restrição; **(ii)** data de vencimento do mútuo, **(iii)** cumprimento de certo KPI (p.ex. faturamento de R$ 500 mil ou vendas para 10 mil clientes); **(iv)** ocorrência de um evento de vencimento antecipado; e **(v)** ocorrência de um evento de liquidez[496].

Quando o investidor exerce o direito de converter o mútuo *sem estar ocorrendo qualquer evento de liquidez*, o percentual de participação que lhe caberá pós-conversão pode ser calculado com base em *premoney valuation* ou *postmoney valuation*, a depender do que houver sido negociado *ex ante* na elaboração do contrato (aplica-se o Capítulo 4.4).

Dito isso, o cálculo se torna mais sofisticado quando a conversão *for deflagrada por um evento de liquidez* (cenário em que o anjo converte e desinveste seu mútuo simultaneamente). Nesse caso, seguindo melhores práticas, o percentual da participação do anjo deve ser calculado com base no *valuation* que o terceiro adquirente atribuiu à *startup* – uma fórmula semelhante a[497]:

[495] Spina, Cássio. *Investimento Anjo*: guia prático para empreendedores e investidores. São Paulo: Nversos, 2011.

[496] Modelo de contrato de mútuo conversível em participação societária. *SAFE Brasil, Portal Startup* (2017). Disponível em: <https://baptistaluz.com.br/espacostartup/download/safe-brasil-mutuo-conversivel>. Acesso em 26.06.2019.

[497] Modelo de contrato de mútuo conversível em participação societária. *SAFE Brasil, Portal Startup* (2017). Disponível em: <https://baptistaluz.com.br/espacostartup/download/safe-brasil-mutuo-conversivel>. Acesso em 26.06.2019.

% de participação do anjo na *startup*

$$= \frac{\text{Valor do Mútuo}}{\textit{Valuation} \text{ do Terceiro} \ast (1 - \text{Taxa de Desconto})}$$

Onde:

Valor do Mútuo = valor atualizado inicialmente aportado em forma de dívida;
Valuation do Terceiro = valor atribuído à startup pelo adquirente; e
Taxa de Desconto = percentual pré-acordado[498].

Agora, independente do evento que motivou a conversão do mútuo, a *startup* deve cumprir as seguintes obrigações antes que ele possa ser efetivamente convertido: **(i)** transformação em sociedade anônima; **(ii)** aumento de capital e subsequente emissão de ações preferenciais para subscrição pelo anjo (já havendo tido renúncia pelos sócios do direito de preferência a essas ações no próprio contrato); e **(iii)** assinaturas de um *contrato de investimento e subscrição de ações* e de um *acordo de acionistas* que reflitam as condições do mútuo conversível (especialmente as cláusulas desse Capítulo 4).

Para facilitar o procedimento de conversão (e até evitar conflitos futuros), o mútuo conversível pode prever uma cláusula de mandato constituindo o anjo como procurador dos sócios da *startup* – *mandato irrevogável e condição do negócio* pelo art. 684 do Código Civil – para representá-los em todos os atos do procedimento de conversão acima, especialmente na assembleia geral que delibera sobre o aumento de capital. Não se tem notícia, até a publicação desse livro, de questionamento de tal mandato por parte do Judiciário ou das Juntas Comerciais.

Por fim, o item "i" do procedimento de conversão revela que o padrão de mercado dos anjos é forçar a *startup* a se transformar em

[498] A taxa de desconto equivale ao custo do capital do anjo através do tempo, de forma similar ao sistema de juros bancários, mas com uma forma de cálculo diferente. O custo do dinheiro do anjo será sempre muito mais caro que o custo do dinheiro de um empréstimo bancário (quatro ou cinco vezes mais), pois o investidor toma o risco do negócio, in SPINA, Cássio. *Investimento Anjo*: guia prático para empreendedores e investidores. São Paulo: Nversos, 2011.

sociedade anônima quando o mútuo é convertido, substituindo assim a forma de sociedade limitada. Para entender essa preferência dos investidores, deve-se analisar as vantagens e desvantagens dos três tipos societários pelo qual a *startup* pode passar durante o seu crescimento:

a) Empresário individual

Trata-se da pessoa física que exerce diretamente uma atividade empresária, sem constituir uma pessoa jurídica. O empresário individual obtém registro empresarial e CNPJ para poder emitir nota e pagar tributo diferenciado, mas preserva a sua posição de pessoa física, respondendo inclusive com o seu patrimônio pessoal pelos riscos do negócio.

Uma opção mais simplificada de empresário individual é ser microempreendedor individual (*MEI*), a depender da atividade exercida. Se a *startup* quiser estar regularizada antes de se constituir uma sociedade limitada, um caminho preliminar (e precário) é se registrar como MEI, que formalmente é a pessoa física empreendedora com aptidão de emitir nota fiscal e pagar tributação módica. O sistema foi criado pela Lei Complementar nº 128 para reduzir o número de trabalhadores informais no Brasil com um sistema prático, desburocratizado e de baixo custo. O regime tem uma carga tributária extremamente leve, i.e., recolhimento mensal de aproximadamente R$ 50.

Pode se registrar como MEI o empresário individual que tiver faturamento inferior a R$ 81 mil e for optante pelo Simples Nacional. O empreendedor estará proibido de se enquadrar no MEI se: **(i)** admitir sócios, a não ser que para se tornar uma sociedade limitada (procedimento do art. 968, §3º do Código Civil); **(ii)** exercer atividade tributada conforme Anexos IV ou V da Lei do Simples, exceto se tiver autorização relativa a exercício de atividade isolada; **(iii)** possuir mais de um estabelecimento comercial; **(iv)** participar de outra empresa como titular, sócio ou administrador; ou **(v)** contratar mais de um funcionário ou pagar salário maior do que um salário mínimo ou respectivo piso salarial da categoria (§4º do art. 18-A da Lei Complementar nº 128).

O cadastro do MEI lhe concede um CNPJ, permitindo que venda seus produtos e serviços para entidades que exigem certidão de regularidade fiscal (públicas ou privadas) e usufruir de iniciativas públicas de incentivo a pequenos negócios, como as do Sebrae ou FINEP.

Dado que a *startup* constituída como MEI não pode admitir sócios, ela somente pode receber investimento anjo via mútuo conversível. No entanto, se chegar o momento em que o investidor desejar converter o crédito em participação e ela ainda não estiver enquadrada como MEI (implicando dizer que ainda não ultrapassou o faturamento máximo de R$ 81 mil, contratou mais de um funcionário etc.), a *startup* deverá alterar o tipo societário para permitir o ingresso do anjo no quadro social.

b) Sociedade limitada

A sociedade limitada, regida pelo arts. 1.052 e seguintes do Código Civil, é o tipo societário mais eficiente em termos de custo de manutenção, sendo o mais adotado por *startups* em estágio embrionário e inicial[499-500]).

Dito isso, os dois aspectos mais relevantes da sociedade limitada são fiscais. O primeiro é uma vantagem bem objetiva – a *startup* sociedade limitada pode se registrar sob o regime do Simples Nacional, reduzindo de forma relevante a sua carga tributária (conforme detalhado no Capítulo 2.3). Essa eficiência se junta ao fato de a sociedade limitada ter um custo administrativo menor, já que tem menos obrigações registrais perante a Junta Comercial do que uma companhia.

O segundo aspecto fiscal é uma desvantagem relevante e complexa que explica bastante a preferência do mercado de anjos por transformar *startups* em sociedades anônimas durante a conversão do mútuo. Explica-se.

Quando o mútuo é convertido, a participação que cabe ao anjo é definida com base no *valuation* atribuído à *startup*, o qual leva em conta a

[499] Lobo, Alexandre L.; Potenza, Guilherme P. *Investimentos Venture Capital e Private Equity: Considerações Práticas e Jurídicas.* In: Botrel, Sergio. Barbosa, Henrique (Coordenadores). Finanças Corporativas: Aspectos Jurídicos e Estratégicos, Rio de Janeiro: Gen Atlas, 2016, pp. 267-316.

[500] Entre 2011 e 2022, houve a possibilidade de criação de uma pessoa jurídica de direito privado conhecida como empresa individual de responsabilidade limitada. A opção de empreender por meio de uma EIRELI causava estranhamento, dada a obrigação de se integralizar 100 salários mínimos a título de capital social e a impossibilidade de se comportar sócios investidores no quadro social. Cumpre observar que somente a partir de 2019 passou a ser possível a constituição de sociedades limitadas com apenas um sócio (unipessoalidade permanente), tornando a EIRELI desnecessária no ordenamento jurídico e resultando em sua eliminação do Código Civil em 2022 (por meio da Lei nº 14.382/2022).

expectativa de sucesso com base em intangíveis e projeções futuras, e não valor patrimonial da *startup* (praticamente nulo na fase de capital anjo), conforme capítulo 4.4. Dessa forma, o valor subscrito pelo investidor no aumento de capital da *startup* será sempre superior ao valor patrimonial que a participação adquirida representa. Tal diferença entre o valor patrimonial da participação e o valor efetivamente pago para adquirir a participação chama-se *ágio*.

Quando uma sociedade anônima faz um aumento de capital e o subscritor paga pelas novas ações com ágio, a Lei das Sociedades por Ações autoriza a companhia a contabilizar esse ágio como reserva de capital, e não como lucro[501]. A relevância dessa estratégia contábil é que reservas de capital não integram as receitas comerciais da companhia, e, logo, não compõem a base tributável da empresa (sobre a qual incide imposto de renda e contribuição social sobre o lucro líquido). As reservas de capital permanecem no patrimônio da companhia até serem gastas a título de aumento de capital ou absorção de prejuízos.

Essa vantagem fiscal quer dizer, na prática, que o ágio recebido pela sociedade anônima pelas ações de seu aumento de capital não é tributado, conforme expressamente ratificado no art. 38 do Decreto-Lei nº 1.598/1997[502]. No entanto, essa eficiência fiscal não é prevista em lei para sociedades limitadas, ainda que o contrato social reflita a aplicação supletiva da Lei das Sociedades por Ações (art. 1.053 do Código Civil).

Mesmo enfrentando risco de autuação, algumas limitadas tentaram não tributar o ágio pago pelos seus sócios quando emitiam novas quotas. A discussão chegou no Conselho Administrativo de Recursos Fis-

[501] Art. 182. A conta do capital social discriminará o montante subscrito e, por dedução, a parcela ainda não realizada.

§ 1º Serão classificadas como reservas de capital as contas que registrarem:

a) a contribuição do subscritor de ações que ultrapassar o valor nominal e a parte do preço de emissão das ações sem valor nominal que ultrapassar a importância destinada à formação do capital social, inclusive nos casos de conversão em ações de debêntures ou partes beneficiárias;

[502] Art 38 – Não serão computadas na determinação do lucro real as importâncias, creditadas a reservas de capital, que o contribuinte com a forma de companhia receber dos subscritores de valores mobiliários de sua emissão a título de: I – ágio na emissão de ações por preço superior ao valor nominal, ou a parte do preço de emissão de ações sem valor nominal destinadas à formação de reservas de capital;

cais (segunda instância administrativa da Receita Federal), que, mesmo havendo proferido acórdão favorável ao contribuinte em 2009, acabou determinando em 2014 (no mesmo processo) que o ágio deve ser sim tributado como receita das sociedades limitadas, impedindo sua contabilização como reserva de capital da forma que fazem as sociedades anônimas[503].

Infelizmente, esse entendimento da Receita Federal – grande desincentivo à indústria brasileira de investimento anjo e *Venture Capital* – ainda prevalecia até a época de pesquisa dessa obra. Em 2018, tentou-se aprovar no Legislativo um projeto de lei que isentava sociedades limitadas da tributação sobre ágio, mas o projeto foi reprovado e arquivado pela Comissão de Finanças e Tributação da Câmara dos Deputados[504].

Adicionalmente à ineficiência fiscal do ágio, a *startup* sociedade limitada ainda enfrenta a exposição já mencionada no início do Capítulo – a conversão do mútuo em quotas deve ser registrada como alteração do contrato social perante a Junta Comercial, convidando credores da *startup* a tentar desconsiderar sua personalidade jurídica e atingir o patrimônio dos investidores (vide detalhes no Capítulo 5.3).

Considerando essas duas desvantagens relevantes da sociedade limitada, mesmo levando em conta a economia tributária do Simples Nacional, explica-se o porquê de o mercado de anjos adotar, como padrão, a transformação da *startup* em sociedade anônima na conversão do mútuo, ao invés de mantê-la como limitada.

c) Sociedade anônima

A sociedade por ações já foi apresentada no Capítulo 2.3 e definida como a estrela do *show* no mercado de capitais brasileiro. Agora, nesse capítulo, ela também se apresenta como o tipo societário que *startups* adotam a pedido de seus investidores quando se tornam efetivamente sócios. As duas razões são principalmente as eficiências apontadas no item anterior – o aproveitamento do ágio em aumentos de capital e o "*anônima*" da socie-

[503] "*O ágio na aquisição de quotas de capital das sociedades de responsabilidade limitada deve compor o resultado comercial do exercício. Como inexiste disposição que determine sua exclusão para fins de determinação da base de cálculo do imposto de renda, deve compor o lucro real*".
(CARF, Recurso Voluntário nº 13899.002346/2003-88, 1ª Seção, 2ª Turma, data de julgamento em 07.10.2014, data de publicação em 05.12.2014).

[504] Projeto de Lei nº 7.965, de 2017.

dade anônima (já que investidores ingressam na companhia via registro privado no livro de transferência de ações, e não via registro público na Junta Comercial).

É fato que companhias têm custos com algumas obrigações que não existem para sociedades limitadas, mas eles podem ser reduzidos até certa medida. O próprio dever de elaborar e publicar suas demonstrações financeiras, por exemplo, é dispensado para sociedades anônimas com patrimônio líquido inferior a R$ 2 milhões[505].

De todo modo, não deixa de ser infeliz que a sociedade anônima seja proibida de se enquadrar no Simples Nacional, arcando assim com uma carga tributária elevada e obrigações acessórias mais robustas. Há, nesse sentido, um pleito de longa data do mercado ao Legislativo para autorizar esse enquadramento, inclusive objeto do Projeto de Lei Complementar nº 379/2014, mas não havia notícia de avanços até a data dessa obra.

Dito isso, como a *startup* não precisa se tornar uma companhia enquanto o mútuo não for convertido em participação pelo investidor, ela pode postergar essa transformação e se manter uma sociedade limitada enquanto vai adquirindo uma estrutura operacional e faturamento mais robustos, aproveitando assim o regime do Simples Nacional.

Por fim, assim que as partes definirem o tipo societário que a *startup* assumirá quando receber o capital anjo, negociarem os termos contratuais e finalmente assinarem o mútuo conversível (ou outro veículo contratual que formalize o investimento), inicia-se o período que determinará o sucesso ou insucesso do empreendimento – o dia a dia da *startup* pós-aporte com a colaboração do investidor anjo.

4.6. Monitoramento e influência no dia a dia da *startup* – o "*smart*" em *smart money*

Já sabemos que uma parte vital do investimento anjo é a capacidade de influenciar a gestão da atividade econômica da *startup*. Essa mentoria,

505 Art. 176. Ao fim de cada exercício social, a diretoria fará elaborar, com base na escrituração mercantil da companhia, as seguintes demonstrações financeiras, que deverão exprimir com clareza a situação do patrimônio da companhia e as mutações ocorridas no exercício: (...) § 6º A companhia fechada com patrimônio líquido, na data do balanço, inferior a R$ 2.000.000,00 (dois milhões de reais) não será obrigada à elaboração e publicação da demonstração dos fluxos de caixa.

junto ao necessário *networking*, é a razão de o investimento anjo ser chamado de *smart money*.

A sua importância é bilateral – para o investidor, é uma forma de garantir que seu capital será bem alocado pelo empreendedor e aumentar a chance de sucesso do investimento, e, para a *startup*, é uma fonte de *expertise* que poderá disponibilizar contatos relevantes e mitigar a chance de equívocos na gestão.

A literatura econômica e o mercado são unânimes ao dizer que a mentoria e contatos oferecidos pelo anjo são tão relevantes quanto seu dinheiro para o sucesso da investida. Wiltbank & Boeker afirmam pelos resultados de sua pesquisa que o tamanho do sucesso da *startup* tem uma proporção direta com quanto o anjo contribui com mentoria. De acordo com seus estudos, anjos que se reuniam com *startups* na média de duas vezes por mês tinham retorno de 3,7x em 4 anos, ao passo que anjos cujas reuniões eram duas vezes por ano tinham retorno de apenas 1,3x em 3,6 anos[506]. Como se vê, a frequência e qualidade da participação do investidor na gestão afetou diretamente o lucro do desinvestimento.

Nesse conceito, anjos e Fundos *Venture Capital* são bem alinhados. A diferença entre as duas classes está na forma como é implementada a influência do investidor. Tradicionalmente, fundos preferem coordenar suas investidas com mecanismos societários e cláusulas contratuais[507], sendo comum que o fundo peça uma cadeira na diretoria ou no conselho (uma prática de *hard monitoring*).

Anjos também podem usar essas cláusulas e ocupar cadeiras na diretoria ou conselho[508], mas costumam seguir outra linha. Afinal, anjos são

[506] Wiltbank, Robert, & Boeker, Warren. *Returns to angel investors in Groups*. Angel Capital Association & Kauffman Foundation (2007). Disponível em: <http://www.baylor.edu/business/finance/doc.php/229628.pdf>. Acesso em 04.01.2017.

[507] Bonini, Stefano; Capizzi, Vincenzo; Valletta. Mario; Zocchi, Paola. *Groups, Networks and the Business Angels' Investment Process*. Hoboken: Stevens Institute of Technology School of Business, 2016. Disponível em: <https://papers.ssrn.com/sol3/papers.cfm?abstract_id=2856478>. Acesso em 30.04.2017.

[508] Lord & Mirabile estimam que um anjo que assume formalmente o papel de diretor ou conselheiro de uma *startup* deverá dedicar pelo menos 100 horas/ano no ofício. Essas horas se dividem em: 6 a 12 reuniões com diretoria por ano, com 1 hora de preparação e 3 horas de duração (24 a 72 horas); 1 ou 2 *calls* semanais de meia hora com empreendedor sobre time, finanças e estratégia (13 a 26 horas); e 10 ou mais horas para atividades diversas de 1 hora cada, como reuniões, busca por investidores para novas rodadas, entre outras (10 ou

mentores – dado que esse é um título atribuído a conselheiros de grande sabedoria, faz sentido colocá-lo em prática. Isso se reflete em uma influência na *startup* que vai mais em uma linha informal e *hands-on*, baseada em envolvimento no dia a dia, reuniões, visitas rotineiras e outros controles baseados em conselho e no relacionamento – conceito chamado de *soft monitoring*[509].

Nessa linha, em pesquisa de 215 investimentos anjo em 143 empresas dos Estados Unidos, foi identificado que, apesar de os contratos preverem cláusulas de *hard monitoring*, poucos anjos de fato as exerceram[510]. Nesses casos, os direitos exercidos foram **(i)** direitos de veto (Capítulo 4.5.1); **(ii)** uma cadeira na diretoria ou conselho (mais comum em investimentos maiores)[511]; e **(iii)** tomada temporária da administração na ocorrência (ou não ocorrência) de certos eventos[512].

Como regra de bolso, aplica-se o conceito trazido por Steven Kaplan e Per Stromberg, da Universidade de Chicago, em análise sobre contratos de Fundos *Venture Capital* (aplicável a contratos de investi-

mais horas), *in* Lord, Hambleton; Mirabile, Christopher. *Fundamentals of Angel Investing.* Boston: CreateSpace Independent Publishing Platform, 2016.

509 Bonini, Stefano; Capizzi, Vincenzo; Valletta. Mario; Zocchi, Paola. *Groups, Networks and the Business Angels' Investment Process.* Hoboken: Stevens Institute of Technology School of Business, 2016. Disponível em: <https://papers.ssrn.com/sol3/papers.cfm?abstract_id=2856478>. Acesso em 30.04.2017.

510 Wong, Andrew; Bhatia, Mihir; Freeman, Zachary. *Angel finance*: the other venture capital. Wiley InterScience (2009). Disponível em: <https://qcconference.com/wp-content/themes/qcciir-v2.5/uploads/2012/ppf/papers/12-Wong_Bhatia_Freeman_Angel_Finance_The_Other_VC.pdf>. Acesso em 25.03.2017.

511 Vide (1) Wong, Andrew; Bhatia, Mihir; Freeman, Zachary. *Angel finance*: the other venture capital. Wiley InterScience (2009). Disponível em: <https://qcconference.com/wp--content/themes/qcciir-v2.5/uploads/2012/ppf/papers/12-Wong_Bhatia_Freeman_Angel_Finance_The_Other_VC.pdf>. Acesso em 25.03.2017; e (2) Osnabrugge, Mark, Robinson, Robert. *Angel Investing*: matching start-up funds with start-up companies. São Francisco: Jossey-Bass, 2000.

512 Wong, Andrew; Bhatia, Mihir; Freeman, Zachary. *Angel finance*: the other venture capital. Wiley InterScience (2009). Disponível em: <https://qcconference.com/wp-content/themes/qcciir-v2.5/uploads/2012/ppf/papers/12-Wong_Bhatia_Freeman_Angel_Finance_The_Other_VC.pdf>. Acesso em 25.03.2017.

mento anjo, mas com menos ênfase no "*full control*" em caso de baixa *performance*)[513]:

> The elements of control: Board rights, voting rights and liquidation rights are allocated such that if a firm performs poorly, the venture capitalists obtain full control. As performance improves, the entrepreneur retains/obtains more control rights. If the firm performs very well, the venture capitalists retain their cash flow rights, but relinquish most of their control and liquidation rights.

Aprofundando-nos sobre os benefícios específicos que as práticas de *smart money* trazem, Politis elenca quatro deles[514]:

(i) *Networking*: anjos podem apresentar o empreendedor a valiosos *stakeholders* – melhores exemplos são potenciais investidores para futuras rodadas (especialmente Fundos *Venture Capital*)[515], *startups* da mesma área de atuação para parcerias sinérgicas e até mesmo potenciais adquirentes;

(ii) *Mentoria*: desenvolvimento de relação de confiança com o empreendedor, tanto de forma ativa (um conselheiro), quanto passiva (um "filtro" pelo qual o empreendedor pode passar as decisões relevantes que tomará);

(iii) *Direcionamento estratégico*: monitorar *performance* de caixa, formular estratégia de negócios, refinar as habilidades da equipe e aumentar eficiência operacional[516] (a capacidade do anjo de con-

[513] KAPLAN, Steven; STRÖMBERG, Per. *Financial Contracting Theory Meets the Real World:* an empirical analysis of venture capital contracts. Chicago: University of Chicago, Graduate School of Business, 2000. Disponível em: <https://papers.ssrn.com/sol3/papers.cfm?abstract_id=218175>. Acesso em 28.06.2019.

[514] POLITIS, Diamanto. *Informal investors and value added:* what do we know and where do we go? Venture Capital: An International Journal of Entrepreneurial Finance, vol. 10, nº 2. Nova York: Routledge, abril de 2008, p. 127-147.

[515] RAMSINGHANI, Mahendra. *The Business of Venture Capital:* insights from leading practitioners on the art of raising a fund, deal structuring, value creation, and exit strategies. 2ª ed. Hoboken: John Wiley & Sons, 2014.

[516] WONG, Andrew; BHATIA, Mihir; FREEMAN, Zachary. *Angel finance*: the other venture capital. Wiley InterScience (2009). Disponível em: <https://qcconference.com/wp-content/themes/qcciir-v2.5/uploads/2012/ppf/papers/12-Wong_Bhatia_Freeman_Angel_Finance_The_Other_VC.pdf>. Acesso em 25.03.2017.

tribuir nesse sentido vai aumentando de forma sensível a cada novo investimento); e

(iv) *Valores empreendedores*: anjos que se veem mais como coempreendedores do que só investidores[517] – especialmente anjos ex-empreendedores[518] – podem ajudar a equipe a manter o foco, dividir a pressão e oferecer uma visão do conjunto da obra.

Para que cada um desses benefícios flua de forma eficiente e sem atrito, é quase uma condição precedente que haja "química" no relacionamento entre investidor e empreendedor. Estamos falando de uma relação fortemente pessoal e que pode se estender por vários anos. Logo, é importante que o anjo tenha em mente que sinergia com a equipe é tão importante quanto sua capacidade de execução quando decidir se investirá na *startup* ou não.

Em contrapartida, é importante que a *startup* também valorize o anjo como mais do que uma "carteira falante", tomando iniciativas como envio de *reports* periódicos sobre o negócio[519] e demonstrando que não irá se aproveitar da assimetria de informação para mantê-lo no escuro.

Por fim, conclui-se que o *smart money* é o elemento mais relevante do investimento anjo. Mais do que simplesmente dinheiro, a *expertise* que o anjo traz à mesa (principalmente um ex-empreendedor) é a vantagem estratégica que aumenta as chances de sucesso da *startup*[520]. Adicionalmente, mesmo sendo uma pessoa a mais para dividir o valor

[517] LINDSAY, Noel. *Do business angels have an entrepreneurial orientation?* Venture Capital: An International Journal of Entrepreneurial Finance, vol. 6. Nova York: Routledge, 2004, p. 197-210.

[518] Vide (1) SHANE, Scott. *The Importance of Angel Investing in Financing the Growth of Entrepreneurial Ventures.* SBA Office of Advocacy (2008). Disponível em: <http://signallake.com/innovation/AngelInvestingSept08.pdf>. Acesso em 31.03.2017; e (2) OSNABRUGGE, Mark, ROBINSON, Robert. *Angel Investing*: matching start-up funds with start-up companies. São Francisco: Jossey-Bass, 2000.

[519] O *report* é apenas exemplificativo, valendo também o envio de balancetes, demonstrativos de resultados e cópias dos extratos bancários. O que vale é satisfazer o desejo do anjo de ser visto como um coempreendedor do negócio, *in* SPINA, Cássio. *Investimento Anjo*: guia prático para empreendedores e investidores. São Paulo: Nversos, 2011.

[520] RAMSINGHANI, Mahendra. *The Business of Venture Capital:* insights from leading practitioners on the art of raising a fund, deal structuring, value creation, and exit strategies. 2ª ed. Hoboken: John Wiley & Sons, 2014, p. 30-31.

pago por quem comprar a *startup* no futuro, a rede de contatos do anjo muitas vezes acaba trazendo um evento de liquidez mais lucrativo para cada um dos sócios. Afinal, conforme início desse capítulo, o *smart money* está diretamente ligado ao sucesso do desinvestimento de fundadores e investidores.

E é nesse ponto que entraremos por último.

4.7. Desinvestimento

Esse é o grande momento do investidor anjo. Depois de todo o processo, desde a prospecção de *startups*, negociação de cláusulas, assinatura do contrato, efetiva conversão em ações, acompanhamento da execução da ideia pela equipe da *startup*, transformação do produto em algo rentável aos olhos do mercado – depois de tudo isso, surge uma oferta para o anjo receber seu grande pagamento, a famigerada *exit*.

Como já estudamos, o investimento anjo tem caráter finito. A tese não é permanecer na *startup* para sempre, mas sim maximizar o valor de suas quotas/ações ao longo de alguns anos e vendê-las com grande retorno de capital quando uma oportunidade lucrativa de desinvestimento surgir. Essa oportunidade de saída pode ser via **(i)** uma oferta de aquisição da *startup* formulada por terceiro; ou **(ii)** abertura de capital da *startup* em bolsa – um IPO.

Mas, esse momento pode demorar. Anjos costumam chegar no desinvestimento dentro de 3 a 7 anos[521]. É uma média certamente bem menor que os 10 a 14 anos que Fundos *Venture Capital* aguardam, mas não deixa de ser um período em que o capital do investidor estará parado, graças à iliquidez inerente ao mercado das *startups*. No Brasil, essa situação é especialmente agravada pelo tamanho do mercado.

[521] Vide (1) Lobo, Alexandre L.; Potenza, Guilherme P. *Investimentos Venture Capital e Private Equity: Considerações Práticas e Jurídicas*. In: Botrel, Sergio. Barbosa, Henrique (coord.). Finanças Corporativas: Aspectos Jurídicos e Estratégicos, Rio de Janeiro: Gen Atlas, 2016, pp. 267-316; (2) McKaskill, Tom. An Introduction to Angel Investing. Melbourne: Breakthrough Publications, 2009. Disponível em: <https://www.angelcapitalassociation.org/data/Documents/Resources/McKaskill-_Intro_to_Angel_Investing.pdf?rev=CF33>. Acesso em 09.05.2017; (3) SPINA, Cássio. *Investimento Anjo*: guia prático para empreendedores e investidores. São Paulo: Nversos, 2011; e (4) Guia de Investimento Anjo e Documentos legais. *Anjos do Brasil* (2016). Disponível em: <www.anjosdobrasil.net>. Acesso em 27.06.2019.

Tão enxuto é o mercado que se torna fácil para brasileiros entender porque o mercado estrangeiro deu a oportunidades de desinvestimento o nome de *eventos de liquidez*. Afinal, o investidor aguarda anos até que surja uma chance de reaver o capital que investiu na *startup*. Sendo assim, quando surge a oportunidade de finalmente vencer suas ações, o capital antes parado é dotado de imediata liquidez.

Há duas espécies diferentes de eventos de liquidez.

4.7.1. Aquisição privada da *startup*

O desinvestimento mais comum no mercado *Venture Capital* – nada mais é do que um contrato de compra e venda de ações em que os acionistas da *startup* alienam sua participação para um terceiro interessado em adquirir a inovação para si. Em 2017, 687 dos desinvestimentos de *startups* americanas foram via aquisição privada, enquanto apenas 39 foram via IPO[522]. Em 2021, o número de desinvestimentos atingiu valores recordes, com 1.875 operações de desinvestimento de *startups*, sendo 1.357 via aquisição privada, enquanto apenas 181 ocorreram via IPO[523]. Pintando um quadro mais geral, entre os anos de 2004 e 2020, os desinvestimentos de Fundos *Venture Capital* em empresas americanas entre 1995 e 2008, 6.398 foram por aquisição privada representaram 92% do total de desinvestimentos *Venture-Backed*[524].

Em uma aquisição privada, os incentivos que *startups* (seus empreendedores e investidores) têm para vender e os incentivos que companhias interessadas têm para comprar podem ser esquematizados da seguinte forma[525]:

[522] NVCA 2017 Yearbook: the go-to resource on the venture ecosystem. *National Venture Capital Association* (2017). Disponível em: <http://nvca.org/blog/nvca-2017-yearbook-go--resource-venture-ecosystem/>. Acesso em 15.05.2019.

[523] NVCA 2022 Yearbook. *National Venture Capital Association* (2022). Disponível em: <http://nvca.org/wp-content/uploads/2022/03/NVCA-2022-Yearbook-Final.pdf>. Acesso em 23.09.2022.

[524] NVCA 2021 Yearbook. *National Venture Capital Association* (2021). Disponível em: <http://nvca.org/wp-content/uploads/2021/08/NVCA-2021-Yearbook.pdf>. Acesso em 26.09.2022.

[525] Ramsinghani, Mahendra. *The Business of Venture Capital:* insights from leading practitioners on the art of raising a fund, deal structuring, value creation, and exit strategies. 2ª ed. Hoboken: John Wiley & Sons, 2014, p. 346.

INCENTIVOS DOS SÓCIOS DA *STARTUP*	INCENTIVOS DA ADQUIRENTE
Condições de mercado e/ou macroeconômicas eventualmente favoráveis;	Crescimento e aumento de receita via acesso a novos produtos e mercados;
Trade-off financeiro (valor presente *vs.* tempo e capital até chegar no valor futuro);	Sinergias operacionais e redução de riscos via diversificação;
Evento de liquidez para investidores;	Inovação em ritmo mais acelerado – redução de riscos de R&D;
Incapacidade de levantar mais capital para financiar crescimento orgânico;	Acesso a talentos (ou *acqui-hires*, definido abaixo);
Ritmo reduzido de crescimento;	Consolidação;
Pressão competitiva;	Vantagem competitiva.
Erosão de margens;	-
Propriedade intelectual.	-

Um desinvestimento por aquisição, a depender do objetivo que possui a companhia adquirente da *startup*, pode ser categorizado como uma aquisição financeira (menos comum) ou uma aquisição estratégica (bem mais frequente)[526]. O caso concreto pode conter zonas cinzentas, logo, é importante aprofundar quanto ao conceito por trás.

Na aquisição privada financeira, o comprador tem interesse em comprar a empresa pela sua capacidade atual e futura de objetivamente *gerar renda*. Nessa modalidade, é relevante que a *startup* possua boas perspectivas de crescimento e esteja com fluxo de caixa positivo e ascendente. A ideia do comprador é perpetuar a atividade econômica já empreendida pelos fundadores, podendo quase ser visto como uma aquisição de unidade autônoma.

Startups mais propensas a receber ofertas de aquisição financeira costumam atuar em serviços, *marketing*, consultoria empresarial, distribuição, transporte de mercadorias, varejo, importação-exportação, agronegócio, gráficas, *professional practices*, construção civil, produção de bens

[526] McKaskill, Tom. *An Introduction to Angel Investing.* Melbourne: Breakthrough Publications, 2009. Disponível em: <https://www.angelcapitalassociation.org/data/Documents/Resources/McKaskill-_Intro_to_Angel_Investing.pdf?rev=CF33>. Acesso em 09.05.2017.

com baixa complexidade e afins. Essas *startups* têm em comum o fato de exercerem atividades semelhantes a muitos outros negócios[527].

Ao nos deparar com esses setores de mercado, é possível perceber como anjos são beneficiados pela versatilidade de investir em diversos setores[528]. *Startups* dos ramos descritos acima, ainda que não exclusivamente do setor de tecnologia, também acabam cumprindo o objetivo de trazer lucro para o bolso do investidor no fim do dia – ofertas de aquisição financeira têm potencial de devolver ao investidor anjo de 5x até 20x do capital investido[529].

Dito isso, para se ter uma noção mais clara do que seria uma aquisição financeira, basta pensar nas aquisições de fundos de *Private Equity*. Esses *players* caracteristicamente adquirem empresas em que acreditam ser possível aumentar o lucro da atividade econômica atual através de uma gestão mais eficiente dos seus ativos (tangíveis e intangíveis)[530]. A aquisição privada financeira de uma *startup* poderia ser vista, *grosso modo*, como uma versão simplificada dessa operação.

Por outro lado, na *aquisição privada estratégica*, provavelmente pouco importa se a *startup* está gerando ou vai gerar renda no futuro. A empresa interessada deseja a *startup* para integrar a inovação em sua própria estrutura, com o objetivo de criar sinergias, aumentar receita e ganhar vantagem sobre seus concorrentes – em outras palavras, os ativos da *startup* são usados para reforçar a posição no mercado do incumbente. Ofertas estratégicas são a regra em desinvestimentos privados[531] – bem

[527] McKaskill, Tom. *An Introduction to Angel Investing*. Melbourne: Breakthrough Publications, 2009. Disponível em: <https://www.angelcapitalassociation.org/data/Documents/Resources/McKaskill-_Intro_to_Angel_Investing.pdf?rev=CF33>. Acesso em 09.05.2017.

[528] Shane, Scott. *The Importance of Angel Investing in Financing the Growth of Entrepreneurial Ventures*. SBA Office of Advocacy (2008). Disponível em: <http://signallake.com/innovation/AngelInvestingSept08.pdf>. Acesso em 31.03.2017.

[529] Lord, Hambleton; Mirabile, Christopher. *Fundamentals of Angel Investing*. Boston: CreateSpace Independent Publishing Platform, 2016.

[530] Capizzi, Vincenzo; Bonini, Stefano. *The Effects of Private Equity Investors on the Governance of Companies*. Hoboken: Stevens Institute of Technology School of Business, 2015. Disponível: <https://papers.ssrn.com/sol3/papers.cfm?abstract_id=2647219>. Acesso em 16.06.2017.

[531] Vide oito aquisições de *startups* por *players* relevantes de 2017: *(i)* Shazam, comprada pela Apple por US$ 400 milhões; *(ii)* Trello, comprada pela Atlassian por US$ 425 milhões; *(iii)* NuTonomy, comprada pela Delphi por US$ 450 milhões; *(iv)* Shipt, comprada pela Tar-

mais comum do que ofertas financeiras – porque visam apenas a inovação e/ou o empreendedor, não um negócio pronto. Dessa forma, muitas *startups* já são criadas com o *endgame* de serem compradas[532] (às vezes até com adquirentes específicos em mente, como uma *bigtech*).

Aquisições estratégicas são mais presentes em *startups* de tecnologia da informação, biotecnologia, *softwares*, pesquisas, exploração mineral, agrotecnologia, *hardwares* de computadores, telecomunicações etc. Esses setores têm em comum uma presença mais intensa de bases tecnológicas, maior relevância de propriedade intelectual (principalmente patentes), e *startups* com alto potencial de integração sinérgica com terceiros adquirentes[533].

Lord & Mirabile[534] elencam sete atrativos de *startups* que alavancam a possibilidade de seus sócios receberem uma oferta de aquisição estratégica:

- **(i)** novo produto de rápido crescimento que complementa a linha de produtos da adquirente;
- **(ii)** produto que tem o potencial de competir com a adquirente;
- **(iii)** novo produto que preenche um *gap* na linha de produtos da adquirente;
- **(iv)** novo produto com patentes estratégias que a adquirente não gostaria de deixar cair nas mãos de um concorrente;

get por US$ 550 milhões; *(v)* Moat, comprada pela Oracle por US$ 850 milhões; *(vi)* Musical.Iy, comprada pela Beijing Bytedance Technology por US$ 1 bilhão; *(vii)* Chewy, comprada pela PetSmart por US$ 3,35 bilhões; e *(viii)* AppDynamics, comprada pela Cisco por US$ 3,7 bilhões (valores aproximados), *in* The 8 biggest startup acquisitions of 2017. *Inc.com* (20.12.2017). Disponível em: <https://www.inc.com/sonya-mann/big-startup-acquisitions-2017.html>. Acesso em 23.01.2018.

532 Wang, Xinxin. *Catering Innovation*: entrepreneurship and the acquisition market. Berkeley Haas University of Business (dezembro de 2015). Disponível em: <https://ai2-s2-pdfs.s3.amazonaws.com/04c0/18df34a486c4a64c2fecdf27d35baec81f4a.pdf>. Acesso em 29.01.2018.

533 McKaskill, Tom. *An Introduction to Angel Investing.* Melbourne: Breakthrough Publications, 2009. Disponível em: <https://www.angelcapitalassociation.org/data/Documents/Resources/McKaskill-_Intro_to_Angel_Investing.pdf?rev=CF33>. Acesso em 09.05.2017.

534 Lord, Hambleton; Mirabile, Christopher. *Fundamentals of Angel Investing.* Boston: CreateSpace Independent Publishing Platform, 2016.

(v) nova tecnologia ou modelo de negócios tão inovador que torna atraente a oportunidade de adquirir a equipe e a alta expectativa sobre a *startup*;

(vi) novo produto que, apesar de ter seu potencial de vendas limitado pela estrutura enxuta da *startup*, seria potencializado e lucrativo na estrutura mais robusta da adquirente; ou

(vii) equipe capacitada de empreendedores que podem trazer nova cultura à organização do comprador, continuar administrando a *startup* pós-aquisição ou se tornarem administradores da adquirente no futuro (*acqui-hire*, explicado abaixo).

Conforme Capítulo 2.8, por mais que a empresa adquirente sempre tenha a opção de desenvolver suas inovações *in-house* (ao invés de procurar em *startups*)[535], essa é uma via que pode envolver grandes custos de capital e tempo na busca por profissionais, linhas de hierarquia, criação de alçadas e comitês internos, etc[536]. Sendo assim, o cálculo que executivos devem fazer, no caso concreto, é – os custos de transação envolvidos em adquirir uma *startup* serão mais baratos do que os custos de administração envolvidos em desenvolver a inovação internamente?

Muitas vezes, a resposta é sim. E é exatamente essa motivação que leva companhias a adquirirem *startups* com altíssimos *valuations*[537]. Nesses casos, quanto mais tarde a aquisição estratégica ocorrer, mais capital a companhia precisará desembolsar (dado que, conforme vão ocorrendo novas rodadas de investimento, o risco vai diminuindo enquanto o *valuation* vai aumentando).

Ainda, conforme já indicado acima, por mais que a inovação da *startup* seja pelo que empresas adquirentes mais procuram, algumas vezes elas podem estar atrás da própria equipe empreendedora, seja pelas suas qualificações individuais ou pela sua *performance* una enquanto

[535] Um bom exemplo de inovação interna é a MastercardLabs – braço global de R&D lançado pela famosa bandeira de cartões para estudar/pesquisar formas de pagamento disruptivas que agreguem valor à experiência do consumidor.

[536] Lerner, Josh. *Corporate Venturing*. Cambridge: Harvard Business Review, 2013. Disponível em: <https://hbr.org/2013/10/corporate-venturing>. Acesso em 07.06.2017.

[537] McKaskill, Tom. *An Introduction to Angel Investing*. Melbourne: Breakthrough Publications, 2009. Disponível em: <https://www.angelcapitalassociation.org/data/Documents/Resources/McKaskill-_Intro_to_Angel_Investing.pdf?rev=CF33>. Acesso em 09.05.2017.

tocavam a *startup*. Na cabeça da adquirente, tal mão-de-obra pode ser interessante para sua própria organização e até um investimento em futuros administradores. Esse tipo de aquisição com objetivo de contratar os fundadores se chama *acqui-hire*, mais comum em *startups* no estágio embrionário (e geralmente dentro de um 1,5 ano de idade)[538].

Há algumas estratégias decididas em conjunto pelo empreendedor e investidor anjo que influenciam se *startup* terá mais chance de ser desinvestida via aquisição financeira ou estratégica.

Primeiro, há a estratégia implementada desde o início pelo empreendedor e anjo para preparar a *startup* para eventuais aquisições – se a estratégia adotada for maximizar lucros, se posicionar no mercado e expandir suas operações (talvez com diversas rodadas de financiamento), ela pode ser visada por terceiros como uma fonte de renda. Por outro lado, se a *startup* desenvolver um produto que pode funcionar como inovação incremental para *players* incumbentes, estruturou-se desde o início para favorecer uma absorção/integração por outra companhia etc., ela estará bem cotada para uma aquisição estratégica. Em outras palavras, trata-se de como a inovação da *startup* agrega valor para o terceiro interessado em comprá-la[539].

Segundo, o *background* do empreendedor por trás da *startup* pode indicar qual destino ela terá. *Startups* fundadas por pesquisadores tendem a não escalar além de certo ponto, dado que provavelmente foram estabelecidas com o propósito de avançar em certo segmento bem específico ou solucionar certo problema, e não de se tornarem líderes conquistadores de mercado – logo, viáveis para aquisições estratégicas. Em paralelo, *startups* fundadas por estudantes universitários, por exemplo, alcançaram sucesso porque estavam pensando em fundamentos econômicos e não científicos, tornando *startups* com esse racional em boas candidatas a aquisições financeiras[540]. Naturalmente, trata-se de uma regra de bolso sujeita a várias exceções.

538 Lord, Hambleton; Mirabile, Christopher. *Fundamentals of Angel Investing*. Boston: CreateSpace Independent Publishing Platform, 2016.

539 McKaskill, Tom. *An Introduction to Angel Investing*. Melbourne: Breakthrough Publications, 2009. Disponível em: <https://www.angelcapitalassociation.org/data/Documents/Resources/McKaskill-_Intro_to_Angel_Investing.pdf?rev=CF33>. Acesso em 09.05.2017.

540 OECD Reviews of Innovation Policy: France 2014. *OCDE*. OECD Reviews of Innovation Policy. Paris: OECD Publishing, 2014. Disponível em: <https://www.oecd.org/publica-

Terceiro, a cultura do país da *startup* também influencia qual será o evento de liquidez – nos Estados Unidos, a inovação causa uma substituição constante de companhias líderes de muitos segmentos econômicos, o que pode propiciar a construção de *startups* agressivamente inovadoras. Já no Japão e em alguns países da Europa (p. ex. Itália, França e Alemanha, Suécia), muitas líderes são as empresas antigas que continuamente absorvem *startups* para se reinventarem[541], favorecendo aquisições estratégicas.

Ao longo da história do mercado de *Venture Capital*, muitas *startups* cresceram e se tornaram adquirentes em massa de outras *startups* (vide a *cacofonia* de Schumpeter tomando forma). Seria impossível deixar de mencionar o Google, um dos maiores titãs de tecnologia, que **(i)** em 2014, já havia adquirido 131 empresas (média de 10 por ano); **(ii)** catapultou de forma multibilionária sua fonte de receita de publicidade com o AdSense, programa permitido pela aquisição da *startup* Applied Semantix e de outras *startups*[542]; e **(iii)** alavancando tais aquisições, passou de 38 patentes proprietárias em 2007 para mais de 50 mil em 2015 (maioria decorrente de *startups* compradas)[543].

Assim como o Google, a PagSeguro fez constar no prospecto de seu IPO em 2018 que o capital levantado na oferta (nada menos do que US$ 2,3 bilhões) seria destinado a aquisições estratégicas de empresas, tecnologias e produtos que tenham sinergia com o negócio[544]. É um

tions/oecd-reviews-of-innovation-policy-france-2014-9789264214026-en.htm>. Acesso em 11.07.2019.

[541] OECD Reviews of Innovation Policy: France 2014. *OCDE.* OECD Reviews of Innovation Policy. Paris: OECD Publishing, 2014. Disponível em: <https://www.oecd.org/publications/oecd-reviews-of-innovation-policy-france-2014-9789264214026-en.htm>. Acesso em 11.07.2019.

[542] Ramsinghani, Mahendra. *The Business of Venture Capital:* insights from leading practitioners on the art of raising a fund, deal structuring, value creation, and exit strategies. 2ª ed. Hoboken: John Wiley & Sons, 2014, p. 345. O livro também fala da Cisco, que saltou de US$ 650 milhões para US$ 22 bilhões em vendas (crescimento de 35x) – 40% desse crescimento foi decorrente de aquisições de empresas.

[543] Regalado, Antonio. *Google's Growing Patent Stockpile.* Cambridge: MIT Technology Review, novembro de 2013. Disponível em: <https://www.technologyreview.com/s/521946/googles-growing-patent-stockpile>. Acesso em 29.03.2018.

[544] Form F-1 Registration Statement Under the Securities Act Of 1933. *PagSeguro Digital Limited* (2017). Disponível em: <https://www.sec.gov/Archives/edgar/data/1712807/000119312517378788/d417437df1.htm. Acesso em 17.06.2019.

excelente exemplo de ciclo virtuoso em que uma *fintech* nasceu, levou seus investidores ao desinvestimento, e agora passa a adquirir outras *startups*.

Além do mercado financeiro, outro setor de frequentes aquisições privadas de *startups* é o de biotecnologia, no qual já se tornou rotineiro que companhias farmacêuticas comprem *startups* que criaram e patentearam medicamentos relevantes. Um ponto específico desse mercado que fomenta aquisições é o alto custo envolvido na etapa de testes clínicos de medicamentos (fator limitante do avanço que a *startup* pode trilhar antes de ser adquirida)[545]. Esses foram apenas alguns exemplos – elencar todas as particularidades de aquisições de *startups* em cada mercado demandaria mais um livro por si só.

4.7.1.1. Investimento anjo e quando aceitar uma oferta de aquisição – *early exits vs. late exits*

É natural que a maioria dos empreendedores queira ver sua *startup* se tornar a nova titã do mercado, assim como muitos anjos desejam investir em futuros titãs (como Peter Thiel e a valorização de 6.000x das suas ações do Meta em 6 anos). E, quanto mais a empresa cresce para alimentar essa ambição de ser grande, mais ela precisa captar recursos em diversas rodadas de financiamento – primeiro com mais anjos, e depois com Fundos *Venture Capital* e *Corporate Venture*[546]. Quando se fala de *glamour*, inclusive, um IPO é até mais atraente do que a aquisição privada como desinvestimento.

No entanto, nem sempre essa é a melhor estratégia para empreendedor e investidor. Por mais atraente que seja tentar fazer sua *startup* crescer até o limite, há situações em que a estratégia mais eficiente é aceitar uma oferta de aquisição ainda no estágio embrionário ou inicial – no mercado de anjos, é o que se chama de *early exit*.

[545] OECD Reviews of Innovation Policy: France 2014. *OCDE*. OECD Reviews of Innovation Policy. Paris: OECD Publishing, 2014. Disponível em: <https://www.oecd.org/publications/oecd-reviews-of-innovation-policy-france-2014-9789264214026-en.htm>. Acesso em 11.07.2019.

[546] Shane, Scott. *The Importance of Angel Investing in Financing the Growth of Entrepreneurial Ventures*. SBA Office of Advocacy (2008). Disponível em: <http://signallake.com/innovation/AngelInvestingSept08.pdf>. Acesso em 31.03.2017.

A escolha entre uma *early exit* ou um desinvestimento em estágio avançado depois de diversas rodadas – uma *late exit* – é um *trade-off* bem relevante. A *startup* pode **(i)** tentar crescer ainda mais para conquistar um desinvestimento bilionário, ainda que dividindo cada vez mais o bolo com investidores de futuras rodadas e continuando a assumir o risco sempre presente de a empresa dar errado; ou **(ii)** ser vendida nos estágios iniciais por um preço não tão bombástico, mas satisfatório pelos resultados já alcançados, livrando os sócios também do risco do negócio[547].

Para o investidor anjo, há alguns motivos pelo qual é racional perseguir mais *early exits*. Um deles é tirar proveito do gráfico "*Gartner Hype Cycle for Emerging Technologies*", que demonstra como as projeções de crescimento de *startups* (principalmente de bases tecnológicas, mas também de outros setores) seguem trajetórias semelhantes ao longo da vida[548]:

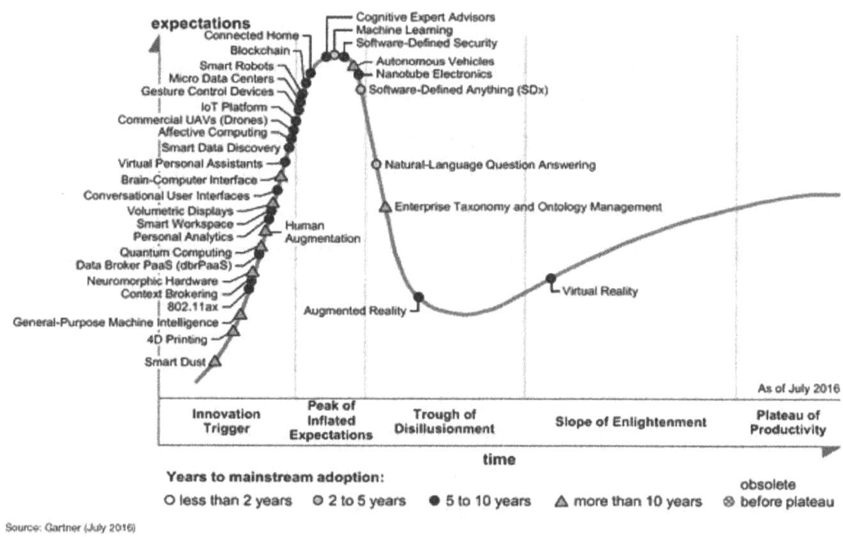

[547] Hellman, Thomas, Thiele, Veikko. *Friends or Foes? The Interrelationship between Angel and Venture Capital Markets.* Journal of Financial Economics. Amsterdã: Elsevier, março de 2015. Disponível em: <https://papers.ssrn.com/sol3/papers.cfm?abstract_id=2323553>. Acesso em: 27.03.2017.

[548] Lord, Hambleton; Mirabile, Christopher. *Fundamentals of Angel Investing.* Boston: CreateSpace Independent Publishing Platform, 2016.

O período temporal em que expectativas do mercado sobre a *startup* chegam no ápice – "*Peak of Inflated Expectations*" – é quando a sua precificação se torna mais cara (costuma acontecer após em eventos-chave como lançamento do produto ao mercado ou uma aprovação regulatória relevante)[549]. Durante esse período, o *hype* está até irrealisticamente alto (racionalidade limitada do mercado), tornando eficiente que o investidor anjo aceite uma oferta de aquisição enquanto ainda está no *Peak*[550]. O conceito pode ser resumido nas palavras de Lord & Mirabile – "*vender um sonho costuma ser bem mais fácil do que vender a realidade*" (tradução livre)[551].

Anjos também podem se motivar com uma *early exit* pelo custo e diluição que precisariam enfrentar ao perseguir uma *late exit* com mais e mais rodadas de investimento. Conforme a *startup* cresce, ela se torna elegível a Fundos *Venture Capital* e *Corporate Venture,* que podem acabar diluindo cada vez mais os anjos e empreendedores (ainda que a presença de fundos reconhecidos no mercado não deixe de ser uma fonte de empolgação). Dado o alto índice de diluição que esses sócios sofreram ao longo das rodadas de investimento, há uma chance de um evento de liquidez de R$ 500 milhões, por exemplo, ser menos lucrativo para eles do que um evento de liquidez de R$ 30 milhões de uma *early exit.*

Eric Paley – professor da Harvard Business School – fala sobre duas *startups* que proporcionaram diferentes níveis de sucesso aos seus fundadores[552]. De um lado, a Zappos, *startup* de *eCommerce* de calçados muito famosa por ter levantado capital com alguns dos melhores fundos do Vale do Silício e ter sido comprada pela Amazon por aprox. US$ 1 bilhão. E, de outro lado, a Wayfair, *startup* de *eCommerce* de móveis que não era muita conhecida por haver evitado *Venture Capital* até já ser grande e estabelecida.

549 Lord, Hambleton; Mirabile, Christopher. *Fundamentals of Angel Investing.* Boston: CreateSpace Independent Publishing Platform, 2016.

550 Trata-se, resumidamente, de todas as influências sobre o agente econômico que o impedem de ser totalmente racional, como motivações emocionais, afetivas, enfim, influências não-financeiras que já foram discutidas nesse trabalho.

551 Lord, Hambleton; Mirabile, Christopher. *Fundamentals of Angel Investing.* Boston: CreateSpace Independent Publishing Platform, 2016.

552 Venture capital is a hell of a drug. *Techcrunch* (2016). Disponível em: <https://techcrunch.com/2016/09/16/venture-capital-is-a-hell-of-a-drug/>. Acesso em 22.03.2018.

Mesmo sendo tão famosa no ecossistema, enquanto o desinvestimento da Zappos rendeu entre US$ 214 e US$ 367 milhões para cada um dos seus cofundadores, o desinvestimento da não-tão-famosa Wayfair rendeu mais de US$ 2 bilhões para os cofundadores. Veja-se – seus dois fundadores da Wayfair, a qual levantou menos *Venture Capital,* tiveram mais lucro no desinvestimento cada um do que todos os fundadores da Zappos juntos[553]. De uma maneira geral, há diversas dessas histórias no mercado sobre *early exits* que renderam mais aos empreendedores do que *late exits*[554].

[553] Dada esse alto *price tag* de Fundos *Venture Capital,* diversas *startups* acabam questionando se eles são mesmo necessários, dado que sua presença acaba limitando as opções de saída, i.e., pressionando fundadores a só aceitar ofertas de aquisição futuras para que a *startup* continue crescendo, assumindo o risco de fracassar e não conseguir oferta alguma. Em outras palavras, pode ser do interesse do Fundo *Venture Capital* tirar desinvestimentos mais prematuros da mesa, ainda que pudessem ser vantajosos para a equipe fundadora (p. ex. *acqui-hires*). Isso porque, se um Fundo *Venture Capital* tem um portfólio de 30 *startups,* ele pode esperar que pelo menos 20 delas fracassarão ou não darão retorno. Resta sobre as 10 *startups* restantes a necessidade de multiplicar o capital do fundo. Esse cálculo, considerado junto ao fato de que o fundo não deve ter mais de 20% ou 30% de cada *startup,* leva à necessidade de conseguir excelentes desinvestimentos dessas investidas. Por isso, o gestor do fundo tem incentivo para estimular o crescimento da *startup,* dispensando *early exits* que não rendem resultados astronômicos. Dado que só uma ou poucas *startups* do portfólio conseguem desinvestimentos de sucesso, a fórmula de sucesso do fundo vai ter levado as demais startups ao fracasso, quando a melhor opção teria sido uma *early exit* para que empreendedores (e eventuais anjos) não acabassem sem nada. Adicionalmente, ainda que a *startup* tenha sucesso com a fórmula de *Venture Capital* e consiga chegar a uma *late exit* bombástica, não necessariamente isso vai se traduzir em maior sucesso para o anjo e empreendedor, conforme nota de rodapé acima. Naturalmente, cada caso é um caso – ainda que tenhamos diversas *startups* que fizeram *bootstrapping,* também temos diversas outras que conseguiram decolar graças ao dinheiro, mentoria e *networking* dos seus investidores (entre essas *startups,* tivemos Facebook, Google, Microsoft, Apple e outras *bigtechs*). *In* Venture capital is a hell of a drug. *Techcrunch* (2016). Disponível em: <https://techcrunch.com/2016/09/16/venture-capital-is-a-hell-of-a-drug/>. Acesso em 22.03.2018.

[554] Vide, por exemplo os dois seguintes exemplos de *late exits* – a fundadora do *Huffington Post* aceitou oferta de aquisição da AOL, 6 anos após fundá-lo, embolsando apenas US 18 milhões do total de US$ 315 milhões pago pela empresa (detinha apenas 14%); e os três confudadores do *Bleacher Report* aceitaram oferta de aquisição da Turner Sports, 5 anos após fundá-lo, e cada um só retirou US$ 10 milhões do total de US$ 300 milhões pago pela empresa (cada um só detinha de 5% a 10%). Vide agora os dois seguintes exemplos de *early exits* em que os fundadores tiveram mais sucesso do que os anteriores – o fundador

Dito isso, é recorrente que gestores de Fundos *Venture Capital* sejam pressionados a buscar grandes desinvestimentos por seus cotistas, preterindo então algumas *early exits*. Anjos, por outro lado, investem com patrimônio próprio e não são pressionados a achar uma nova Amazon em cada *startup*. Se um anjo conseguir dobrar um investimento de 2 anos com uma *early exit*, por exemplo, já terá conseguido um rendimento anual de 50% ao ano, bem superior a investimentos tradicionais. Além disso, o investidor anjo poderá imediatamente reinvestir em mais *startups* sem estar obrigado a prestar contas ou distribuir lucros a cotistas de fundo.

Entre os bons exemplos no mercado de aquisições que resultaram em *early exits*, temos a famosa compra do Instagram pela Meta por US$ 1 bilhão[555]. Foi forte a repercussão gerada pelo pagamento de um valor tão alto por uma *startup* de 18 meses de idade, com uma equipe de 13 pessoas e que não gerava renda, ainda que com 30 milhões de usuários. Bem, 5 anos depois da aquisição, em 2017, o Instagram passava de 600 milhões de usuários (aumento de 20x)[556], e, hoje em dia, o marcador já passou de 1 bilhão[557].

Não há dúvidas de que o Instagram proporcionou uma *early exit* bastante lucrativa para seus sócios. Conforme relatou um ex-administrador da Meta, Mark Zuckerberg não decidiu comprar o Instagram apenas pelo seu potencial, mas também para diversificar sua prateleira de pro-

da *TechCrunch* aceitou oferta de aquisição da AOL com preço de US$ 30 milhões e levou US$ 24 milhões (tinha 80% da *startup* por nunca haver aceitado *Venture Capital*); e o fundador da *ThinkNear* aceitou oferta de aquisição da Telenav 1 ano e meio depois com preço de US$ 22,5 milhões (foi calculado que o fundador teria lucrado 30% a menos se houvesse aceitado aceitado mais uma rodada de *Venture Capital*). *In* Why selling a startup for $20 million can be better than selling it for $200 million. *Business Insider* (20.10.2014). Disponível em: <https://www.businessinsider.com.au/why-its-better-to-sell-a-startup-for-20-million-instead-of-200-million-2014-10>. Acesso em 11.07.2019.

555 Facebook Buys Instagram for $1 Billion. Smart Arbitrage. *Forbes* (09.04.2012) Disponível em: <https://www.forbes.com/sites/bruceupbin/2012/04/09/facebook-buys-instagram-for-1-billion-wheres-the-revenue>. Acesso em 18.06.2017.

556 Here's why Facebook's $1 billion Instagram acquisition was such a great deal. *Recode* (09.03.2017). Disponível em: <https://www.recode.net/2017/4/9/15235940/facebook-instagram-acquisition-anniversary>. Acesso em 18.06.2017.

557 17 Instagram stats marketers need to know for 2019. *Sproutsocial* (22.04.2019). Disponível em: <https://sproutsocial.com/insights/instagram-stats/>. Acesso em 28.06.2019.

dutos e agregar mais empreendedores em seu time (filosofia também vista em outras contratações, como o ex-CEO da PayPal que se tornou líder do Facebook Messenger). Nesse relato, é possível identificar elementos tanto de uma *early exit* quanto de um *acqui-hire*.

Por fim, de fato, a aquisição do Instagram é um bom exemplo de como *startups* de bases digitais podem proporcionar mais oportunidades de *early exits* para seus fundadores e investidores do que outras *startups*, dado que são mais escaláveis (*capital-efficient*) e mais propensas a receber ofertas de aquisições estratégicas e *acqui-hires* (Capítulo 4.7.1).

4.7.2. Oferta Pública Inicial - IPO

A primeira oferta pública de ações de uma sociedade anônima – a que marca a sua transição de capital fechado para capital aberto – é chamada de oferta pública inicial ou de *Initial Public Offering* ("*IPO*"). A emissão de ações ao mercado marca o momento em que os sócios deixam de ser apenas os fundadores e investidores (e funcionários que exerceram *stock options*) e passam a ser quaisquer investidores que comprarem as ações publicamente listadas.

Como já sabemos pelo tópico anterior, o IPO é um evento de liquidez para investidores muito mais raro do que uma aquisição privada. No entanto, é uma saída que gera vantagens relevantes – para os investidores, há um potencial de lucros que dificilmente vem em ofertas privadas de aquisição; para a *startup*, é uma fonte colossal de recursos, prestígio, acesso a financiamentos tradicionais em condições mais favoráveis (i.e., crédito bancário e emissões de títulos de dívida) e oportunidades de futuras aquisições via pagamento parcial em ações[558].

Já a preparação da *startup* brasileira para um processo de IPO é extremamente rigorosa. Não só a *startup* precisará contratar uma instituição financeira (ou um sindicato de instituições) para coordenar a oferta pública, como haverá a necessidade de observância e cumprimento das regras pertinentes à RCVM 160 discutidas no Capítulo 2.3 (p.ex. elabo-

[558] Especificamente para os sócios que continuarão na *startup* pós-IPO, pode haver algumas desvantagens como alto custo regulatório, regime restrito de disclosure, pressão dos acionistas minoritários etc., *in* RAMSINGHANI, Mahendra. *The Business of Venture Capital:* insights from leading practitioners on the art of raising a fund, deal structuring, value creation, and exit strategies. 2ª ed. Hoboken: John Wiley & Sons, 2014.

ração de prospecto, respeito ao período de silêncio, *disclosures* periódicos de informações financeiras etc.)[559].

Nos Estados Unidos, em 2016, ocorreram 39 IPOs de *startups* americanas investidas por Fundos *Venture Capital*, e, em 2015, foram 77[560]. Esse decréscimo reflete bem a onda de rejeição ao IPO entre as *startups* – fundadores e investidores preferiam mantê-las privadas por mais tempo ao invés de abrir capital[561].

Essa tendência foi observada especialmente no Uber, que lançou o IPO mais marcante da história das *startups* com *valuation* de estrondosos US$ 82,4 bilhões em maio de 2019 (ainda que sua oferta pública de ações tenha tido muitos problemas posteriores)[562].

Esse cenário foi revertido em 2020, ano em que foram registrados números recordes de levantamento de capitais via IPO, apesar das dificuldades impostas pela pandemia da Covid-19. Foram realizados 103 IPOs de *startups* americanas investidas por Fundos *Venture Capital* com um valor médio de captação de US$ 518 milhões[563]. O recorde não foi apenas no número de IPOs realizados, mas também no montante total levantado nas operações, que atingiu estonteantes US$ 222 bilhões (nos anos de 2004 até 2018 o valor anual de captação não passava de US$ 56 bilhões)[564]. Em contrapartida, o número de operações de desinvestimento de *startups* via aquisição privada (apesar de manter sua superioridade sob as operações de IPO) sofreu uma redução de 1.042 operações

[559] EIZIRIK, Nelson; GAAL, Ariádna; PARENTE, Flávia; HENRIQUES, Marcus. *Mercado de Capitais:* regime jurídico. 3ª ed. Rio de Janeiro: Renovar, 2011.

[560] NVCA 2017 Yearbook: the go-to resource on the venture ecosystem. *National Venture Capital Association* (2017). Disponível em: <http://nvca.org/blog/nvca-2017-yearbook-go-resource-venture-ecosystem/>. Acesso em 15.05.2019.

[561] Fixing the 'Brain Damage' caused by the I.P.O. Process. *NYTimes* (18.09.2017). Disponível em: <https://www.nytimes.com/2017/09/18/business/dealbook/ipo-chamath-palihapitiya.html>. Acesso em 29.01.2018.

[562] A brief history of Uber's bumpy road to an IPO. *Techcrunch* (maio de 2019). Disponível em: <https://techcrunch.com/2019/05/10/a-brief-history-of-ubers-bumpy-road-to-an-ipo/>. Acesso em 11.07.2019.

[563] NVCA 2021 Yearbook. *National Venture Capital Association* (2021). Disponível em: <http://nvca.org/wp-content/uploads/2021/08/NVCA-2021-Yearbook.pdf>. Acesso em 26.09.2022.

[564] Ibidem.

realizadas em 2019, para apenas 886 em 2020[565]. No Brasil, o faturamento mínimo estimado de uma *startup* para cogitar IPO era algo perto de R$ 50 milhões em 2011[566], e, hoje em dia, depende do quão *capital-intensive* é a atividade econômica desenvolvida. A NetShoes, por exemplo, abriu capital na bolsa americana em 2017 com US$ 1,739 bilhão de faturamento, 5,6 milhões de clientes ativos e 10,3 milhões de pedidos (com valor médio de R$ 206,60)[567].

Tivemos, também nos Estados Unidos, o IPO da PagSeguro – *fintech* brasileira de soluções de pagamentos focada principalmente ao mercado de MEI, microempresas e pequenas empresas, ofertando soluções de pagamentos digitais, contas digitais e antecipação de recebíveis[568].

Por fim, o IPO entra na categoria de *late exit* – logo, um investidor anjo que deseja apostar no desinvestimento via oferta pública deve ponderar as vantagens e desvantagens de preterir uma *early exit*, conforme demonstradas no Capítulo 4.7.1.1.

[565] Ibidem.

[566] Spina, Cássio. *Investimento Anjo*: guia prático para empreendedores e investidores. São Paulo: Nversos, 2011.

[567] Adicionalmente, no final de 2016, a Netshoes verificou que 74,5% dos seus pedidos foram realizados por consumidores que já haviam comprado da *startup* no passado. Aproveitando as boas expectativas acerca de *fintechs* que comentamos no Capítulo 2.3.2 acima, a Netshoes também entrou em parceria com o Banco Itaú para oferecer um cartão de crédito que oferece benefícios e descontos para seus consumidores. Em matéria de investimentos, a Netshoes recebeu US$ 168,6 milhões em investimento direto em maio de 2014, US$ 45 milhões em investimento direto em março de 2015, e US$ 30 milhões em dívida conversível em fevereiro de 2017. No IPO, a companhia conseguiu levantar aproximadamente US$ 148,5 milhões no mercado americano. Vide (1) Netshoes raises $148.5 million in IPO, expected to trade Wednesday. *Marketwatch* (12.04.2017). Disponível em: <https://www.marketwatch.com/story/netshoes-raises-1485-million-in-ipo-expected-to-trade-wednesday-2017-04-12>. Acesso em 04.06.2019; e (2) documento público submetido pela NetShoes Cayman Limited à SEC para realização da oferta pública de ações na bolsa de valores americana, *in* Form F-1 Registration Statement Under the Securities Act Of 1933. *Netshoes (Cayman) Limited* (2017). Disponível em: <https://www.sec.gov/Archives/edgar/data/1562767/000119312517083940/d278032df1.htm>. Acesso em 04.06.2017.

[568] Form F-1 Registration Statement Under the Securities Act Of 1933. *PagSeguro Digital Limited* (2017). Disponível em: <https://www.sec.gov/Archives/edgar/data/1712807/000119312517378788/d417437df1.htm. Acesso em 17.06.2019.

CAPÍTULO 5
LEI COMPLEMENTAR Nº 155/2016 E LEI COMPLEMENTAR Nº 182/2021 (MARCO LEGAL DAS *STARTUPS*)

"An angel can illumine the thought and mind of man by strengthening the power of vision and by bringing within his reach some truth which the angel himself contemplates."

São Tomás de Aquino, 1269

Ao longo dos últimos capítulos desse livro, foi estudado como o sistema de investimento anjo e *Venture Capital* vem se formando no mercado brasileiro, especialmente aspectos jurídicos e financeiros na sua estruturação. E, agora, passamos a estudar as tentativas de tipificação pelo Poder Legislativo (achou que) em lei federal.

Em 2016, testemunhamos a primeira iniciativa relevante para o mercado de anjos – a publicação da Lei Complementar nº 155, que reconheceu a figura do investidor anjo e criou um regime específico). Em 2021, veio a segunda iniciativa – o legislador resolveu implementar alguns ajustes pontuais, por meio da Lei Complementar nº 182 ("*Marco Legal das Startups*").

O essencial da Lei Complementar nº 155 diz que esses "novos" anjos:

(i) podem ser pessoas físicas, pessoas jurídicas ou fundos de investimento;

(ii) investem seu "*aporte*" (como a lei chama o investimento) mediante um "*contrato de participação*" – um novo instituto jurídico;

(iii) não são considerados sócios e não podem influenciar a gestão da *startup*, ressalvada a possibilidade de participar nas deliberações em caráter meramente consultivo, nos termos pactuados em contrato;

(iv) não respondem com seu patrimônio por dívidas assumidas pela *startup*, sendo inaplicável o art. 50 do Código Civil para atingi-los;

(v) podem receber remuneração por seus aportes em até 7 anos, com periodicidade e montante a serem pactuados em contrato;

(vi) só podem investir pelo prazo mínimo de 2 anos e prazo máximo de 7 anos;

(vii) têm direito de preferência na hipótese de venda (total ou parcial) das quotas dos sócios;

(viii) têm direito de *tag along* se os demais sócios venderem suas quotas;

(ix) têm direito de exigir as contas justificadas da administração da *startup* e, anualmente, o inventário, o balanço patrimonial e o balanço de resultado econômico da empresa; e

(x) têm direito de examinar os livros, os documentos e o estado do caixa e da carteira da sociedade, a qualquer momento, exceto de o contrato de participação estabelecer época específica.

Já o Marco Legal das Startups trouxe uma definição legal de investidor anjo como o "*investidor que não é considerado sócio nem tem qualquer direito a gerência ou a voto na administração da empresa, não responde por qualquer obrigação da empresa e é remunerado por seus aportes*" (art. 2º, I). Mais importante ainda, a nova norma tipificou o mútuo conversível em participação societária, já consagrado como prática do mercado há diversos anos, entre outros instrumentos possíveis.

A Lei Complementar nº 155 foi um complemento à Lei do Simples, adicionando os artigos 61-A, 61-B, 61-C e 61-D, que regulamentam as condições acima. Vejamos, uma a uma, as novidades que a Lei Complementar nº 155 trouxe ao mercado – ainda que um tanto equivocadas (mesmo após as melhorias promovidas pelo Marco Legal das Startups).

5.1. Contrato de participação: uma alternativa ao mútuo conversível?

A Lei Complementar nº 155preferiu tipificar o chamado *contrato de participação* ao invés de adotar a estrutura já consolidada do mútuo conversível. Até por essa razão, o novo regime jamais decolou no mercado, e, com a tipificação/autorização expressa do Marco Legal das Startups, o contrato de participação tem mais valor enquanto tema de discussão legislativa do que valor prático. Dito isso, ainda podemos entrar no mérito do que o Congresso tentou fazer em 2016 para avaliar por quê não deu certo.

O contrato de participação é, assim como o mútuo conversível, um instrumento híbrido – ainda que, por um lado, o contrato de participação possua características de uma compra e venda de participação societária (p. ex. apuração de haveres, participação nos lucros, direito de preferência e *tag along*), ele ainda traz algumas semelhanças a um contrato de mútuo (p. ex. exclusão de responsabilidade por passivos da investida e prazo máximo de pagamento do aporte)[569].

Em primeiro lugar, nota-se que a Lei Complementar nº 155 não é rígida em relação a como seus anjos se vestem – pessoas físicas, pessoas jurídicas e até mesmo fundos de investimento podem ocupar a posição de investidor anjo no contrato de participação (§2º do art. 61-A e art. 61-D).

Ironicamente, o FIP seria o tipo de fundo mais intuitivamente adequado para ser um investidor anjo, mas a própria CVM o proíbe de investir via contrato de participação. Conforme já estudamos no Capítulo 2.7.3, um FIP só pode investir em uma empresa se puder participar do seu processo decisório e detiver efetiva influência na definição de sua política estratégica e na sua gestão (arts. 5º e 6º da ICVM 578).

Por mais genérica que seja a regra nesse aspecto, ela diverge frontalmente ao §4º, I do art. 61-A da Lei Complementar nº 155, que proíbe o exercício de qualquer direito de gerência ao investidor anjo no âmbito do contrato de participação. Em outras palavras, a ICVM 578 obriga o FIP a participar na gestão da empresa que ele investe, enquanto a Complementar nº 155o proíbe de participar. Com o confronto até semântico das duas normas, não parece ser possível que um FIP consiga assinar um contrato de participação sem estar infringindo a ICVM 578.

Pode haver uma saída desse impedimento regulatório. Por exceção conferida pela ICVM 578, o FIP pode manter até 10% do patrimônio em

[569] Ramos, Pedro; Perroni, Diogo; Baptista Luz, Felipe. *A regulação do Investimento-Anjo no Brasil*: comentários e perspectivas a respeito da Lei Complementar 155/2016 (2017). Disponível em: <https://baptistaluz.com.br/wp-content/uploads/2018/06/artigo-baptista-luz-pt-regulação-do-Investimento-anjo-no-Brasil.pdf>. Acesso em 28.04.2017.

qualquer ativo. Seguindo essa prerrogativa, um FIP poderia encarteirar uma debênture e não precisar seguir a regra geral de influenciar a gestão da emissora, até mesmo porque a debênture não lhe permitiria fazê-lo. Fazendo uma analogia, poderia ser justificável usar essa reserva de até 10% para alocar um investimento em *startup* via contrato de participação.

Por outro lado, não deixaria de existir risco de descumprimento regulatório, já que a ICVM 578 também proíbe que FIPs invistam em direitos creditórios (art. 43, inciso VI, item "b"). Dada a natureza híbrida do contrato de participação e sua aproximação com um título de dívida, a CVM poderia interpretar o investimento anjo como burla à regulamentação e responsabilizar o administrador fiduciário e gestor de recursos do FIP por descumprimento à ICVM 578[570].

Esse ponto, agregado à falta de incentivos que o FIP teria para usar contrato de participação, mesmo que não considerássemos o risco regulatório, indica que não deverão existir muitos contratos de participação por FIPs no mercado. Dito isso, ainda seria possível para um fundo de investimento "genérico" constituído pela ICVM 555 investir via contrato de participação. Tanto esse fundo quanto uma *holding* seriam convenientes para um investimento sindicalizado, deixando bem formalizada a quota-parte de cada investidor e determinando a função de cada um em contrato/estatuto social ou regulamento, conforme o caso[571].

Passaremos agora à avaliação da estrutura de um contrato de participação. Para facilitar sua visualização e entendimento, nós adotaremos algumas referências de melhores práticas, padrões de mercado e mecanismos sofisticados que fogem o escopo básico da Lei Complementar nº 155.

a) Elementos contratuais – partes, objeto e prazo

Primeiramente, a Lei Complementar nº 155 delimitou só poderem receber investimento anjo as *startups* que forem microempresas e empresas

570 RAMOS, Pedro; PERRONI, Diogo; BAPTISTA LUZ, Felipe. *A regulação do Investimento-Anjo no Brasil*: comentários e perspectivas a respeito da Lei Complementar 155/2016 (2017). Disponível em: <https://baptistaluz.com.br/wp-content/uploads/2018/06/artigo-baptista-luz-pt-regulação-do-Investimento-anjo-no-Brasil.pdf>. Acesso em 28.04.2017.

571 SPINA, Cássio. *Investimento Anjo*: guia prático para empreendedores e investidores. São Paulo: Nversos, 2011.

de pequeno porte, nos termos do art. 3º da Lei do Simples[572]. Ou seja, só *startups* que elegíveis ao Simples Nacional conseguem investimento anjo pelo novo regime, excluindo automaticamente as sociedades anônimas.

A consequência prática disso é que o regime da Lei Complementar nº 155é destinado a *startups* em estágio embrionário e estágio inicial, e, também, que ainda não têm nenhum investidor no quadro social, já que investidores preferem que ela seja transformada em sociedade por ações quando se tornam seus sócios (aproveitamento do ágio e posição discreta como acionista, conforme Capítulo 4.5.2). Logo, quando um investidor anjo quiser investir em uma *startup* que já passou do *early stage*, provavelmente usará um dos instrumentos que existem fora da Lei Complementar nº 155 (p.ex. um AFAC).

O objeto do contrato de participação deve ser "*fomento a inovação e investimentos produtivos*" (§1º do art. 61-A). Por um lado, poderíamos estranhar a existência dessa regra, já que é um contrato privado, mas pode haver sido pensada para que o objetivo do contrato de participação não fosse desvirtuado. Na cláusula de objeto contratual, de forma semelhante ao mútuo conversível, recomenda-se que o anjo complemente a exigência legal acima com disposições de **(i)** destinação de recursos (p. ex. compra de certo maquinário, investimento na pesquisa de determinado medicamento, construção de uma rede de distribuição); e **(ii)** liberação parcial e condicionada do aporte conforme datas ou KPIs pré-determinados[573].

Como ponto favorável à Lei Complementar nº 155, mesmo a *startup* recebendo um aporte da ordem de centenas de milhares, esses recursos não vão ter natureza contábil de receita ou de capital social – permitindo que a empresa se mantenha enquadrada no Simples Nacional[574]. O que pode ocorrer é que, enquanto o contrato de participação esti-

[572] Em outras palavras, sociedades empresárias, sociedades simples, EIRELI e empresários que sejam *(i)* microempresa, auferindo receita bruta igual ou inferior a R$ 360 mil em cada ano-calendário, ou *(ii)* empresa de pequeno porte, auferindo receita bruta superior a R$ 360 mil e igual ou inferior a $ 4,8 milhões em cada ano-calendário.

[573] Guia de Investimento Anjo & Documentos Legais. Modelo de contrato de participação. *Anjos do Brasil* (05.04.2017). Disponível em: <www.anjosdobrasil.net>. Acesso em 29.06.2019.

[574] Ganhando uma eficiência fiscal, a *startup* pode reduzir também o valor recolhido a título de Contribuição Previdenciária Patronal (CPP) para o INSS, cuja base de cálculo inclui o

ver ativo, ela saia do Simples por superar o limite de faturamento legal. Nesse cenário, poderia ser levantada uma discussão sobre o que acontece com o contrato – ele deixa de produzir efeitos, já que só *startups* inscritas no Simples Nacional podem receber o aporte da Lei Complementar nº 155?

Entendemos não ser o caso, dado que, não só essa possibilidade não existe na lei, mas o crescimento exponencial de uma *startup* é a consequência natural (se tudo der certo) da alocação eficiente do aporte anjo. Seria, no mínimo, contraditório que a Lei Complementar nº 155condenasse um investimento bem-sucedido à descaracterização prematura.

Nessa linha de vigência, a Lei Complementar nº 155determinou que o prazo máximo do contrato de participação é de 7 anos. No mercado brasileiro, percebemos que a duração habitual do investimento anjo chega a ser até menor que isso, batendo a média de 3 a 7 anos em mútuos conversíveis[575]. Em diversas ocasiões, o anjo acaba preferindo uma *early exit* pelas razões do Capítulo 4.7.1.1, impedindo que o prazo legal seja um problema na prática. No entanto, nem sempre esse será o caso, já que algumas *startups* podem incentivar o investidor a se manter ao longo de futuras rodadas de investimento e objetivar uma *late exit.*

Felizmente, nesses casos, o prazo máximo de 7 anos também não será um obstáculo. Ainda que a Lei Complementar nº 155tenha arbitrado um prazo fixo sem razão aparente, o mercado tem os instrumentos para se adequar a essa dificuldade (próximo item desse capítulo). É importante que haja essa adequação, já que, no geral, anjos estão confortáveis em esperar pela maturação dos seus esforços e pelo retorno exponencial

capital social do contribuinte e pode ou não ser incluído no cômputo mensal do Simples Nacional, a depender da atividade desempenhada.

575 Vide (1) Lobo, Alexandre L.; Potenza, Guilherme P. *Investimentos Venture Capital e Private Equity: Considerações Práticas e Jurídicas.* In: Botrel, Sergio. Barbosa, Henrique (Coordenadores). Finanças Corporativas: Aspectos Jurídicos e Estratégicos, Rio de Janeiro: Gen Atlas, 2016, pp. 267-316; (2) McKaskill, Tom. An Introduction to Angel Investing. Melbourne: Breakthrough Publications, 2009. Disponível em: <https://www.angelcapitalassociation.org/data/Documents/Resources/McKaskill-_Intro_to_Angel_Investing.pdf?rev=CF33>. Acesso em 09.05.2017; (3) Spina, Cássio. *Investimento Anjo*: guia prático para empreendedores e investidores. São Paulo: Nversos, 2011; e (4) Guia de Investimento Anjo e Documentos legais. *Anjos do Brasil* (2016). Disponível em: <www.anjosdobrasil.net>. Acesso em 27.06.2019.

que procuram. Nas palavras de Wetzel, *patience is a virtue, and angels tend to be virtuous*[576].

b) *Tag along* e direito de preferência

A Lei Complementar nº 155fez da cláusula *tag along* – conceito definido no Capítulo 4.5.1 – um verdadeiro direito das partes do contrato de participação (art. 61-C). A lei se limitou a declarar a existência do direito ao *tag along* e indicar que o anjo terá direito aos mesmos termos da oferta do terceiro, mas preferiu não engessar como o *tag along* ocorrerá na prática. Esse ponto é positivo, já que permite aos contratantes determinar metodologia de cálculo e outros aspectos relevantes em contrato.

As principais lacunas a serem preenchidas contratualmente na cláusula de *tag along* seriam, por exemplo, como o *valuation* atribuído pelo terceiro adquirente à startup entrará no cálculo de quanto vale o aporte do investidor anjo. Alternativamente, pode ser acertado no contrato que a aceitação de uma oferta de aquisição pelo empreendedor (com anuência prévia do anjo, naturalmente) será evento gatilho da conversão imediata do aporte anjo em participação societária na *startup*[577], o que ensejaria uma fórmula semelhante à que propusemos no Capítulo 4.5.2.

De todo modo, o adquirente deverá aumentar o preço dada sua oferta original com o valor correspondente às quotas/ações emitidas para o anjo – valor esse que representará o desinvestimento do investidor. Considerando que a forma ótima de exercício do direito de *tag along* variará no caso a caso, a estrutura fica a cargo das partes e ddos advogados que elaborarem o contrato de participação.

Para que não haja nenhum ruído que impeça o regular exercício do direito de *tag along*, o empreendedor deve ser contratualmente obrigado a comunicar formalmente o anjo sobre qualquer oferta de aquisição que receber pelas suas quotas, de forma que tenha ampla oportunidade de manifestação acerca do direito de venda conjunta. Da mesma forma,

[576] Wetzel, William E. Jr. *Angels and Informal Risk Capital.* MIT Sloan Management Review, 24:4. Cambridge: Massachusetts Institute of Technology, 1987, p. 23-34.

[577] Ramos, Pedro; Perroni, Diogo; Baptista Luz, Felipe. *A regulação do Investimento-Anjo no Brasil*: comentários e perspectivas a respeito da Lei Complementar 155/2016 (2017). Disponível em: <https://baptistaluz.com.br/wp-content/uploads/2018/06/artigo-baptista-luz--pt-regulação-do-Investimento-anjo-no-Brasil.pdf>. Acesso em 28.04.2017.

o contrato de participação deve obrigar o empreendedor a dar ciência sobre os seus termos a qualquer potencial adquirente[578].

Por fim, a Lei Complementar nº 155também concede uma espécie de direito de preferência ao investidor anjo de um contrato de participação na hipótese de um dos sócios quererem vender suas quotas – na prática, é um direito que vai funcionar da mesma forma que o direito contratual no mútuo conversível (Capítulo 4.5.1), ressalvados eventuais ajustes contratuais para torná-lo mais parecido com um direito de primeira oferta (*right of first refusal*).

c) Cláusulas adicionais de direitos/proteção ao investidor anjo

Em sua redação original, a Lei Complementar nº 155 previu que o contrato de participação poderia prever remuneração – análoga a "dividendos" – para o investidor anjo, desde que não ultrapassasse 50% do total dos seus lucros da *startup* e que não fossem distribuídos por período maior do que 5 anos (§6º e §4º, III do art. 61-A). Após reforma pelo Marco Legal das Startups em 2021, o texto em vigor retirou o teto percentual, prevendo que a remuneração periódica será pactuada livremente pelas partes do contrato, observado o limite temporal de 7 anos.

Seguindo essa linha, o ideal para o investidor anjo é prever que a própria distribuição de lucros para qualquer pessoa deve ser previamente aprovada, com racional semelhante à cláusula que obriga o reinvestimento em contratos de aceleração (Capítulo 2.4)[579].

Adicionalmente, ainda que não seja exigência legal, é pertinente que o contrato de participação também contenha cláusulas que permitam monitoramento de *performance* da *startup*. Importa-se aqui as cláusulas adotadas nesse sentido no mútuo conversível, principalmente **(i)** direitos de veto em matérias relevantes; **(ii)** os eventos de vencimento antecipado do aporte (resgate antecipado, no caso do aporte) e **(iii)**

[578] Ramos, Pedro; Perroni, Diogo; Baptista Luz, Felipe. *A regulação do Investimento-Anjo no Brasil*: comentários e perspectivas a respeito da Lei Complementar 155/2016 (2017). Disponível em: <https://baptistaluz.com.br/wp-content/uploads/2018/06/artigo-baptista-luz-pt-regulação-do-Investimento-anjo-no-Brasil.pdf>. Acesso em 28.04.2017.

[579] Guia de Investimento Anjo & Documentos Legais. Modelo de contrato de participação. *Anjos do Brasil* (05.04.2017). Disponível em: <www.anjosdobrasil.net>. Acesso em 29.06.2019.

constituição de gravames sobre as quotas da *startup* como garantia de suas obrigações (Capítulo 4.5.1)[580].

d) Conversão do aporte anjo em participação societária na *startup*

A Lei Complementar nº 155diz expressamente que, no regime do contrato de participação, o investidor não será considerado um sócio da *startup* (§4º, I do art. 61-A). Em primeiro momento, parece estranho a lei colocar dessa forma, já que o anjo estar presente no quadro social da *startup* é quase uma condição precedente para que ele consiga um desinvestimento via evento de liquidez.

Aí que se torna mais interessante (ou bizarro): o Congresso Nacional parece nem ter tido eventos de liquidez em mente ao escrever a Lei Complementar nº 155. Seguindo o fluxo legal do contrato de participação, o aporte só poderia ser resgatado por um cálculo de apuração de haveres de sociedade limitada (art. 1.031 do Código Civil)[581], mas com equiparação do aporte a quotas que integram o capital social para fins de cálculo da justa parte do investidor anjo.

Primeiramente, parece inútil que a Lei Complementar nº 155tenha até mesmo entrado no mérito desse resgate, já que um investidor anjo dificilmente terá interesse em resgatar seu aporte da *startup* (que provavelmente nem terá patrimônio para liquidar). O valor que o anjo realmente procura virá do *valuation* atribuído por futuros adquirentes que abrem janelas de oportunidade para o desinvestimento. A possibilidade de resgate trazida pela Lei Complementar nº 155, no limite, poderia ser usada quando o investidor sabe que a *startup* já fracassou e deseja (tentar) reaver parte do seu capital, mas as chances de isso acontecer são baixíssimas, assim como em um mútuo conversível.

De todo modo, por amor ao debate, vamos ignorar essa questão de fato e assumir que o resgate seria interessante financeiramente para os anjos, o que nos leva a como a Lei Complementar nº 155 determina que

[580] Guia de Investimento Anjo & Documentos Legais. Modelo de contrato de participação. *Anjos do Brasil* (05.04.2017). Disponível em: <www.anjosdobrasil.net>. Acesso em 29.06.2019.

[581] Art. 1.031. Nos casos em que a sociedade se resolver em relação a um sócio, o valor da sua quota, considerada pelo montante efetivamente realizado, liquidar-se-á, salvo disposição contratual em contrário, com base na situação patrimonial da sociedade, à data da resolução, verificada em balanço especialmente levantado.

deve ser calculada a tal apuração de haveres. Nesse caso, o valor máximo que o investidor é autorizado a resgatar é o valor inicial do aporte com correção monetária (§7º do art. 61). Nesse sentido, um anjo que investiu R$ 50 mil não poderia resgatar seu capital com base no *valuation* da *startup*, mas somente resgatar esses R$ 50 mil corrigidos. Por outro lado, se a *startup* não obtiver sucesso, o anjo também não teria direito à execução judicial do contrato de participação (como poderia um mútuo não convertido), visto que a sua natureza é a assunção do risco do negócio, e não do risco de crédito.

Essa limitação beiraria à descaracterização do investimento anjo pelo regime da Lei Complementar nº 155. Se o máximo que o investidor anjo pudesse esperar de lucro pelo seu capital investido fosse correção monetária, ele poderia investir em títulos públicos federais e ainda conseguir mais rendimentos pela incidência de juros SELIC. Não só isso, mas a alternativa do anjo enquanto agente econômico racional seria simplesmente continuar usando o mútuo conversível para investir em *startups* (o que não deixa de ser o caso, conforme final desse capítulo). Felizmente, a forma que o mercado adotou para não deixar que os prazos mínimo e máximo sejam um problema também pode preservar a utilidade do contrato de participação, mesmo frente à limitação que acabamos de expor.

Na primeira edição deste livro, já havíamos recomendado que a solução seria o contrato de participação seguir a mesma estrutura do mútuo conversível e conter uma *cláusula de conversão do aporte em participação societária na startup*[582], permitindo que o anjo transformasse o aporte em efetivamente ações na sociedade investida, tornando-se um sócio. Com esse último ato, o contrato de participação morreria – substituído por um contrato de investimento e subscrição de ações cumulado com um acordo de acionistas – e o vínculo societário entre anjo e *startup* seria finalmente estruturado.

Dito isso, é interessante notar que o contrato de participação e o mútuo conversível são estruturas diferentes e regimes diferentes, mas que podem terminar da mesma forma – conversão em participação

[582] Ramos, Pedro; Perroni, Diogo; Baptista Luz, Felipe. *A regulação do Investimento-Anjo no Brasil*: comentários e perspectivas a respeito da Lei Complementar 155/2016 (2017). Disponível em: <https://baptistaluz.com.br/wp-content/uploads/2018/06/artigo-baptista-luz-pt-regulação-do-Investimento-anjo-no-Brasil.pdf>. Acesso em 28.04.2017.

societária. Sendo assim, são aplicáveis na conversão do contrato de participação praticamente todos os comentários que fizemos sobre a conversão do mútuo no Capítulo 4.5.2.

Nessa linha, em 2021, o Marco Legal das Startups aperfeiçoou o texto da Lei Complementar nº 155 em seu §6º do art. 61-A. Conforme a redação agora em vigor, as partes do contrato de participação poderão prever a possibilidade de conversão do aporte de capital em participação societária. Assim, *as críticas formuladas na primeira edição desta obra foram acolhidas em relação à conversibilidade do investimento anjo em participação societária futura, em linha com a prática de mercado construída por meio da adoção do mútuo conversível.*

O que nos resta para definir é como lidar com o contrato de participação enquanto ele não segue o caminho da conversão. Mais especificamente, como lidar com uma vedação bem relevante que ele impõe.

5.2. Anjos proibidos de influenciar a gestão da *startup* – e o *smart money*?

Para fins de compatibilização jurídica com a blindagem que o investidor anjo ganha no novo regime das dívidas assumidas pela *startup* (ponto fundamental do próximo capítulo), o Legislativo deixou claro na Lei Complementar nº 155 que o anjo titular do aporte não é um sócio da investida e não tem direito de gerência ou voto na administração da empresa. Grande parte do mercado repreendeu veementemente essas proibições, entendendo que vão contra o próprio conceito de *smart money*.

A insatisfação é acertada, dado que o investidor anjo não traz (e nem gostaria de trazer) apenas sua conta bancária para a mesa, mas também a *expertise* e *networking* conquistados ao longo de suas experiências do passado – lembrando até mesmo das motivações não-financeiras do Capítulo 3.3 sobre a satisfação pessoal de levar uma *startup* ao topo.

Esse descompasso bem óbvio entre o conceito de investimento anjo e texto legal acima nos leva a ponderar a motivação do legislador por trás. Se assumíssemos que o seu objetivo foi proteger a parte mais fraca, impedindo que o investidor sequestrasse a gestão da *startup*, mesmo reduzindo suas chances de sucesso na prática? Não parece uma motivação racional.

A motivação do Legislativo com a proibição parece ter sido, na verdade, reduzir o risco de fraude. Mais precisamente, fraude em que os sócios de uma sociedade limitada concentram todos os ativos da atividade econômica sob a propriedade de um "investidor anjo" que seria, na essência, só mais um sócio (abuso de forma). No caso de a empresa fracassar e assumir dívidas, os tais ativos ficariam além do alcance dos credores porque seriam propriedade do "anjo" fraudulento, e não da empresa[583].

No limite, esse risco de fraude acabaria sendo precificado e aumentaria os custos de transação para qualquer empresa fazer negócio com optantes do Simples Nacional (não só *startups*), já que não haveria como saber quem tem um contrato de participação assinado ou não (documento privado e não registrado na Junta Comercial). O risco da fraude acabaria precificado inclusive em tratativas com empresas idôneas (seleção adversa), mas mitigado pela determinação legal de que o anjo não deve ser sócio ou gerente/administrador.

Partindo da premissa de que foi realmente essa a preocupação do Legislativo ao vedar o direito de ingerência do investidor anjo, entendemos que a forma de endereçar o risco de fraude (ainda que ele seja relevante) foi equivocada. Ao invés de criar mecanismos legais mais apropriados para apurar e punir atos fraudulentos, parece que o legislador optou pelo caminho mais simples de imputar vedações gerais que acabam enfraquecendo o instituto do contrato de participação. Na verdade, nem todo risco de fraude é mitigado pelas vedações impostas em lei – anjos de boa-fé sem poder de gerência acabam sendo mais vulneráveis, por exemplo, a fraudes arquitetadas dos próprios empreendedores.

Observando as críticas sobre este ponto, o legislador aprimorou parcialmente a redação da Lei Complementar nº 155 por meio do Marco Legal das Startups, a fim de prever expressamente a possibilidade de soft monitoring por meio de ***(i)*** *atuação consultiva (participação nas deliberações em caráter estritamente consultivo, conforme pactuação contratual, nos termos da atual redação do art. 61-A, §4º, I,*

583 Ilustrando com um exemplo: três amigos começam uma empresa e têm interesse em mitigar o risco do negócio. Para isso, eles concentram em um dos três a titularidade de todos os ativos que seriam da sociedade. Esse fundador que detém os bens então aporta uma quantidade qualquer de capital via contrato de participação e se intitula investidor anjo daquela *startup*, mesmo atuando rotineiramente como sócio. Na hipótese de o empreendimento fracassar, todos os ativos da empresa estão protegidos de eventual execução por credores insatisfeitos, já que oficialmente são propriedade do "investidor anjo" e não podem ser atingidos, conforme regime da Lei Complementar 155.

in fine); e ***(ii)*** *acesso e monitoramento das contas e demonstrações financeiras da sociedade (conforme os novos incisos IV e V do art. 61-A, §4º).*

Feitas nossas considerações sobre o que motivou a proibição de influenciar a gestão da *startup*, falemos sobre o impacto que ela traz na prática.

Os mecanismos vedados pela lei (voto em reunião de sócios, cadeira na diretoria etc.) são espécies de *hard monitoring*. Conforme estudado no Capítulo 4.6, a influência do investidor anjo vai mais na linha de mentoria, aconselhamento e participação ativa na gestão (*soft monitoring*), enquanto os vedados pela lei são mais adotados por Fundos *Venture Capital*. Em outras palavras, os mecanismos que a Lei Complementar nº 155 impediu já nem eram tão usados na prática, conforme indicado no Capítulo 5.6. Mesmo as cláusulas de controle sempre existindo nos contratos, dificilmente eram ou são ativadas nos casos concretos brasileiros.

Há, ainda, mais uma razão para mitigar as preocupações sobre essa proibição. Em que pese a vedação expressa ao impacto à gerência, o mercado desenvolveu algumas formas de conservar o pouco *hard monitoring* que os anjos sempre exerceram nas suas *startups* (ou, melhor dizendo, o direito de exercê-lo). Mesmo que o investidor anjo não seja sócio, diretor ou conselheiro, o contrato de participação pode contar com *direitos de veto e eventos de resgate antecipado* – cláusulas que, sem dúvida, permitem um controle indireto estratégico dos rumos da *startup* investida.

Mas não são apenas essas cláusulas mais agressivas que o anjo pode ativar no seu contrato. Ele também pode constituir um comitê consultivo com alçada para opinar sobre assuntos relevantes para a atividade estratégica, como as condições de uma nova rodada de investimento, mudanças na estratégia de desenvolvimento do produto (*pivots*), expansões geográficas, entre outros. Considerando que esse comitê consultivo não emitiria decisões com poder vinculativo e seria instituído pelo próprio contrato de participação, e não no contrato social (logo, não seria um órgão societário *intra corporis*), é bem defensável que sua influência não estaria violando a proibição de interferência na administração da investida. O comitê consultivo encontra ainda mais respaldo após a reforma que o Marco Legal das Startups implementou no art. 61-A, §4º, I, da Lei Complementar nº 155 acima comentada.

Dito isso, ainda que direitos de veto e eventos de resgate antecipado e comitê consultivo não sejam vedados pela Lei dos Anjos, alguns poderiam ver seu uso como uma "manobra" para driblar a vedação do §4º, I do art. 61-A. Em outras palavras, poderiam entender que há risco de um juiz interpretar a cláusula como descumprimento disfarçado de um requisito do regime da Lei Complementar nº 155, e então **(i)** impedir o resgate antecipado do aporte, interpretando como cláusula abusiva e contrária ao regime da Lei Complementar nº 155; ou, talvez pior, **(ii)** descaracterizar o contrato de participação em uma execução contra a *startup*, autorizando que seja atingido o patrimônio pessoal do investidor anjo.

Se seguíssemos essa linha de raciocínio mais proibitiva, precisaríamos assumir que, por mais que o anjo pudesse contribuir com algumas sugestões, a *startup* não teria qualquer obrigação de seguir suas recomendações ou respeitar os limites que ele determinou quando houvesse conflito de ideias. Um cenário tão limitado não parece ser o melhor possível, afinal, investidor é quem tem poder de decisão, por menor que seja – a nova lei estaria sugerindo implicitamente que mudássemos o nome de investidor anjo para um *consultor anjo*.

Há diversos argumentos que poderiam ser elencados contra a ideia de que as cláusulas levantadas acima seriam infrações à Lei Complementar nº 155:

- **(i)** a restrição ao direito a gerência e voto de administração parecem se referir à gestão operacional da *startup*, e não a decisões estratégicas (macro) do negócio;
- **(ii)** uma vez que o Judiciário (principalmente trabalhista) preza a materialidade sobre a forma, entende-se que a norma estará satisfeita se o anjo não estiver presente no dia a dia da *startup*, não coordenar funcionários, não pagar dívidas ou contas operacionais em nome próprio;
- **(iii)** as cláusulas de resgate antecipado não interferem ativamente na gestão, mas tão somente elencam efeitos jurídicos que podem ser causados por certos eventos – efeitos esses com que o empreendedor concorda no ato de assinatura (em outras palavras, não há interferência, mas apenas estabelecimento prévio de diretrizes/limites);
- **(iv)** não parece razoável que a Lei Complementar nº 155exija que o investidor assine um "cheque em branco" para o empreendedor,

oferecendo capital sem qualquer condição de influenciar nos rumos da *startup* ou fiscalizar traços de fraude[584];

(v) um comitê consultivo é uma estrutura institucional de mentoria e conselhos para o empreendedor, sem poder de decisão e não-vinculativa, logo, não poderia ser comparada a uma reunião de sócios, assembleia geral, conselho de administração ou conselho fiscal; e

(vi) em interpretação sistemática, a proibição contra o anjo participar da gestão parece ser voltada para coibir o risco de fraude por sócios, e não para inibir a mentoria dos anjos.

Ainda que tenhamos todos esses mitigadores, fato é que alguns julgadores ainda carregam hábitos erráticos. O risco de um juiz penalizar a ativação de cláusulas de resgate antecipado ou uso de direitos de veto deve ser considerado pelos anjos e seus advogados no momento de elaborar seus contratos de investimento, e, até mesmo, no momento de optar se investem via contrato de participação ou pelo clássico mútuo conversível.

Independentemente de o regime da Lei Complementar nº 155 e seus contratos de participação terem acabado em desuso, o maior ponto positivo da norma foi (tentar) mitigar o risco de exposição indevida do patrimônio pessoal do investidor a dívidas assumidas na pessoa jurídica da *startup* (um grande obstáculo atual ao crescimento do mercado brasileiro de anjos e *Venture Capital*).

5.3. (Tentativa de) blindagem do patrimônio do investidor anjo contra as dívidas da *startup* pela Lei Complementar nº 155

Esse foi o maior mérito da Lei Complementar nº 155 – tentar trazer mais segurança jurídica a um mercado no qual ela era escassa, firmando que o investir anjo não pode ser pessoalmente responsabilizado por qualquer

[584] Não se trata de um risco desprezível no mercado de *startups*. Entre 1995 e 2008, 11,07% dos Fundos *Venture Capital* ativos nos Estados Unidos investiram em pelo menos uma *startup* que chegou no IPO com base em informações fraudulentas, *in* Tian, Xuan; Udell, Gregory F.; Yu, Xiaoyun. *Disciplining Delegated Monitors:* evidence from venture capital. SSRN Electronic Journal. Bloomington: University of Indiana, 2011. Disponível em: <http://www.erim.eur.nl/fileadmin/erim_content/documents/paper_Gregory_Udell.pdf>. Acesso em 28.06.2019.

dívida assumida pela *startup*, nem mesmo via desconsideração da personalidade jurídica (art. 61, §4º, inciso II). Esse artigo não está aí sem razão, e pela mesma razão o Marco Legal das Startups também trouxe tipificação semelhante em 2021. O mercado de anjos e *Venture Capital* sempre temeu o Poder Judiciário e o risco de credores das empresas investidas tentarem satisfazer seus créditos através do patrimônio pessoal dos investidores, ainda que a dívida só tenha sido assumida pela executada.

A desconsideração indevida da personalidade jurídica já atingiu diversos fundos *Private Equity* e *Venture Capital* através do tempo. Já tivemos até mesmo um FIP condenado a pagar dívidas trabalhistas de uma companhia que havia emitido debêntures conversíveis em seu favor – debêntures essas que sequer haviam sido convertidas em ações (em outras palavras, o FIP era credor da empresa e foi condenado a pagar a dívida de outro credor):

> Incontroverso que a CBTD, ora executada, foi capitalizada mediante a captação de recursos junto a investidores qualificados, pertencente [ao] "*FIP-Enseada*", que acreditando na sua reestruturação adquiriram suas debêntures conversíveis em ações. *E mesmo, que não convertidas em ações, portanto, não podendo ser considerados sócios, indene de dúvidas que [o] "FIP-Enseada" participava diretamente da gestão da executada, bem como possuía interesse direto no sucesso do empreendimento.* (...) Portanto, tenho que restou cabalmente comprovado a participação [do] "*FIP-Enseada*" na gestão e administração da executada, pelo que preenchidos os requisitos contidos no artigo 2º, § 2º da CLT a justificar a reforma da r. sentença neste ponto. (Grifos nossos)[585].

Esse precedente, junto a diversos outros que serão ostensivamente discutidos abaixo[586], serve como prova do risco que acaba sendo preci-

[585] TRT-2, Agravo de Petição nº 000331230-2013.5.02.0201, 11ª Turma, Relator Ricardo Verta Luduvice, data de publicação em 20.10.2017.

[586] Toma-se como exemplo adicional a execução trabalhista ajuizada contra a pernambucana Bom de Vera Ltda, em que foi usada a desconsideração da personalidade jurídica para atingir o FMIEE Nordeste Empreendedor, uma ex-investidora da empresa que já havia até desfeito sua participação societária. Essa decisão da 21ª Vara do Trabalho de Recife/PE foi depois confirmada na segunda instância pelo Tribunal Regional do Trabalho da 6ª Região, e ainda sob o argumento de que o FMIEE integrava o grupo econômico: "*Havendo prova nos autos que a reclamada faz parte de grupo econômico, nos moldes e para fins do § 2º, do art. 2º, da*

ficado por investidores do mercado brasileiro de anjos e *Venture Capital*, aumentando sua cautela (e seu preço) na hora de investir em *startups*.

Considerando a relevância do assunto, vale uma breve digressão pelo racional do instituto da desconsideração e o motivo pelo qual a proteção criada pela Lei Complementar nº 155 é o maior estímulo para o advento dos anjos brasileiros.

5.3.1. A desconsideração da personalidade jurídica no direito brasileiro

A desconsideração da personalidade jurídica permite a um exequente ultrapassar a barreira que separa o patrimônio da pessoa jurídica e o patrimônio do sócio, com intuito de fazê-lo pagar com seus próprios recursos a dívida da empresa. O instituto surgiu para combater fraudes perpetradas pelo uso do sistema de separação patrimonial entre empresa e sócio[587].

A técnica da desconsideração nasceu como uma guardiã da função social da pessoa jurídica, que, por sua vez, é o fomento e incentivo às atividades econômicas por meio da segregação patrimonial entre empresário e empresa. Se essa segregação não existisse e os agentes econômicos fossem forçados a empreender colocando seu próprio patrimônio em risco, o risco da economia seria muito maior e não teríamos sequer uma fração do sistema – do mercado – que estruturamos ao longo da história.

Não só isso, mas os custos de transação também seriam absurdamente maiores, já que entidades sem personalidade jurídica tornariam inviável a cobrança judicial e cumprimento forçado das obrigações contratadas, já que haveria necessidade de citar todos os sócios na eventual execução e o desconhecimento tornaria extremamente oneroso. No limite, a falta de exequibilidade de negócios jurídicos os retiraria de toda a essência comercial.

Exatamente isso que ocorreu com as companhias da Inglaterra (*joint-stock companies*) no início do século XIX, que eram originalmente

CLT, cabível a responsabilidade solidária pelo débito trabalhista, de qualquer uma das empresas integrante, independentemente de constar ou não do título executivo". (TRT-6, Processo nº 0002900-90.2006.5.06.0021, Relator Acácio Júlio Kezen Caldeira, data de publicação em 25.05.2010).

[587] Nascimbeni, Asdrubal Franco. *A aplicação da teoria da desconsideração da personalidade jurídica às sociedades anônimas*. Revista de Direito Bancário e do Mercado de Capitais. Ano 16, vol. 61, julho-setembro. São Paulo: Thomson Reuters, 2013.

sociedades de pessoas sem personalidade jurídica. Os seus sócios eram pulverizados pelo reino e além, praticamente inviabilizando a execução de dívidas – o cenário levou o parlamento inglês a atribuir personalidade jurídica às companhias com o *1844 Companies Act*.

Por exercer um papel socioeconômico tão basilar, qualquer enfraquecimento da responsabilidade patrimonial limitada gera graves consequências. Como um prelúdio desse tal enfraquecimento, pessoas passaram a abusar de sua forma, celebrando contratos que não tinham intenção de cumprir em nome de suas empresas, ficando com os ganhos dos negócios, ao passo que os credores ficavam sem seus créditos[588].

Essas fraudes e abusos foram ficando mais comuns até atrair a atenção da doutrina, da jurisprudência, e, enfim, dos parlamentos ao redor do mundo. Para mitigar o risco do mau uso da pessoa jurídica, foi estruturado aos poucos o instituto da desconsideração – o empresário que, para auferir vantagem ilícita, emprega a separação patrimonial com dolo, má-fé ou de forma temerária deve responder pessoalmente pelas dívidas que assumir em nome da sociedade[589].

A primeira menção ao instituto também veio da Inglaterra – um *leading case* de 42 anos após o *1844 Companies Act* (Salomon c. Salomon & Co. Ltd). A partir do precedente inglês, os Estados Unidos e Alemanha importaram a teoria da desconsideração e passaram a desenvolvê-la em suas doutrinas e jurisprudência[590].

O resto do mundo seguiu o exemplo europeu/americano[591], e o Brasil não é diferente. Aqui, a desconsideração é positivada no art. 50 do

[588] Nascimbeni, Asdrubal Franco. *A aplicação da teoria da desconsideração da personalidade jurídica às sociedades anônimas*. Revista de Direito Bancário e do Mercado de Capitais. Ano 16, vol. 61, julho-setembro. São Paulo: Thomson Reuters, 2013.

[589] Borba, José Edwaldo Tavares. *Direito Societário*. 14ª ed. São Paulo: Atlas, 2015, p. 31.

[590] Oliver, M.; Marshall, E. *Company Law*. 1 Londres: Macdonald & Evans, 1991, p. 16-18.

[591] No exterior, o instituto é chamado de "*disregard of legal entity*", mas também é conhecido como "*to pierce the veil*", "*to lift the curtain*", "*to pierce and look behind the veil of personality*", "*to look at the man behind the mask*", "*to lift the corporate veil*" e "*cracking open the corporate veil*", *in* Bulgarelli, Waldírio. *Manual das Sociedades Anônimas*. 12ª ed. São Paulo: Atlas, 2001.

Código Civil[592-593], que restringe sua aplicação a hipóteses em que o sócio da empresa cometeu excesso de mandato, desvio de finalidade da empresa ou confusão patrimonial entre a sociedade e seus sócios (a Súmula 435 do STJ também inclui a hipótese de dissolução irregular da empresa para dívidas tributárias[594]).

É inegável que a desconsideração é um instrumento fundamental para que o Judiciário consiga administrar a justiça, especialmente quando se trata de credores em posição economicamente vulnerável. No entanto, é igualmente inegável que o instituto se tornou um tanto vulgarizado em alguns Tribunais do nosso ordenamento, aplicado a esmo e sem os requisitos legais. Para entender o fundamento teórico, precisa-se compreender a existência de duas teorias divergentes que norteiam

[592] Art. 50. Em caso de abuso da personalidade jurídica, caracterizado pelo desvio de finalidade ou pela confusão patrimonial, pode o juiz, a requerimento da parte, ou do Ministério Público quando lhe couber intervir no processo, desconsiderá-la para que os efeitos de certas e determinadas relações de obrigações sejam estendidos aos bens particulares de administradores ou de sócios da pessoa jurídica beneficiados direta ou indiretamente pelo abuso.
§ 1º Para os fins do disposto neste artigo, desvio de finalidade é a utilização da pessoa jurídica com o propósito de lesar credores e para a prática de atos ilícitos de qualquer natureza.
§ 2º Entende-se por confusão patrimonial a ausência de separação de fato entre os patrimônios, caracterizada por:
I – cumprimento repetitivo pela sociedade de obrigações do sócio ou do administrador ou vice-versa;
II – transferência de ativos ou de passivos sem efetivas contraprestações, exceto os de valor proporcionalmente insignificante; e
III – outros atos de descumprimento da autonomia patrimonial.
§ 3º O disposto no caput e nos §§ 1º e 2º deste artigo também se aplica à extensão das obrigações de sócios ou de administradores à pessoa jurídica.
§ 4º A mera existência de grupo econômico sem a presença dos requisitos de que trata o caput deste artigo não autoriza a desconsideração da personalidade da pessoa jurídica.
§ 5º Não constitui desvio de finalidade a mera expansão ou a alteração da finalidade original da atividade econômica específica da pessoa jurídica.

[593] A desconsideração da personalidade jurídica também está prevista na CLT (Decreto - Lei nº 5.452/1943), no Código de Defesa do Consumidor (Lei nº 8.078/1990), na Lei dos Crimes Ambientais (Lei nº 9.605/1998), na Lei de Defesa da Concorrência (Lei nº 12.529/2011), na Lei Anticorrupção (Lei nº 12.846/2013) e no Código de Processo Civil (Lei nº 13.105/2015).

[594] STJ – AgRg no REsp 1.307.639, Relator Ministro Herman Benjamin, data de julgamento em 17.05.2012, data da publicação em 23.05.2012.

como a desconsideração deve ser aplicada na doutrina brasileira – teoria maior e teoria menor.

Os defensores da teoria maior entendem que o instituto só deve ser aplicado em efetivo caso de mau uso da personalidade jurídica em abuso de forma, tal como foi concebido o instituto em suas origens na Inglaterra. Já quem se posiciona pela teoria menor entende que, dependendo da natureza da dívida, o seu mero inadimplemento pela sociedade pode ser justificativa suficiente para ultrapassar o véu e atingir o patrimônio dos sócios[595].

Dado que o art. 50 do Código Civil restringe a aplicabilidade da desconsideração a casos específicos de mau uso da empresa pelo sócio, compreende-se que o ordenamento brasileiro adota a teoria maior da desconsideração (exceto em algumas matérias específicas). Tal cenário foi ainda mais consolidado com a Lei nº 13.874/2019 (a intitulada Lei da Liberdade Econômica, nascida a partir da conversão em lei da Medida Provisória nº 881/2019), que coloca diversas restrições adicionais à aplicabilidade da desconsideração.

No entanto, existem algumas searas do Direito brasileiro em que a realidade prática é outra, e sócios são continuamente chamados a honrar, com seus patrimônios pessoais, as dívidas de suas empresas – tais searas são, principalmente, trabalhista, fiscal, consumerista e ambiental. Como estamos falando do mundo de anjos e *startups*, as duas primeiras são as mais pertinentes e as que trabalharemos na sequência.

5.3.2. A desconsideração na justiça trabalhista

A justiça trabalhista sempre foi temida pelo mercado como a que mais adota a *disregard doctrine* – vide caso do FIP credor de debêntures conversíveis – em aplicação bem tendente à teoria menor da desconsideração da personalidade jurídica. O argumento mais adotado pela jurisprudência trabalhista para essa aplicação majorada do instituto vem do chamado

[595] NASCIMBENI, Asdrubal Franco. *A aplicação da teoria da desconsideração da personalidade jurídica às sociedades anônimas.* Revista de Direito Bancário e do Mercado de Capitais. Ano 16, vol. 61, julho-setembro. São Paulo: Thomson Reuters, 2013.

"*princípio da alteridade*", segundo o qual o trabalhador não pode assumir o risco da atividade econômica junto com o empresário[596].

Nas execuções trabalhistas, inclusive, não são apenas os sócios da empresa que podem ser atingidos, mas também outros membros do seu grupo econômico, conforme a responsabilidade solidária legal entre empresas coligadas disposta na Consolidação das Leis do Trabalho ("*CLT*")[597]. Vejamos a definição da doutrina trabalhista para esse conceito de conglomerado[598]:

> O grupo econômico aventado pelo Direito do Trabalho define-se como a figura resultante da vinculação justrabalhista que se forma entre dois ou mais entes favorecidos direta ou indiretamente pelo mesmo contrato de trabalho, em decorrência de existir entre esses entes laços de direção ou coordenação em face de atividades industriais, comerciais, financeiras, agroindustriais ou de qualquer outra natureza econômica.

Mesmo que sejam institutos diferentes (o sócio é atingido via desconsideração da personalidade jurídica, enquanto a coligada do grupo econômico é atingida via responsabilidade solidária decorrente de lei), fato é que, nas execuções trabalhistas, parece haver menos limitações para o redirecionamento das dívidas contra pessoas além da empresa empregadora (em comparação à Justiça comum).

Mediante adoção da teoria menor, o Juízo do Trabalho pode considerar a própria falta de patrimônio para pagamento de verbas trabalhistas como um ilícito em si mesmo, ainda que seja uma consequência

[596] Prado, Viviane Muller; Salama, Bruno Meyerhof. *A Flexibilização da Responsabilidade Societária nos Direitos Privado, Trabalhista e Tributário:* uma panorâmica histórica. Revista da Procuradoria-Geral do Banco Central do Brasil, vol. 1, janeiro-fevereiro. Brasília: Banco Central, 2013, p. 137-180.

[597] Art. 2º: Considera-se empregador a empresa, individual ou coletiva, que, assumindo os riscos da atividade econômica, admite, assalaria e dirige a prestação pessoal de serviço. (...) § 2º: Sempre que uma ou mais empresas, tendo, embora, cada uma delas, personalidade jurídica própria, estiverem sob a direção, controle ou administração de outra, constituindo grupo industrial, comercial ou de qualquer outra atividade econômica, serão, para os efeitos da relação de emprego, solidariamente responsáveis a empresa principal e cada uma das subordinadas.

[598] Delgado, Maurício Godinho. *Curso de Direito do Trabalho.* 3ª ed. São Paulo: LTR, 2004, p. 397.

razoável/possível de se exercer uma atividade econômica. Seguindo essa linha de verdadeira responsabilidade objetiva, continuam sendo proferidas decisões até hoje permitindo a inclusão de investidores de empresas no polo passivo de execuções trabalhistas (ainda que talvez haja uma mudança de paradigma, como veremos à frente). Nas palavras de Bruno Salama[599]:

> Nenhum outro ramo do Direito levou a flexibilização da responsabilidade limitada a um grau tão radical quanto o direito trabalhista. Sob a cantilena do princípio da alteridade, consolidou-se nesse campo jurídico, de fato, a responsabilidade objetiva de terceiros por dívida da empresa. E anote-se: a atribuição da responsabilidade por dívidas trabalhistas abarcou não apenas sócios, mas também os ex-sócios, administradores e ex-administradores, contratantes e até outros terceiros com laços não contratuais com a empresa – tudo sob critérios de imputação duvidosos e sujeitos a salvaguardas exíguas e aplicadas de maneira inconstante.

Esse risco também se apresenta para investidores que sejam FIPs – veículo de preferências dos Fundos *Venture Capital* –, ainda que eles contem com algumas linhas de defesa. Primeiro, a própria natureza jurídica de condomínio do fundo de investimento – o art. 2º, §2º da CLT determina que só pessoas com personalidade jurídica própria podem ser consideradas integrantes de grupo econômico. Como o FIP não tem esse requisito legal, algumas decisões trabalhistas já afastaram sua posição de responsável solidário com a empresa executada:

> Sendo assim, o simples fato de a reclamada GDF Investimentos Ltda ter integrado o quadro de quotistas investidores, por si só, não transforma a recorrente (Fundo de Investimento) em integrante de eventual grupo econômico. (...)
>
> Na hipótese dos autos, observa-se que a Viaja Brasil Fundo de Investimento e Participação não possui sócios, apenas investidores, fato que desautoriza o reconhecimento do grupo econômico e consequentemente a sua

[599] Salama, Bruno Meyerhof. *O Fim da Responsabilidade Limitada no Brasil.* História, Direito e Economia. São Paulo: Malheiros, 2014.

responsabilidade solidária pelos créditos devidos ao trabalhador, conforme o disposto no §2º, do art. 2º da CLT.[600]

No entanto, a jurisprudência trabalhista majoritária não acolhe essa interpretação da CLT, afirmando que o fato de haver "*exercício de direção, controle ou administração*" do FIP na empresa executada já basta para considerá-lo membro do conglomerado econômico.

Há alguns exemplos de precedentes trabalhistas desfavoráveis a FIPs, gerando uma certa preocupação para o mercado de *Venture Capital*: **(i)** o caso já citado do FIP-Enseada, credor de debêntures conversíveis e ainda assim chamado a honrar débitos da empresa em que investia[601]; **(ii)** o caso do FMIEE Nordeste Empreendedor, um ex-sócio da pernambucana Bom de Vera Ltda, que, mesmo após alienar suas quotas, foi chamado a honrar dívidas trabalhistas da empresa[602]; e **(iii)** o caso do RN Indústria Naval FIP, que foi reincluído no polo passivo de execução de uma investida – junto com seu administrador, Banco BNY Mellon – depois de o Juízo de 1ª instância decidir retirá-los[603].

Mas não são só os fundos em si que correm risco trabalhista – conforme o caso do BNY Mellon acima, há decisões incluindo administradores de fundos de investimento dentro do famigerado grupo econômico,

600 TRT-2, Agravo de Instrumento nº 00020691220145020041, 3ª Turma, Desembargador Relator Nelson Nazar, julgado em 16 de junho de 2015.

601 TRT-2, Agravo de Petição nº 000331230-2013.5.02.0201, 11ª Turma, Relator Ricardo Verta Luduvice, data de publicação em 20.10.2017.

602 Essa decisão da 21ª Vara do Trabalho de Recife/PE foi depois confirmada na segunda instância pelo Tribunal Regional do Trabalho da 6ª Região, e ainda sob o argumento de que o FMIEE integrava o grupo econômico: "*Havendo prova nos autos que a reclamada faz parte de grupo econômico, nos moldes e para fins do § 2º, do art. 2º, da CLT, cabível a responsabilidade solidária pelo débito trabalhista, de qualquer uma das empresas integrantes, independentemente de constar ou não do título executivo*".(TRT-6, Processo nº 0002900-90.2006.5.06.0021, Relator Acácio Júlio Kezen Caldeira, data de publicação em 25.05.2010).

603 "*O reclamante pretende a reforma da sentença para que seja declarada a responsabilidade solidária da quarta reclamada (RN INDÚSTRIA NAVAL – FUNDO DE INVESTIMENTO EM PARTICIPAÇÕES). (...) A quarta ré não se trata de uma mera acionista que investe momentaneamente em determinadas ações, inclusive com fins especulativos. Trata-se, no mínimo, de sociedade coligada (CC, 1097 e 1099), que mantém laços empresariais com as demais componentes do grupo através de participações acionárias e, assim, deve responder solidariamente com as demais integrantes do grupo*".(TRT-1, Recurso Ordinário nº 00114783320155010064, 4ª Turma, Relator Álvaro Luiz Carvalho Moreira, data de publicação em 28.06.2016).

com objetivo final de pagar dívidas a ex-funcionários. No caso a seguir, que também condena um administrador de fundo, chegou a ser suscitado excluir a sua responsabilidade pelo fato de ser um prestador de serviço do fundo (sem proveito econômico direto no trabalho da exequente) mas a discussão não seguiu adiante porque o fundo não juntou o contrato de prestação de serviços[604]. Em um outro caso, houve a responsabilização da GP Investments Ltda em ação trabalhista contra a Imbra – empresa falida que foi comprada e depois alienada por um FIP gerido pela GP[605].

Dito tudo isso, pode haver mudança no horizonte da jurisprudência trabalhista. Primeiro, *encontramos poucas tentativas de aplicar a desconsideração para atingir investidores anjos na Justiça do Trabalho*[606]. Segundo, mais impactante, ela tem dado alguns sinais de parcimônia. Em 2016,

[604] *"Insurgem-se as recorrentes contra o reconhecimento da configuração de grupo econômico formado pelas rés, com consequente condenação solidária ao pagamento das verbas deferidas à obreira, ao argumento de que a terceira reclamada, Performa Investimentos Ltda, atua, tão somente, como administradora do fundo de investimentos que efetivamente compõe o conglomerado econômico. (...) Nesse contexto, considerando a alegação da terceira ré, de que apenas* "possui contrato de prestação de serviço" (fl. 217) com o fundo, sem "qualquer relação jurídica com os investimentos realizados" *(fl. 217), entendo que competia à reclamada comprovar os fatos modificativos e impeditivos alegados*".(TRT-2, Recurso Ordinário nº 000269437-2014.5.02.0044, 4ª Turma, Relator Ricardo Artur Costa E Trigueiros, data de publicação em 17.05.2016).

[605] *"A GP INVESTMENTS é uma administradora de fundos de investimento, sendo conhecida no mercado por adquirir empresa e reestruturá-las com a finalidade de gerar lucro. Por intermédio da SMILES LLC adquiriu debêntures da empresa Baladare Participações S.A, que é detentora de participação acionária junto à Imbra S.A. A SMILES LLC, sociedade constituída de propósito específico pelo fundo era proprietária de ações representativas de 100% do capital social da empresa Baladare, que por sua vez é legítima proprietária de 76,62% do capital social da IMBRA S/A. Dessa forma, a GP Investments/SMILES LLC seriam proprietárias de quase a totalidade da primeira reclamada. (...) Para o reconhecimento do grupo econômico, pelo juiz, é absolutamente desnecessária qualquer formalidade voltada para a composição de empresas que tenham exatamente os mesmos sócios. Saliente-se que, no Direito do Trabalho, em que vigora o princípio da primazia da realidade, pouco importa a forma ou a qualificação atribuída a determinado documento quando, na verdade, os fatos reais desafiarem ou estiverem a colocar em xeque artificiais formalidades*" (Grifos nossos). (TRT-10, Recurso Ordinário nº 1547201000210000, 3ª Turma, Relator Douglas Alencar Rodrigues, data de publicação em 10.02.2012).

[606] Na Reclamação Trabalhista nº 1000374-90.2017.5.02.0076, por exemplo, o investidor anjo teve seu imóvel e veículo penhorados para satisfazer dívidas trabalhistas da fracassada *startup Bougue*. O investidor ajuizou ação para declarar a inexistência de sociedade com a *startup* como forma de se blindar das dívidas da sua ex-investida, mas o processo ainda está em curso (TJSP, Agravo de Instrumento nº 2188488-75.2018.8.26.0000, 1ª Câmara Reser-

por exemplo, tivemos um acórdão indeferindo a desconsideração da personalidade jurídica de uma sociedade em recuperação judicial (fundada em outros precedentes trabalhistas que seguiram a mesma linha). No mesmo acórdão, a relatora prestigiou expressamente o princípio da preservação da empresa (ideal que ainda é um pouco distante do Juízo Trabalhista)[607].

Adicionalmente, a legislação também teve duas alterações relevantes. A primeira foi a Lei nº 13.467 (mais conhecida como a Reforma Trabalhista de 2017), que aplica nos processos da Justiça do Trabalho o incidente de desconsideração da personalidade jurídica – IDPJ[608]. Com esse novo rito processual, permite-se uma maior oportunidade para investidores da empresa se manifestarem e produzirem provas (enquanto a execução em si fica suspensa em autos apartados). Durante a *vacatio legis* da Reforma Trabalhista, a Justiça do Trabalho absolveu um fundo de investimento imobiliário (FII) do pagamento de dívidas de um dos empreendimentos de sua carteira[609].

A segunda alteração legislativa veio com a Lei nº 13.874, que alterou diversos textos legais em uma tentativa de incentivar a atividade empresária brasileira, desburocratizar a economia e reduzir riscos e custos de transação. Uma das suas alterações foi exatamente no art. 50 do Código

vada de Direito Empresarial, Relator Fortes Barbosa, data de julgamento e de publicação em 08.02.2019).

607 "*Assim, desconsiderar a personalidade e atingir o patrimônio dos sócios seria comprometer ainda mais a saúde da empresa que já se encontra em dificuldades. Portanto, deve preponderar a preservação da empresa, até mesmo para, depois, levantar recursos para o pagamento de seus credores. Permitir que cada um defenda o seu crédito, em particular, implica em desconsiderar a recuperação, único meio de soerguimento da empresa*". (TRT-11, Agravo de Petição nº 0001607-93.2014.5.11.0012, Relatora Ruth Barbosa Sampaio, 2ª Turma, data da publicação em 23.11.2016).

608 O IDPJ é regido pelos arts. 133 a 137 do CPC, e a orientação de aplicá-lo na Justiça do Trabalho já era existente desde a publicação do CPC em 2015 (Instrução Normativa nº 39 do STJ).

609 "*Na medida em que o Banco do Estado do Rio Grande do Sul atuou como 'Coordenador Líder' do 'Banrisul Novas Fronteiras Fundo de Investimento Imobiliário', fica evidenciada situação que não se confunde com a condição de incorporador, porquanto apenas administra fundos financeiros destinados a investimentos imobiliários e não explora atividade de construção ou incorporação imobiliária, mormente quando a obra contratada, por empreitada, com a segunda reclamada, sequer se destina à exploração imobiliária, mas sim à construção de sua agência bancária*". (TRT-4, Recurso Ordinário nº 000035758-2015.04.0861, 5º Turma, data de julgamento em 25.10.2017)

Civil, no qual foram inseridas mais restrições à aplicação da desconsideração (principalmente pela necessidade de se comprovar dolo do sócio). Apesar de recente, o texto é relevante e busca gerar um mitigador a mais ao risco de desconsideração indevida enfrentado por investidores. No mais, a mensagem do Legislador com essa nova norma foi clara: a desconsideração deve ser usada com mais cautela.

Trazendo a discussão de volta ao regime da Lei Complementar nº 155, a blindagem contra o art. 50 e a Lei nº 13.874 devem ajudar a manter os anjos fora dos holofotes de execuções trabalhistas – tal como eles parecem ter se mantido até hoje. Como mitigador adicional a condenações indevidas, é bem possível que os funcionários da *startup* nem saibam da existência do investidor anjo. O contrato de participação é privado e não precisa de registro perante a Junta Comercial – a mesma razão relevante que pesou para o mercado adotar o mútuo conversível em massa e pedir a transformação das *startups* em sociedades anônimas antes de converter os mútuos (Capítulo 4.5.2). Nesses dois casos de contrato privado, o ex-funcionário pode nem chegar no anjo com sua execução por simplesmente não conhecê-lo.

Naturalmente, mesmo com todos os mitigadores ao longo desse capítulo, ainda há algum risco de um anjo ser interpretado como parte do grupo econômico da *startup*[610]. Mas, como não deixa de haver bons indícios de aproximação entre o Direito Trabalhista e a teoria maior da desconsideração, pode haver uma melhora na precificação do risco pelo investidor anjo e pelos Fundos *Venture Capital*.

[610] Para evitar surpresas ao máximo, o anjo deve ajudar o empreendedor a decidir o grau de risco trabalhista que a *startup* está disposta a correr, tudo dependendo do caso concreto e da sua saúde financeira. Caso esteja disposto a aumentar o risco, é relativamente habitual que *startups* acessem mão-de-obra usando meios alternativos, como contratação como pessoa jurídica ou como "sócio" com apenas uma quota, para evitar encargos trabalhistas decorrentes do regime (p. ex. férias, 13º, FGTS) e previdenciários (p. ex. recolhimento sobre a folha de pagamento). Essa tendência deve se intensificar ainda mais com a publicação da Lei nº 13.429, de 2017, cujo §3º do art. 9º permite a terceirização da atividade-fim. A *startup* também poderia, em alguns casos, provisionar recursos para cobrir eventuais demandas trabalhistas – a lógica é que, se os créditos dos funcionários são pagos, eles não precisam ir atrás do investidor anjo. Naturalmente, esse provisionamento acaba dependendo de capital extra (que *startups* muitas vezes não têm).

5.3.3. A desconsideração nas execuções fiscais

Não haveria como falar do risco de desconsideração indevida sem falar do Fisco brasileiro, que segue desde sempre uma tendência de aplicação bem arrojada do instituto. Muitas vezes, as tentativas de saciar a fome arrecadatória da Receita sequer foram amparadas em lei.

Como sabemos, o mero inadimplemento de obrigações tributárias não é infração legal que permita a responsabilização do sócio ou administrador. Esta responsabilidade somente será atraída se a falta de pagamento do tributo vier de excesso de poderes ou infração à lei ou aos atos constitutivos da sociedade (art. 135 do CTN[611]). Dito isso, a restrição legal nunca impediu a Fazenda de tentar alcançar o patrimônio de sócios em execução contra as sociedades, sem jamais ter se manifestado na via administrativa ou judicial para incluí-los no polo passivo. Essa tendência vem de uma longa história de permissões jurisprudenciais e até legislativas, como veremos a seguir.

Em 1976, ainda era rotineira a constrição judicial de bens de sócios para satisfação do crédito de sociedades, ainda que sem base legal. Na tentativa de mitigar o dano irreparável à livre iniciativa, o ex-ministro do STF Aliomar Baleeiro reforçou que a execução fiscal contra sociedade limitada só poderia atingir seus sócios nas hipóteses previstas taxativamente no art. 135 do CTN[612]. Mesmo essa posição acabou passando por diversas relativizações nos tribunais desde então. Na ditadura militar (como não poderia deixar de ser), chegamos ao absurdo de ver a falta de pagamento de tributo ser tipificada como crime[613].

[611] Art. 135. São pessoalmente responsáveis pelos créditos correspondentes a obrigações tributárias resultantes de atos praticados com excesso de poderes ou infração de lei, contrato social ou estatutos:
I – as pessoas referidas no artigo anterior;
II – os mandatários, prepostos e empregados;
III – os diretores, gerentes ou representantes de pessoas jurídicas de direito privado.

[612] STF – RE 70.870/SP, Relator Ministro Aliomar Baleeiro, data do julgamento em 08.06.1973.

[613] Prado, Viviane Muller; Salama, Bruno Meyerhof. *A Flexibilização da Responsabilidade Societária nos Direitos Privado, Trabalhista e Tributário:* uma panorâmica histórica. Revista da Procuradoria-Geral do Banco Central do Brasil, vol. 1, janeiro-fevereiro. Brasília: Banco Central, 2013, p. 137-180.

Nem pequenas empresas (*startups* ou não) ficavam a salvo. A própria Lei do Simples, quando surgiu em 2006, previa um sistema gravíssimo de responsabilidade tributária. Segundo seu antigo art. 78, as micro e pequenas empresas sem movimentação há mais de 3 anos poderiam ter suas dívidas tributárias e previdenciárias transferidas para seus sócios e administradores[614]. Não só a lei divergia frontalmente da jurisprudência da época e do papel constitucional de incentivo do Estado às pequenas empresas (art. 170, IX da Constituição Federal), como, na prática, acabou impondo um regime tributário mais severo para empresas do Simples Nacional do que para grandes companhias[615]. Esse absurdo só foi definitivamente sepultado em 2008, quando a Lei Complementar nº 128 revogou o art. 78 (a mesma que instituiu o MEI).

Em 2008, seguindo uma linha semelhante de flexibilização, a Medida Provisória nº 449 revogou o art. 13 da Lei nº 8.620, o qual previa nada menos do que responsabilidade objetiva dos sócios de sociedades limitadas pelo inadimplemento de contribuições previdenciárias da empresa[616]. Após a medida provisória ser transformada na Lei nº 11.941,

[614] Art. 78: As microempresas e as empresas de pequeno porte que se encontrem sem movimento há mais de 3 (três) anos poderão dar baixa nos registros dos órgãos públicos federais, estaduais e municipais, independente do pagamento de débitos tributários, taxas ou multas devidas pelo atraso na entrega das respectivas declarações nesses períodos. [...] § 3º – A baixa, na hipótese prevista neste artigo ou nos demais casos em que venha a ser efetivada, inclusive naquele a que se refere o art. 9º desta Lei Complementar, não impede que, posteriormente, sejam lançados ou cobrados impostos, contribuições e respectivas penalidades, decorrentes da simples falta de recolhimento ou da prática, comprovada e apurada em processo administrativo ou judicial, de outras irregularidades praticadas pelos empresários, pelas microempresas, pelas empresas de pequeno porte ou por seus sócios ou administradores, reputando-se como solidariamente responsáveis, em qualquer das hipóteses referidas neste artigo, os titulares, os sócios e os administradores do período de ocorrência dos respectivos fatos geradores ou em períodos posteriores. § 4º – Os titulares ou sócios também são solidariamente responsáveis pelos tributos ou contribuições que não tenham sido pagos ou recolhidos, inclusive multa de mora ou de ofício, conforme o caso, e juros de mora.

[615] PRADO, Viviane Muller; SALAMA, Bruno Meyerhof. *A Flexibilização da Responsabilidade Societária nos Direitos Privado, Trabalhista e Tributário:* uma panorâmica histórica. Revista da Procuradoria-Geral do Banco Central do Brasil, vol. 1, janeiro-fevereiro. Brasília: Banco Central, 2013, p. 137-180.

[616] Art. 13. O titular da firma individual e os sócios das empresas por cotas de responsabilidade limitada respondem solidariamente, com seus bens pessoais, pelos débitos junto à Seguridade Social.

2010, o STF ainda declarou em 2010 a inconstitucionalidade do artigo já revogado. O acórdão assentou que não caberia ao legislador estabelecer uma confusão presumida entre os patrimônios da pessoa física e jurídica, a qual teria o condão de verdadeiramente descaracterizar as sociedades de responsabilidade limitada com uma espécie de responsabilidade objetiva dos seus sócios[617].

A jurisprudência infraconstitucional também seguiu a onda de entendimentos favoráveis ao contribuinte nesse tema, principalmente quando o STJ reforçou entendimento de que sócios e administradores não poderiam responder por créditos fiscais da empresa apenas porque não foram pagos (sem ocorrência de uma hipótese do art. 135 do CTN). Ainda que essa proteção jurisprudencial continue sendo testada de tempos em tempos nas execuções fiscais, ela persiste consistente até hoje. Em um dos diversos julgados que afirmam o entendimento, o Ministro do STJ Herman Benjamin declarou que *é pacífica a jurisprudência no sentido de que o simples inadimplemento da obrigação tributária não caracteriza infração à lei capaz de ensejar a responsabilidade prevista no art. 135, III, do Código Tributário Nacional*[618].

Em uma camada adicional de garantia processual do contribuinte, se o Fisco deseja atingir o patrimônio do sócio, ele deve incluir seu nome desde o início do procedimento administrativo fiscal (art. 143, CTN), oportunizando a ampla defesa nessa primeira via antes da judicialização do crédito tributário. Isso porque o redirecionamento da execução fiscal pressupõe a prévia realização de processo em instância administrativa pela autoridade competente, e quando isso ocorre o Fisco consegue, enquanto instituição, uma oportunidade de revalidação da legalidade dos seus atos[619]. Se não houver, o redirecionamento é ilegal e a certidão

Parágrafo único. Os acionistas controladores, os administradores, os gerentes e os diretores respondem solidariamente e subsidiariamente, com seus bens pessoais, quanto ao inadimplemento das obrigações para com a Seguridade Social, por dolo ou culpa.

617 Não só isso, mas a iniciativa iria contra a iniciativa privada em violação aos arts. 5º, XIII e 170, parágrafo único da Constituição Federal. Vide STF, Recurso Extraordinário nº 562.276/PR, Relatora Ministra Ellen Gracie, data do julgamento em 03.11.2010.

618 STJ, Agravo Regimental no AREsp nº 683.798/GO, 2ª Turma, Relator Ministro Herman Benjamin, data do julgamento em 16.06.2015, data da publicação em 05.08.2015.

619 ROCHA, Lenine. *O redirecionamento da execução fiscal para o sócio gerente cujo nome consta na certidão de dívida ativa:* uma análise do entendimento do STJ (2014). Disponível em:

de dívida ativa não deve produzir efeitos contra ele, conforme ensinam Hugo de Brito Machado[620] e Humberto Theodoro Junior[621] . A única exceção é se a Fazenda comprovar em Juízo o ilícito que justificaria a desconsideração da personalidade jurídica contra o sócio – em outras palavras, o ônus da prova do ilícito se torna do Fisco[622].

Aprofundando essa linha jurisprudencial, um sócio também não pode ser chamado a honrar dívida tributária cujo fato gerador foi anterior à sua entrada na empresa[623], já que, se houve ato ilícito que demanda responsabilização pessoal dos administradores, ele não participou porque não estava na empresa à época. Da mesma forma, um sócio de uma empresa em que não detém nenhum poder decisório também não responde pelas suas dívidas – nem em hipótese de dissolução irregular[624].

<http://revista.unicuritiba.edu.br/index.php/RevJur/article/view/1050/737>. Acesso em: 05.04.2017.

620 *"Não se pode imputar ao diretor, administrador ou sócio-gerente a prática de ato contrário à lei societária ou ao contrato social sem ofertar-lhe oportunidade de defesa, nem tampouco sem a prévia instauração de processo administrativo específico para esse fim"*, *in* MACHADO, Hugo de Brito. *Comentários ao Código Tributário Nacional.* 2 ª ed. São Paulo: Atlas, 2009, p. 876).

621 *"Com relação à corresponsabilidade de terceiros pelos créditos tributários inscritos em nome de outrem, o que não se sabe, antes do regular processo administrativo de lançamento e inscrição do crédito também contra o possível corresponsável, é justamente se o terceiro apontado é, ou não, um legítimo responsável tributário. É precisamente, portanto, sua qualidade de responsável tributário que está a reclamar acertamento antes do ingresso da Fazenda em juízo executivo, pois do contrário estar-se-ia admitindo execução forçada sem título executivo e, consequentemente, sem a certeza jurídica da obrigação que se intenta realizar, sob coação estatal de medidas executivas concretas, imediatas e definitivas"*, *in* TEODORO JUNIOR, Humberto. *Lei de Execução Fiscal:* comentários e jurisprudência. 8ª ed. São Paulo: Saraiva, 2002, p. 28.

622 ROCHA, Lenine. *O redirecionamento da execução fiscal para o sócio gerente cujo nome consta na certidão de dívida ativa:* uma análise do entendimento do STJ (2014). Disponível em: <http://revista.unicuritiba.edu.br/index.php/RevJur/article/view/1050/737>. Acesso em: 05.04.2017.

623 STJ, Recurso Especial nº 1.307.346/RJ, 2ª Turma, Relatora Ministra Eliana Calmon, data do julgamento em 10.12.2013, data da publicação em 18.12.2013.

624 Vide (1) STJ, Recurso Especial nº 238.668/MG, 2ª Turma, Relator Ministro Francisco Peçanha Martins, data de julgamento em 12.03.2002; (2) STJ, EREsp nº 591.954/SP, 1ª Seção, Relator Ministro João Otávio de Noronha, data de julgamento em 08.06.2005; (3) STJ, REsp nº 40.435/SP, 2ª Turma, Relator Ministro Ari Pargendler, data de julgamento em 07.11.1996; e (4) STJ – REsp. nº 109.163/PR, 2ª Turma, Relator Ministro Francisco Peçanha Martins, data de julgamento em 06.05.1999.

No todo, apesar das diversas boas notícias jurisprudenciais indicadas nesse capítulo, é natural que ainda haja risco de a Receita tentar chamar o investidor anjo para honrar dívidas fiscais de sua *startup* (vide capítulo seguinte).

5.3.4. Proteções em lei salvam os investidores do risco da desconsideração indevida?

Como sabemos, quando um anjo aplica na *startup*, ele assume risco considerável de perda do capital – risco esse que pode ser mitigado pelos filtros na prospecção, *due diligence*, mentoria, *soft monitoring* etc. Enfim, risco esse que é conhecido/previsível. Por outro lado, o risco de ser indevidamente imputado a honrar dívidas assumidas pela pessoa jurídica da *startup* não é nem conhecido e nem previsível, o que acaba precificado negativamente dentro da atividade econômica de investimento anjo.

E isso nos leva ao principal ponto de discussão da Lei Complementar nº 155. Como afirmamos no início do capítulo, o seu maior mérito foi a tentativa de reiterar o regime de responsabilidade limitada brasileiro, dizendo expressamente que credores da *startup* não podem usar o art. 50 do Código Civil para cobrar suas dívidas do anjo (art. 61-A, § 4º, II).

No entanto, essa é a palavra mais correta sobre o que a lei fez – *reiterar*. Essa proteção legal sempre existiu para investidores de *startups* que não abusavam da personalidade jurídica para auferir vantagem ilícita. O Código Civil sempre limitou a desconsideração para exatamente esses casos. Sendo assim, poderíamos fazer duas perguntas – primeiro, considerando um anjo de boa-fé, a lei já não dizia que seu patrimônio estava blindado antes da Lei Complementar nº 155?

Segundo, a lei ainda determina que **(i)** anjo não é sócio da startup investida; e **(ii)** o aporte de recursos deve ser formalizado via contrato de participação, e não por um contrato para comprar quotas de emissão da sociedade limitada. Se o anjo não é um sócio e nem compra quotas da empresa, *o art. 50 do Código Civil sequer seria aplicável, já que o investidor não fica por trás do véu da personalidade jurídica*. Dito isso, por que então o legislador falou do art. 50?

Para as duas perguntas acima, a única resposta que conseguimos intuir é que o legislador tentou se antecipar a qualquer interpretação de teoria da aparência nesse caso no Judiciário. Em outras palavras, se em eventual execução contra uma *startup* investida por investidor anjo, o juiz concluir que o investidor assumia papel ativo análogo ao de um sócio no dia a dia da empresa, ele pode entender que houve desenquadramento do regime jurídico da Lei Complementar nº 155. Logo, colocando a materialidade sobre a forma, o magistrado poderia tratar o anjo como se sócio fosse, aplicando o art. 50 do Código Civil para desconsiderar a personalidade jurídica da investida e atingir o patrimônio do anjo.

Ressalva-se que, em nossa opinião, o patrimônio de um investidor anjo só pode ser executado se houver a declaração de inconstitucionalidade do art. 61-A da Lei Complementar nº 155.

Feita essa ressalva, se o objetivo da lei foi reforçar que o anjo não é um sócio – logo, invulnerável a responsabilização por dívidas da *startup* –, isso não afasta totalmente o risco. Se um juiz entender que o anjo era um sócio na prática e interpretar o contrato de participação como uma compra de participação societária irregularmente formalizado, poderíamos nos deparar com: **(i)** inaplicabilidade da blindagem do art. 61-A, já que o regime da Lei Complementar nº 155 estaria afastado como um todo; **(ii)** responsabilidade ilimitada do anjo por ser considerado um sócio irregular; e/ou **(iii)** caracterização de desvio de finalidade no contrato de participação, satisfazendo o requisito do art. 50 do Código Civil e rompendo de vez o famigerado *corporate veil.*

Na frente tributária, lembremos que o art. 61-A é o que impede o aporte anjo de ser reconhecido como parte do capital social da *startup.* Se uma autoridade da administração tributária descaracterizar o contrato de participação, um passo lógico seria interpretar o "aporte" como aumento de capital social que ainda não fora formalizado. No limite, a própria *startup* poderia sofrer desenquadramento do Simples Nacional se a soma do capital social e do aporte anjo superar R$ 4,8 milhões (art. 3º, II da Lei do Simples).

Já com a faca e o queijo na mão, a Receita Federal poderia lavrar auto de infração em uma tentativa de desconsiderar o Simples Nacional e de cobrar todos os tributos devidos pela *startup* desde a data do investimento anjo (IRPJ, CSLL, PIS/Pasep, COFINS etc.), acrescidos de juros e multa (entre 75% e 150%). Não só isso, mas a Receita também poderia tentar integrar o anjo no pólo passivo do auto de infração sob acusação de fraude, apontando-lhe como responsável solidário pelo débito tributário.

Não há dúvida de que o cenário pintado acima seria algo catastrófico (um *worst case scenario*) ainda não observado na jurisprudência sobre a Lei Complementar nº 155, mas demonstra que não é nulo o risco de anjos serem responsabilizados por dívidas cíveis, trabalhistas, fiscais etc. de suas *startups*. Por essa razão, *a aparente blindagem por si só não seria razão suficiente para optar pelo novo regime da Lei Complementar nº 155, e não pelo já tradicional mútuo conversível.*

Esse nosso entendimento acima, que já vem desde 1ª edição, foi ratificada pelo Marco Legal das Startups. Em complemento ao texto original da Lei Complementar nº 155 (em especial ao art. 61-A, § 4º, II), o Marco Legal reiterou o regime de responsabilidade limitada dos sócios das sociedades limitadas brasileiras em dois momentos distintos. Ao conceituar o investidor-anjo, conforme destacado anteriormente, o legislador afirma/ratifica que o anjo "não responde por qualquer obrigação da empresa" (art. 2º, I).

Ademais, o legislador decidiu criar um artigo próprio – art. 8º do Marco Legal das Startups[625] – para reiterar a inaplicabilidade da desconsideração da personalidade jurídica ao investidor-anjo em razão de dívida da sociedade investida, com referência expressa ao famoso art. 50 do Código Civil, bem como aos artigos pertinentes da CLT e do CTN, a fim de evidenciar que os magistrados não devem aplicar a desconsideração da personalidade jurídica em relação à dívidas da sociedade investida em matéria cível, trabalhista e tributária.

[625] "Art. 8º O investidor que realizar o aporte de capital a que se refere o art. 5º desta Lei Complementar: I – não será considerado sócio ou acionista nem possuirá direito a gerência ou a voto na administração da empresa, conforme pactuação contratual; II – não responderá por qualquer dívida da empresa, inclusive em recuperação judicial, e a ele não se estenderá o disposto no art. 50 da Lei nº 10.406, de 10 de janeiro de 2002 (Código Civil), no art. 855-A da Consolidação das Leis do Trabalho (CLT), aprovada pelo Decreto-Lei nº 5.452, de 1º de maio de 1943, nos arts. 124, 134 e 135 da Lei nº 5.172, de 25 de outubro de 1966 (Código Tributário Nacional), e em outras disposições atinentes à desconsideração da personalidade jurídica existentes na legislação vigente. Parágrafo único. As disposições do inciso II do caput deste artigo não se aplicam às hipóteses de dolo, de fraude ou de simulação com o envolvimento do investidor."

5.4. Tributação do contrato de participação

Infelizmente, nem a Lei Complementar nº 155 e nem o Marco Legal das Startups concederam incentivos fiscais ao investimento anjo – medida essa que estimularia de forma relevante o mercado, conforme Capítulo 3.6. Só o que a Complementar nº 155trata de tributação é que "*o Ministério da Fazenda poderá regulamentar a tributação sobre retirada do capital investido*" (art. 61-A, §10º).

Cumprindo a sua função de regulamentar a norma legal, a Receita Federal publicou em julho de 2017 a Instrução Normativa RFB nº 1.719 ("*IN 1.719*")[626], indicando a incidência de IR sobre qualquer remuneração decorrente do contrato de participação sob uma tabela regressiva, começando na alíquota de 22,5% e chegando à mínima de 15% se o investimento chegar a 720 dias. Como será demonstrado a seguir, a tributação gera um alto desincentivo.

Conforme já vimos no Capítulo 5.1, em que pese o contrato de participação ser um instrumento com aspectos de dívida, é inegável que ele possui similaridades com um contrato de compra e venda de participação societária, o qual confere dois tipos de remuneração[627]:

- **(i)** rendimentos decorrentes do capital aplicado (dividendos ou juros sobre capital próprio); e/ou
- **(ii)** ganhos de capital decorrentes de uma cessão, transmissão, resgate ou alienação.

Da mesma forma, o contrato de participação pode ter duas formas de remuneração – distribuição de lucros da *startup* ou ganho de capital auferido no desinvestimento. Sendo assim, na prática, a norma deveria ter diferenciado as duas possíveis remunerações do contrato de participação, da mesma forma que as remunerações de participação societária são diferenciadas. No entanto, a IN 1.417 acaba tratando de forma idêntica qualquer remuneração do contrato de participação – em outras

[626] Originada da Consulta Pública RFB nº 15, de 2016.

[627] MOSQUERA, Roberto Quiroga. *O regime jurídico-tributário das participações societárias*: ganho de capital, juros sobre o capital próprio e dividendos. *In* MOSQUERA, Roberto Quiroga (coord.). Direito Tributário e o Mercado Financeiro e de Capitais. São Paulo: Dialética, 2009.

palavras, uma distribuição de lucros e um desinvestimento são tributados na mesma tabela regressiva de alíquotas.

A primeira distorção nítida dessa sistemática é que distribuição de lucros no contrato de participação *são tributados*, ao passo que lucros e dividendos distribuídos por qualquer empresa tributada com base no lucro real, presumido ou arbitrado *são completamente isentos* (art. 10 da Lei nº 9.249/1995), ainda que ambas as distribuições tenham natureza idêntica uma à outra. O resultado desse regime ilógico é que os dividendos de *blue chips* brasileiras (p.ex.: Vale, BRF, Ambev etc.) são isentos de IR, ao passo que lucros distribuídos por *startups* muito mais arriscadas para seus anjos não são (não se defende aqui o fim da isenção sobre dividendos, mas sim, pelo contrário, que seja estendida aos rendimentos do contrato de participação).

Em que pese esse primeiro entrave, ele não deve ser o foco da nossa crítica ao Leão – o que interessa ao anjo não é a distribuição de lucros das *startups*, já que elas costumam levar anos para gerar fluxo de caixa positivo, e que ainda assim não será usual contrato de participação (como já vimos nos Capítulos 2.4 e 4.5.1, a prática de mercado é reinvestir os lucros). Dito isso, o interesse econômico real do anjo está no ganho de capital auferido no desinvestimento (que, se tudo der certo, será exponencial). É, também, onde incide o IR por tabela regressiva de 22,5% a 15%.

Em que pese essa tributação ser bem gravosa para o mercado, a própria Receita Federal/IN 1.719 não teria qualquer poder para dispor sobre eventual dispensa do dever de recolher tributo sobre o ganho de capital dos anjos. Isso porque a incidência do IR sobre "*ganho de capital percebido por pessoa física em decorrência da alienação de bens e direitos de qualquer natureza*" é uma determinação legalmente expressa no art. 21 da Lei 8.981/1995[628].

No rol de isenções conferidas na lei, não há remuneração decorrente de investimento anjo, ou de qualquer outro investimento em *startup*. Dado que a concessão de isenções é matéria de reserva legal (art. 150,

[628] Art. 21. O ganho de capital percebido por pessoa física em decorrência da alienação de bens e direitos de qualquer natureza sujeita-se à incidência do imposto sobre a renda, com as seguintes alíquotas.

§6º da Constituição Federal)[629], a administração tributária é vinculada a tributar o ganho de capital dos anjos ainda que assim não deseje, sob pena de responsabilidade funcional.

Nessa linha, dada a forte repercussão negativa da IN 1.719, o mercado de *Venture Capital* pressionou o Legislativo até que foi proposto o Projeto de Lei do Senado nº 494 de 2017, que criaria a isenção de IRPJ, CSLL, PIS/Pasep e COFINS para rendimentos auferidos em contratos de participação (inclusive o ganho de capital no desinvestimento)[630]. O projeto vai em linha com os ganhos sociais auferidos de incentivos fiscais ao investimento anjo que estudamos no Capítulo 3.6. Até a data dessa 2ª edição, não houve avanço no projeto.

5.5. Lei complementar nº 155 *versus* marco legal das *Startups* – vale a pena descartar o mútuo conversível?

Finalmente, agora que encerramos os comentários, debates e críticas sobre o novo regime de contrato de participação criado pela Lei Complementar nº 155, chegamos na derradeira controvérsia em que se baseia esse Capítulo 5.

Primeiramente, apesar de a Lei Complementar nº 155 haver tipificado o contrato de participação como um regime jurídico específico para o investimento anjo, o Marco Legal das Startups apresentou o contrato de mútuo conversível em participação societária e o contrato de participação da Lei Complementar nº 155 como *duas alternativas* possí-

[629] Art. 150. Sem prejuízo de outras garantias asseguradas ao contribuinte, é vedado à União, aos Estados, ao Distrito Federal e aos Municípios: (...)
§ 6º Qualquer subsídio ou isenção, redução de base de cálculo, concessão de crédito presumido, anistia ou remissão, relativos a impostos, taxas ou contribuições, só poderá ser concedido mediante lei específica, federal, estadual ou municipal, que regule exclusivamente as matérias acima enumeradas ou o correspondente tributo ou contribuição, sem prejuízo do disposto no art. 155, § 2.º, XII, g.

[630] Art. 1º O art. 61-A da Lei Complementar nº 123, de 14 de dezembro de 2006, passa a vigorar com a seguinte redação:
Art. 61-A. §10. Os rendimentos decorrentes da remuneração paga ao investidor-anjo e do direito de resgate a que se refere o § 7º deste artigo não ficarão sujeitos à incidência do Imposto sobre a Renda Retido na Fonte (IRRF), nem integrarão a base de cálculo: I – do Imposto sobre a Renda da Pessoa Física (IRPF) beneficiária; e II – do IRPJ, da CSLL, da Contribuição para o PIS/Pasep e da Cofins da pessoa jurídica beneficiária.

veis e concorrentes para instrumentalização de captação de recursos por startups sem correspondente aumento de capital social no momento da operação (art. 5º, § 2º, IV e VI, do Marco Legal das Startups).

Pesando prós e contras, há fortes argumentos para afirmar que o mercado em geral continua não só usando, mas efetivamente preferindo o mútuo conversível (estrutura que "para de pé") ao invés de passar para o novato e desconhecido contrato de participação. Esse desconhecimento vem, em grande parte, de uma jurisprudência que ainda está se formando – em maio de 2019, o Tribunal de Justiça do Estado de São Paulo condenou uma *startup* a prestar contas da atividade para um investidor anjo (equiparação ao direito de um sócio) – obrigação essa que não existia no contrato que formalizou a captação. Sem entrar no mérito de a decisão estar correta ou não, esse acórdão demonstra que *o Judiciário não está impedido de intervir em contratos de investimento anjo*[631].

Adicionalmente, conforme Capítulo 5.3, nem mesmo a blindagem patrimonial do anjo se mostra tão à prova de bala quando analisamos o cenário histórico de aplicação da desconsideração da personalidade jurídica no Brasil. Não custa lembrar – se a lei fosse seguida à risca, apenas investidores que infringissem o art. 50 do Código Civil estariam sujeitos à desconsideração, e sabemos que não é assim que acontece na prática.

As próprias impressões dos investidores no mercado são discrepantes entre si. Vide resultados de uma pesquisa sobre o teor da Lei Complementar nº 155 feita junto a investidores anjos brasileiros[632]:

[631] Nesse caso, o único documento que formalizava o investimento era um memorando de entendimentos (*term-sheet* – Capítulo 4.2), e não um contrato de participação ou mútuo conversível (TJSP, Apelação Cível nº 1043850-91.2017.8.26.0002, 2ª Câmara Reservada de Direito Empresarial, Relator Araldo Telles, data de julgamento em 13.05.2019, data de publicação em 05.06.2019).

[632] VICTORETTI, Thais. *A Regulação do Investimento-Anjo no Ordenamento Jurídico brasileiro:* reflexos da Lei Complementar nº 155/2016. Trabalho de conclusão de curso. Juiz de Fora: Universidade Federal de Juiz de Fora, 2017.

AFIRMAÇÃO APRESENTADA AOS INVESTIDORES ABORDADOS NA PESQUISA	% DE INVESTIDORES QUE CONCORDA	% DE INVESTIDORES QUE DISCORDA
O reconhecimento legal de que o anjo não é sócio trouxe mais segurança jurídica ao mercado.	100%	-
A vedação ao direito de influenciar a gerência da *startup* afeta a oportunidade do investidor de opinar acerca da melhor decisão para o investimento.	80%	20%
Os aspectos restritivos da lei é um empecilho prático à negociação entre partes.	60%	40%
O prazo mínimo de aporte gera insegurança para o investidor.	30%	70%
O regime fiscal da IN 1.719 desestimula o investimento anjo.	90%	10%
A IN 1.719 torna outros ativos (i.e., quotas de fundo e ações) mais atrativos do que investimento anjo.	70%	30%

Como um elemento adicional a ser pesado nos prós e contras da decisão, e que a Lei Complementar nº 155 também não consegue se revelar como uma opção obviamente melhor, temos também os aspectos tributários envolvidos em cada veículo de investimento:

CONTRATO DE PARTICIPAÇÃO	MÚTUO CONVERSÍVEL
Transferência de recursos (aporte): não tributado	*Transferência de recursos*: IOF de 1,88% quando anjo for pessoa jurídica
Distribuição de lucros: IRRF de 15% a 22,5%, conforme prazo do contrato*	*Juros e encargos*: IRRF de 15% a 22,5%, conforme prazo do contrato*
Resgate: IRRF de 15% a 22,5%, conforme prazo do contrato*	*Pagamento do mútuo* (caso de não-conversão): IRRF de 15% a 22,5%, conforme prazo do contrato*
Cessão: IRRF de 15% a 22,5% conforme prazo do contrato*	*Cessão*: 15% até R$ 5 milhões; 17,5% até R$ 10 milhões; 20% até R$ 30 milhões e 22,5% acima de R$30 milhões

* Alíquota de 22,5% até 180 dias / alíquota de 20% entre 181 e 360 dias / alíquota de 17,5% entre 361 e 720 dias / alíquota de 15% superior a 720 dias.

Sendo assim, diante **(i)** das diversas restrições impostas pela Lei Complementar nº 155 no regime do contrato de participação, **(ii)** das incertezas acerca de como a jurisprudência receberá a lei (principalmente a suposta blindagem patrimonial), **(iii)** da ausência de qualquer tratamento tributário favorecido, e **(iv)**, especialmente, do Marco Legal das Startups e seu reconhecimento expresso da estrutura de mútuo conversível (estava pacificada como costume do mercado brasileiro, ao contrário do contrato de participação da Lei Complementar nº 155), *o mútuo conversível segue preferível e preferido pelo mercado em relação ao contrato de participação, privilegiando assim o bom, velho, e agora tipificado.*

REFERÊNCIAS

17 Instagram stats marketers need to know for 2019. *Sproutsocial* (22.04.2019). Disponível em: <https://sproutsocial.com/insights/instagram-stats/>. Acesso em 28.06.2019.

2º Censo de Private Equity e Venture Capital. *ABDI & FGV* (2011). Disponível em: <https://bibliotecadigital.fgv.br/dspace/handle/10438/8419>. Acesso em: 03.04.2019.

2014 United States Report. *Global Entrepreneurship Report (GEM)*. Londres: 2015. Disponível em <https://fusionmx.babson.edu/__SP_T4/GEM%20USA%202014.pdf>. Acesso em 03.05.2019.

2017 Fintech100: Leading Global Fintech Innovators. *KPMG & H2 Ventures*. Disponível em: <https://s3-ap-southeast-2.amazonaws.com/h2vc/static/reports/innovators/2017/H2-Fintech-Innovators-2017.pdf>. Acesso em 20.03.2018.

Akerlof, George A. *The Market for "Lemons"*: quality uncertainty and the market mechanism. Quarterly Journal of Economics, Vol. 84, No. 3, Cambridge: agosto de 1970, pp. 488-500.

Albuquerque, Bruno Caraciolo Ferreira. *Responsabilidade Civil das Instituições Financeiras nas Ofertas Públicas de Valores Mobiliários*. Revista de Direito Bancário e do Mercado de Capitais, ano 15, vol. 57, julho-setembro. São Paulo: Revista dos Tribunais, 2012.

Alexy, Robert. *Teoria dos Direitos Fundamentais*. 5ª ed. alemã, traduzida por Virgílio Afonso da Silva. São Paulo: Malheiros Editora, 2008.

Almeida, José Gabriel Assis de. *A sociedade em conta de participação*. Rio de Janeiro: Forense, 1989

Apresentação Institucional. *Brasilpar* (2014). Disponível em: <http://www.brasilpar.com.br/waUpload/brasilpar-apres0013012014173428.pdf>. Acesso em: 03.04.2019.

Arake, Henrique. *Os Acordos ou Termos de Confidencialidade* (2009). Disponível em: <https://jus.com.br/artigos/13040/os-acordos-ou-termos-de-confidencialidade>. Acesso em: 12.01.2019.

Atlas dos pequenos negócios é lançado nos 50 anos do Sebrae. *Sebrae* (05.07.2022). Disponível em:

<https://www.sebrae.com.br/sites/PortalSebrae/sebrae50mais50/noticias/atlas-dos pequenos-negocios-e-lançado-nos-50-anos-do-sebrae>. Acesso em 09.06.2017.

BARROSO, Luís Roberto. *Curso de Direito Constitucional Contemporâneo:* os conceitos fundamentais e a construção do novo modelo. 5ª ed. São Paulo: Saraiva, 2015.

BENNIS, Warren; NAMUS, Burt. *Leaders:* the strategies of taking charge (2007). 2ª edição: Nova York: Harper Business, 1997.

BERNARDINO, Diogo. *Fundos de Venture Capital e Private Equity*: breve análise sobre sua evolução, características e importância. Revista de Direito Bancário e do Mercado de Capitais. ano 16, vol. 61, julho-setembro, São Paulo: Thomson Reuters Revista dos Tribunais, 2013, p. 45-77.

BONINI, Stefano; CAPIZZI, Vincenzo; VALLETTA. Mario; ZOCCHI, Paola. *Groups, Networks and the Business Angels' Investment Process*. Hoboken: Stevens Institute of Technology School of Business, 2016. Disponível em: <https://papers.ssrn.com/sol3/papers.cfm?abstract_id=2856478>. Acesso em 30.04.2017.

BORBA, José Edwaldo Tavares. *Direito Societário*. 14ª ed. São Paulo: Atlas, 2015.

BOTREL, Sérgio. *Fusões e Aquisições*. 2ª ed. São Paulo: Saraiva, 2013.

BOUCHOUX, Deborah E. *Protecting your Company's Intellectual Property:* a practical guide to trademarks, copyrights, patents & trade secrets. Nova York: Amacom, 2001.

BULGARELLI, Waldírio. *Manual das Sociedades Anônimas*. 12ª ed. São Paulo: Atlas, 2001.

CAMINHA, Lucas. *Efeito Kronos no Corporate Venture Bancário:* intensificação nos investimentos de bancos em fintechs estimula debate sobre aspectos regulatórios. Revista Capital Aberto (19.06.2019). Disponível em: <https://capitalaberto.com.br/secoes/ensaio/efeito-kronos-no-corporate-venture-bancario>. Acesso em 02.07.2019.

CAMINHA, Lucas. Inovação, Capital e Seed Gap: quem são os investidores anjos de acordo com o mercado e com a Lei Complementar nº 155? *Prêmio CFA Society Brazil de Inovação Financeira* (2017). Disponível em: <http://cfasociety.org.br/pdf/premio/MH2_Premio_CFA_Society_Brazil_2017.pdf>. Acesso em 01.07.2019.

CANOTILHO, José Joaquim Gomes. *Constituição Dirigente e Vinculação do Legislador*. 2ª ed. Coimbra: Coimbra Editora, 2001.

CAPIZZI, Vincenzo; BONINI, Stefano. *The Effects of Private Equity Investors on the Governance of Companies*. Hoboken: Stevens Institute of Technology School of Business, 2015. Disponível: <https://papers.ssrn.com/sol3/papers.cfm?abstract_id=2647219>. Acesso em 16.06.2017.

Cartilha do Investimento Coletivo: orientações a investidores e gestores. *Equity Crowdfunding* no Brasil hoje. *FGV Direito Rio*. Cadernos FGV Direito Rio, Série Clínicas, Educação e Direito, volume 06, Rio de Janeiro: FGV Direito Rio, 2016.

CHEMMANUR, Thomas J.; LOUTSKINA, Elena; TIAN, Xuan. *Corporate Venture Capital, Value Creation, and Innovation*. Boston, 2013. Disponível em: <https://www2.bc.edu/thomas-chemmanur/paper/CVC.pdf>. Acesso em 07.06.2018.

CHESNAIS, François; SAUVIAT, Catherine. *O financiamento da inovação no regime global de acumulação adotado pelo capital financeiro. In* LASTRES, H.; CASSIOLATO, J.; ARROIO; A., (coord.). Conhecimento, Sistemas de Inovação e Desenvolvimento. Rio de Janeiro: Editora UFRJ/Contraponto, 2005.

CHRISTOFIDIS, Constantin; DEBANDE, Olivier. *Financing Innovative Firms through Venture Capital*. Luxemburgo: European Investment Bank, 2001. Disponível em: <http://www.eib.org/attachments/pj/vencap.pdf>. Acesso em 08.06.2017.

COELHO, Gustavo Flausino; CAMINHA, Lucas. *Leão da Nemeia:* o 1º dos trabalhos do investidor anjo. Jota (11.09.2017). Disponível em: <https://www.jota.info/opiniao-e-analise/artigos/leao-da-nemeia-o-1o-dos-trabalhos-do-investidor-anjo-11092017>. Acesso em 09.07.2019.

COELHO, Gustavo Flausino; LAMARCA, Matheus Lamarca. *Equity crowdfunding in Brazil: a closer look at the recent regulatory development*. International Bar Association – Summer 2022 Corporate and M&A Law Committee eBulletin (21.07.2022). Disponível em: <https://www.ibanet.org/equity-crowdfunding-in-brazil>. Acesso em 25.09.2022.

Com R$ 1,2 trilhão captado, 'ofertas 476' completa dez anos. *Valor Econômico* (02.07.2019). Disponível em: <https://www.valor.com.br/financas/6327747/com-r-12-trilhao-captado-oferta-476-completa-10-anos>. Acesso em 10.07.2019.

Consolidação de Dados da Indústria de *Private Equity* e *Venture Capital* no Brasil – 2016. *KPMG & ABVCAP*. Disponível em: <http://www.abvcap.com.br/Download/Estudos/3484.pdf>. Acesso em 30.05.2017.

Consolidação de Dados da Indústria de *Private Equity* e *Venture Capital* no Brasil – 2021. *KPMG & ABVCAP*. Disponível em: <https://www.abvcap.com.br/Download/Estudos/5188.pdf>. Acesso em 24.09.2022.

Corporate Venture Capital (CVC). *Kauffman Foundation*. Kansas: Ewing Marion Kauffman Foundation, 2016. Disponível em: <http://www.kauffman.org/microsites/state-of-the-field/topics/finance/equity/corporate-venture-capital>. Acesso em 07.06.2017.

Crowdfunding de Investimento – Evolução do Mercado, *Comissão de Valores Mobiliários*. Disponível em: <https://www.gov.br/cvm/pt-br/assuntos/noticias/anexos/2022/20220427_estatisticas_de_crowdfunding_2021.pdf>. Acesso em 24.09.2022.

DELGADO, Maurício Godinho. *Curso de Direito do Trabalho*. 3ª ed. São Paulo: LTR, 2004.

IPO Shortcuts Put Burden on Investors to Identify Risk. *Wall Street*

Journal (07.02.2018). Disponível em: <https://www.wsj.com/articles/ipo-shortcuts-put-burden-on-investors-to-identify-risk-1517913000>. Acesso em 07.02.2018.

Doing Business 2020: measuring regulatory quality and efficiency. *World Bank*. Washington: 2020. Disponível em: < https://archive.doingbusiness.org/content/dam/doingBusiness/country/b/brazil/BRA.pdf>. Acesso em 23.09.2022.

Down to 1.4 and 17. *The Economist* (2014). Disponível em: <http://www.economist.com/news/finance-and-economics/21595942-cost-investing-alternative-assets-fallingslowly-down-14-and-17>. Acesso em 09.06.2017.

Effectiveness of tax incentives for venture capital and business angels to foster the investment of SMEs and start-ups: final report. *European Comission* (junho de 2017). Disponível em: <https://ec.europa.eu/taxation_customs/sites/taxation/files/final_report_2017_taxud_venture-capital_business-angels.pdf>. Acesso em 06.09.2018.

Eizirik, Nelson; Gaal, Ariádna; Parente, Flávia; Henriques, Marcus. *Mercado de Capitais:* regime jurídico. 3ª ed. Rio de Janeiro: Renovar, 2011.

Entrepreneurs anonymous. *The Economist* (2014). Disponível em: <http://www.economist.com/news/business/21618816-instead-romanticising-entrepreneurs-people-should-understand-how-hard-their-lives-can>. Acesso em 29.05.2017.

Entrevista de Antônio Delfim Netto. *Época Negócios* (14.05.2012). Disponível em: <http://epocanegocios.globo.com/Informacao/Visao/noticia/2012/12/delfim-netto.html>. Acesso em 18.06.2017.

Equity crowdfunding appears immune to market volatility, on track for its best year yet, TechCrunch, Rebecca Szkutak (03.07.2022). Disponível em: <https://techcrunch.com/2022/07/03/equity-crowdfunding-appears-immune-to-market-volatility-on-track-for-its-best-year-yet/>. Acesso em 24.09.2022.

Facebook buys Instagram for $1 billion. Smart arbitrage. *Forbes* (09.04.2012) Disponível em: <https://www.forbes.com/sites/bruceupbin/2012/04/09/facebook-buys-instagram-for-1-billion-wheres-the-revenue>. Acesso em 18.06.2017.

Faury, Thiago Pinheiro; Carvalho, Marly Monteiro. *Corporate venture capital:* geração e acompanhamento de oportunidades de investimento em empresas inovadoras. Produção, v. 23, n. 4, p. 735-750, outubro-dezembro, 2013.

Fernandes, Pedro Wehrs do Vale. *A Natureza Jurídica das Incubadoras e Aceleradoras e suas Relações Contratuais com as Startups*. Curitiba: XXV Congresso do CONPEDI, 2016. Disponível em: <http://www.conpedi.org.br/publicacoes/02q8agmu/86257626/Ap4fpW72VLabJQJh.pdf>. Acesso em 30.05.2017.

Fintech Mutual capta R$ 4 milhões em maior equity crowdfunding do Brasil. *Startse* (17.06.2019). Disponível em: <https://www.startse.com/noticia/startups/65789/fintech-mutual-capta-r-4-milhoes-em-maior-equity-crowdfunding-do-brasil>. Acesso em 01.07.2019.

Fixing the 'Brain Damage' caused by the I.P.O. Process. *NYTimes* (18.09.2017). Disponível em: <https://www.nytimes.com/2017/09/18/business/dealbook/ipo-chamath-palihapitiya.html>. Acesso em 29.01.2018.

FORGIONI, Paula Andrea. *A Evolução do Direito Comercial Brasileiro:* da mercancia ao mercado. São Paulo: Revista dos Tribunais, 2009.

Form F-1 Registration Statement Under the Securities Act Of 1933. *Netshoes (Cayman) Limited* (2017). Disponível em: <https://www.sec.gov/Archives/edgar/data/1562767/000119312517083940/d278032df1.htm>. Acesso em 04.06.2017.

FORTUNA, Eduardo. *Mercado Financeiro*: produtos e serviços. 20ª ed. São Paulo: Qualitymark, 2020.

FRANCE, Germany, Italy, Spain and the United Kingdom: building momentum in venture capital across Europe. *Bpifrance; British Business Bank; Cassa Depositi e Prestiti; Instituto de Credito Oficial; KfW* (2016). Disponível em: <https://www.kfw.de/PDF/Download-Center/Konzernthemen/Research/PDF-Dokumente-Studien-und-Materialien/Building-Momentum-in-Venture-Capital-across-Europe.pdf>. Acesso em 01.05.2018.

Game Changing Startups 2022. *CBInsights* (31.08.2022). Disponível em: <https://www.cbinsights.com/research/report/game-changing-startups-2022/>. Acesso em 23.09.2022.

GARTNER. John D. *The hypomanic edge:* the link between (a little) craziness and (a lot of) success in America. Nova York: Simon & Schuster, 2005.

GERDING, Erik F. *Bank Regulation and Securitization:* how the Law improved transmission lines between real estate and banking crises. Georgia Law Review, vol. 50:1. Athens, University of Georgia, 2015. Disponível em: <https://papers.ssrn.com/sol3/papers.cfm?abstract_id=2889796>. Acesso em 06.07.2019.

GIROTRA, Karan; NETESSINE, Serguei. *Why Large Companies Struggle with Business Model Inovation.* Cambridge: Harvard Business Review, 2013. Disponível em: <https://hbr.org/2013/09/why-large-companies-struggle-with-business-model-innovation>. Acesso em 23.01.2018.

GOMPERS, Paul A.; LERNER, Josh. *The Determinants of Corporate Venture Capital Success:* organizational structure, incentives and complementarities. *In* MORCH, Randall K. (coord.) Concentrated Corporate Ownership. Chicago: University of Chicago Press, 1998. Disponível em: <http://www.nber.org/chapters/c9004.pdf>. Acesso em 07.06.2017.

GODKE VEIGA, Marcelo; OIOLI, Erik. *As sociedades limitadas e o mercado de capitais, in* AZEVEDO, Luís André de Moura; CASTRO, Rodrigo Monteiro (Coord.). Sociedade Limitada Contemporânea. São Paulo: Quartier Latin, 2013.

GORNALL, Will; STREBULAEV, Ilya A. *The Economic Impact of Venture Capital:* evidence from public companies. Palo Alto: Stanford University Graduate School of Business, novembro de 2015. Disponível em <https://www.gsb.stanford.edu/faculty-research/working-papers/economic-impact-venture-capital-evidence-public-companies>. Acesso em 08.07.2019.

GRAU, Eros Roberto. *A Ordem Econômica na Constituição de 1988.* 17ª ed. São Paulo: Malheiros, 2015.

Guia de Investimento Anjo e Documentos legais. *Anjos do Brasil* (2016). Disponível em: <www.anjosdobrasil.net>. Acesso em 27.06.2019.

Guia de Investimento Anjo & Documentos Legais. Modelo de contrato de participação. *Anjos do Brasil* (05.04.2017). Disponível em: <www.anjosdobrasil.net>. Acesso em 29.06.2019.

Guia de Investimento Anjo & Documentos Legais. Modelo de mútuo conversível. *Anjos do Brasil* (27.05.2016). Disponível em: <www.anjosdobrasil.net>. Acesso em 27.06.2019.

HALL, Bronwyn; LERNER; Josh. *The Financing of R&D and Innovation, in* HALL, Bronwyn; ROSENBERG, Nathan (coord.). Elsevier Handbook of the Economics of Innovation. Amsterdã: Elsevier, 2010, p. 609-639.

VALENTE, Luciano. *Hélice Tríplice:* metáfora dos anos 90 descreve bem o mais sustentável modelo de sistema de inovação. Entrevista com Henry Etzkovitz. Revista Conhecimento & Inovação, vol. 6, n. 1. Campinas: Instituto Uniemp, 2010, p. 6-9.

HELLMAN, Thomas, THIELE, Veikko. *Friends or Foes? The Interrelationship between Angel and Venture Capital Markets.* Journal of Financial Economics. Amsterdã: Elsevier, março de 2015. Disponível em: <https://papers.ssrn.com/sol3/papers.cfm?abstract_id=2323553>. Acesso em: 27.03.2017.

Here's why Facebook's $1 billion Instagram acquisition was such a great deal. *Recode* (09.03.2017). Disponível em: <https://www.recode.net/2017/4/9/15235940/facebook-instagram-acquisition-anniversary>. Acesso em 18.06.2017.

HILL, Brian, Power, Dee. *Attracting Capital from Angels.* Nova York: John Wiley and Sons, 2002.

HODER, Frank; WAGNER, Michael; SGUERRA, Juliana; BERTOL, Gabriela. *Revolução Fintech*: como as inovações digitais estão impulsionando o financiamento às MPME na América Latina e Caribe. São Paulo: Oliver Wyman, 2016. Acesso em: <http://cdn.iic.org/sites/default/files/documents/pub/pt/cii_-_oliver_wyman_-_a_revolucao_fintech.pdf>. Acesso em 16.03.2018.

IFC Enterprise Finance Gap Database. *International Finance Corporation* (2018). Disponível em: <https://finances.worldbank.org/Other/IFC-Enterprise-Finance-Gap-Database-Raw-Data/2ppx-k958/data>. Acesso em 16.03.2018.

Inside VC: inBrazil Venture Capital. *ABVCAP* (2017). Disponível em: <http://www.abvcap.com.br/Download/Estudos/3700.pdf>. Acesso em 03.06.2017.

Investidor-anjo ganhou segurança jurídica para apostar em startups, diz Anjos do Brasil. *Revista Pequenas Empresas & Grandes Negócios* (31.10.2016). Disponível em: <https://revistapegn.globo.com/Startups/noticia/2016/10/investidor-anjo-ganhou-seguranca-juridica-para-apostar-em-startups-diz-anjos-do-brasil.html> Acesso em 12.07.2017.

Isenberg, Daniel. *The Road to Crowdfunding Hell.* Cambridge: Harvard Business Review, 2012. Disponível em: <https://hbr.org/2012/04/the-road-to-crowdfunding-hell>. Acesso em 23.01.2018.

James, Christopher. *RAROC Based Capital Budgeting and Performance Evaluation*: a case study of bank capital allocation. Wharton Financial Institution Center. Filadélfia, University of Pennsylvania, 1996. Disponível em: <https://papers.ssrn.com/sol3/papers.cfm?abstract_id=1000>. Acesso em 18.06.2019.

Jeng, Leslie; Wells, Philippe. *The determinants of venture capital funding*: evidence across countries. Journal of Corporate Finance, v.6. Amsterdã: Elsevier, 2000, p. 241-289.

Jensen, Michael. *Takeovers:* their causes and consequences. The Journal of Economic Perspectives, vol. 2, nº 1. Pittsburgh: American Economic Association, 1998, pp. 12-48. Disponível em: <http://ecsocman.hse.ru/data/822/126/1231/jensen_-_takeovers_1988.pdf>. Acesso em: 24.05.2017.

Kaplan, Steven; Strömberg, Per. *Financial Contracting Theory Meets the Real World:* an empirical analysis of venture capital contracts. Chicago: University of Chicago, Graduate School of Business, 2000. Disponível em: <https://papers.ssrn.com/sol3/papers.cfm?abstract_id=218175>. Acesso em 28.06.2019.

Kerr, William R. Lerner; Josh. Schoar, Antoinette. *The Consequences of Entrepreneurial Finance:* evidence from angel financings. Review of Financial Studies, 27ª ed., nº 1. Oxford: Oxford University, janeiro de 2014. Disponível em: <http://www.people.hbs.edu/wkerr/KLS-Angels-Oct2011.pdf>. Acesso em 22.03.2018.

Kirkpatrick, David. *The Facebook Effect.* Nova York: Simon & Schuster, 2010.

Klein, Sarah. *What is the Difference between an Incubator and an Accelerator?* (2015). Disponível em: <http://www.bizlawtoday.com/2015/06/what-is-the-difference-between-an-incubator-and-an-accelerator/>. Acesso em 30.05.2017.

Lameira, Valdir. *A Estrutura de Capital das Sociedades Anônimas.* Rio de Janeiro: Forense Universitária, 2001.

Lamy Filho, Alfredo; Pedreira, José Luiz Bulhões. *Título I:* conceito, objeto social e classes. *in* Lamy Filho, Alfredo; Pedreira, José Luiz Bulhões (coord.). Direito das Companhias. 2ª ed. Rio de Janeiro: Gen/Forense, 2017.

Latin American Economic Outlook 2013: SME policies for structural change. *OCDE*. Paris: OECD Publishing, 2012. Disponível em: <https://repositorio.cepal.org/bitstream/handle/11362/1464/S2012085_es.pdf>. Acesso em 16.03.2018.

Le Merle, Matthew; Le Merle; Louis. *Capturing the Expected Angel Returns of Angel Investors in Groups:* less in more – diversify (2015). Disponível em: <http://www.fifthera.com/s/2016-Fifth-Era-Less-in-more-Diversify.pdf>. Acesso em 02.04.2017.

Leavitt, Jeffrey M. *Burned Angels:* the coming wave of minority shareholder oppression claims in venture capital start-up companies. North Carolina Journal of Law & Technology, vol. 6, issue 2. Chapel Hill: University of North Carolina School of Law, 2005. Disponível em: <http://ncjolt.org/wp-content/uploads/2016/09/14_6NCJLTech2232004-2005.pdf>. Acesso em 31.05.2017.

Lerner, Josh. *Boulevard of Broken Dreams:* why public efforts to boost entrepreneurship and venture capital have failed – and what to do about it. Princeton: Princeton University Press, 2009.

Lerner, Josh. *Corporate Venturing*. Cambridge: Harvard Business Review, 2013. Disponível em: <https://hbr.org/2013/10/corporate-venturing>. Acesso em 07.06.2017.

Lerner, Josh; Schoar, Antoinette. *Rise of the Angel Investor*: challenge to public policy (2016). Disponível em: <http://www.thirdway.org/report/rise-of-the-angel-investor-a-challenge-to-public-policy>. Acesso em 01.06.2017.

Lerner, Josh; Schoar, Antoinette; Sokolinski, Stanislav; Wilson, Karen. *The Globalization of Angel Investments:* evidence across countries. Cambridge: Harvard Business School, 2016. Disponível em: <https://papers.ssrn.com/sol3/papers.cfm?abstract_id=2706546>. Acesso em 15.06.2019.

Levenfeld, Barry; Platt, Barak; Yigal, Arnon. *Israel.* Private Equity 2009, vol. 2, Venture Capital Handbook, 2009. Disponível em: <https://www.arnon.co.il/sites/default/files/files_from_old/25.%20Venture%20Capital%20in%20Israel%20_0.pdf>. Acesso em 06.09.2017.

Lewis, Davis; Harper-Anderson, Elvis; Molnar, Lawrence. *Incubating Success:* incubation Best Practices that lead to successful new ventures. Institute for Research on Labor, Employment, and the Economy. Ann Harbor: University of Michigan, 2011. Disponível em: <http://www.nist.gov/ineap/upload/Incubating-Success-Report.pdf>. Acesso em: 31.05.2017.

Lindsay, Noel. *Do business angels have an entrepreneurial orientation?* Venture Capital: An International Journal of Entrepreneurial Finance, vol. 6. Nova York: Routledge, 2004, p. 197-210.

Lobo, Alexandre; Potenza, Guilherme. *Investimentos Venture Capital e Private Equity: Considerações Práticas e Jurídicas. In* Botrel, Sergio. Barbosa, Henrique (coord.). Finanças Corporativas: Aspectos Jurídicos e Estratégicos. Rio de Janeiro: Gen Atlas, 2016, p. 267-316.

Lobo, Carlos Augusto. *Título XII:* coligação e grupamento de sociedades. *In* Lamy Filho, Alfredo; Pedreira, José Luiz Bulhões (coord.). Direito das Companhias. 2ª ed. Rio de Janeiro: Gen/Forense, 2017.

Lord, Hambleton; Mirabile, Christopher. *Fundamentals of Angel Investing.* Boston: CreateSpace Independent Publishing Platform, 2016.

Machado, Hugo de Brito. *Comentários ao Código Tributário Nacional.* 2ª ed. São Paulo: Atlas, 2009.

Mapeamento dos mecanismos de geração de Empreendimentos Inovadores no Brasil, Associação Nacional de Entidades Promotoras de Empreendimentos Inovadores (Anprotec); textos: Claudia Pavani... [et.al.]. – Brasília: Anprotec, 2019. 225p.: il. Disponível em: https://anprotec.org.br/site/wp-content/uploads/2019/09/Mapeamento_Empreendimentos_Inovadores.pdf. Acesso em 24.09.2022.

Masulis, Ronald W.; Nahata, Rajarishi. *Venture Capital Conflicts of Interest:* evidence from acquisitions of venture-backed firms. The Journal of Financial and Quantitative Analysis, vol. 46, nº 2. Cambridge: Cambridge University Press, abril de 2011, p. 395-430.

Mattos Filho, Ary Oswaldo. *Conceito de valor mobiliário.* Revista de Direito Mercantil, Industrial, Econômico e Financeiro, v. 24, nº 59. São Paulo: Revista dos Tribunais, julho de 1985.

McCahery, Joseph; Vermeulen, Erik. *Venture Capital 2.0:* from venturing to partnering. Research Paper Series 11/2016. Tilburg: Tilburg Law School Legal Studies, 2016. Disponível em: <http://ssrn.com/abstract=2773622>. Acesso em 11.06.2017.

Mckaskill, Tom. *An Introduction to Angel Investing.* Melbourne: Breakthrough Publications, 2009. Disponível em: <https://www.angelcapitalassociation.org/data/Documents/Resources/McKaskill-_Intro_to_Angel_Investing.pdf?rev=CF33>. Acesso em 09.05.2017.

Meirelles, Antonio Chagas. *A reforma bancária internacional e a estrutura do sistema bancário brasileiro.* Revista de Direito Bancário e do Mercado de Capitais, ano 14, vol. 51, janeiro-março. São Paulo: Revista dos Tribunais, 2011.

Micro e pequenas empresas geram 27% do PIB do Brasil. *Sebrae* (24.07.2014). Disponível em: <https://www.sebrae.com.br>. Acesso em 09.06.2017.

Mintzberg, Henry. *Strategy-Making in Three Modes.* California Management Review, vol. 16, nº 2. Thousand Oaks: SAGE Journals, 1973, p. 44-53. Disponível em: <http://journals.sagepub.com/doi/pdf/10.2307/41164491>. Acesso em 12.05.2017.

Modelo de contrato de mútuo conversível em participação societária. *SAFE*

Brasil, Portal Startup (2017). Disponível em: <https://baptistaluz.com.br/espacostartup/download/safe-brasil-mutuo-conversivel>. Acesso em 26.06.2019.

Morceiro, Paulo César. *Nova Classificação de Intensidade Tecnológica da OCDE e a Posição do Brasil.* Informações FIPE: Temas de Economia Aplicada, v. 461. São Paulo: FIPE, p. 8-13, 2019.

Morrissete, Stephen G. *A profile of Angel Investors.* The Journal of Private Equity, vol. 10, nº 3, Nova York: Institutional Investor Journal, 2007, p. 52-66.

Mosquera, Roberto Quiroga. *Os princípios informadores do direito do mercado financeiro e de capitais. In* Mosquera, Roberto Quiroga (coord.). Aspectos atuais do mercado financeiro e de capitais. São Paulo: Dialética, 1999.

Mosquera, Roberto Quiroga. *O regime jurídico-tributário das participações societárias*: ganho de capital, juros sobre o capital próprio e dividendos. *In* Mosquera, Roberto Quiroga (coord.). Direito Tributário e o Mercado Financeiro e de Capitais. São Paulo: Dialética, 2009.

Mota, Fernando de Andrade. *Registro de Distribuição Pública de Valores Mobiliários*: extensão da revisão pelo regulador. Revista de Direito Bancário e do Mercado de Capitais. Ano 18, vol. 69, julho-setembro. São Paulo: Revista dos Tribunais, 2015, p. 149-167.

Nanda, Ramana. *Entrepreneurial Finance*: artigo apresentado na conferência "*The Role of Entrepreneurship in Fostering Innovation and Growth*" organizada pela OCDE. Paris: OECD, 2010.

Nascimbeni, Asdrubal Franco. *A aplicação da teoria da desconsideração da personalidade jurídica às sociedades anônimas.* Revista de Direito Bancário e do Mercado de Capitais. Ano 16, vol. 61, julho-setembro. São Paulo: Thomson Reuters, 2013.

National Venture Capital Association Money Tree™ Report Q4 2018. *PwC.* Disponível em: <https://www.pwc.com/us/en/moneytree-report/moneytree-report-q4-2018.pdf>. Acesso em 15.06.2019.

Netshoes raises $148.5 million in IPO, expected to trade Wednesday. *Marketwatch* (12.04.2017). Disponível em: <https://www.marketwatch.com/story/netshoes-raises-1485-million-in-ipo-expected-to-trade-wednesday-2017-04-12>. Acesso em 04.06.2019.

Número de investidores em crowdfunding cresce 139% em um ano, *Comissão de Valores Mobiliários* (27.04.2022). Disponível em: <https://www.gov.br/cvm/pt-br/assuntos/noticias/numero-de-investidores-em-crowdfunding-cresce-139-em-um-ano>. Acesso em 24.09.2022.

NVCA 2017 Yearbook: the go-to resource on the venture ecosystem. *National Venture Capital Association* (2017). Disponível em: <http://nvca.org/blog/nvca-2017-yearbook-go-resource-venture-ecosystem/>. Acesso em 15.05.2019.

NVCA 2022 Yearbook. *National Venture Capital Association* (2022). Disponível em: <http://nvca.org/wp-content/uploads/2022/03/NVCA-2022-Yearbook-Final.pdf>. Acesso em 23.09.2022.

North, Douglass. *Institutions*. The Journal of Economic Perspectives, vol. 5, nº 1, The Journal of Economic Perspectives, vol. 2, nº 1. Pittsburgh: American Economic Association, inverno de 1991, p. 97-112. Disponível em: <http://kysq.org/docs/North_91_Institutions.pdf>. Acesso em 02.04.2018.

Nubank is now worth $4 billion after Tencent's $180 million investment. *Crunchbase* (17.10.2018). Disponível em: <https://techcrunch.com/2018/10/08/tencent-cash-values-nubank-at-4-billion/. Acesso em 17.06.2019.

Pesquisa CVM sobre novas tecnologias financeiras (Fintech). *CVM* (06.06.2017). Rio de Janeiro: 2017. Disponível em: <http://www.cvm.gov.br/export/sites/cvm/noticias/anexos/2017/20170606_relatorio_pesquisa_FINTECH.pdf>. Acesso em 06.06.2017.

O Crescimento do Investimento Anjo: pesquisa 2022 ano-base 2021. *Anjos do Brasil*. Disponível em: <www.anjosdobrasil.net>. Acesso em 24.09.2022.

O estímulo como ferramenta para o fomento do investimento em startups: o caso do investimento anjo, *Anjos do Brasil & Grant Thornton* (01.12.2017). Disponível em: <http://www.anjosdobrasil.net/uploads/7/9/5/6/7956863/estudo_sobre_estimulo_para_investimento_em_startups_-_anjos_do_brasil_e_grant_thornton.pdf>. Acesso em 09.07.2019.

O Investimento Anjo como Fomentador do Empreendedorismo. *Associação Educacional Dom Bosco* (AEBD). Rio de Janeiro: 2008. Disponível em: <http://www.aedb.br/seget/arquivos/artigos08/347_Artigo_SeGET._2008.pdf>. Acesso em 30.05.2017.

OECD Reviews of Innovation Policy: France 2014. *OCDE*. OECD Reviews of Innovation Policy. Paris: OECD Publishing, 2014. Disponível em: <https://www.oecd.org/publications/oecd-reviews-of-innovation-policy-france-2014-9789264214026-en.htm>. Acesso em 11.07.2019.

Oioli, Erik Frederico. *Anotações sobre o regime de aquisição do controle na Lei das S.A:* o caso das companhias de capital disperso. Revista de Direito das Sociedades e dos Valores Mobiliários. São Paulo: Almedina, 2015.

Oliver, M.; Marshall, E. *Company Law*. 1ª ed. Londres: Macdonald & Evans, 1991.

Observatório MPE, *Sebrae*. Disponível em: <https://bibliotecas.sebrae.com.br/chronus/ARQUIVOS_CHRONUS/bds/bds.nsf/a7deb2d85bb16a3e84960f06674b8c4f/$File/19816.pdf>. Acesso em 23.09.2022.

Osnabrugge, Mark, Robinson, Robert. *Angel Investing*: matching start-up funds with start-up companies. São Francisco: Jossey-Bass, 2000.

PAUWELS, Charlotte, CLARYSSE, Bart, WRIGHT, Mike, & VAN HOVE, Jonas. *Understanding a new generation incubation model:* the accelerator. *Technovation, 50,* outubro de 2015, p. 13-24. Disponível em: <https://www.researchgate.net/publication/283536940_Understanding_a_new_generation_incubation_model_The_accelerator>. Acesso em: 30.05.2017.

PAVIA, Eduardo Cherez. *Fundos de Investimento:* estrutura jurídica e agentes de mercado como proteção do investimento. São Paulo: Quartier Latin, 2016.

POLITIS, Diamanto. *Informal investors and value added:* what do we know and where do we go? Venture Capital: An International Journal of Entrepreneurial Finance, vol. 10, nº 2. Nova York: Routledge, abril de 2008, p. 127-147.

POSNER, Richard. *Values and Consequences:* an introduction to Economic Analysis of Law. Coase-Sandor Institute for Law & Economics, Working Paper nº 53, 1998.

PRADO, Viviane Muller; SALAMA, Bruno Meyerhof. *A Flexibilização da Responsabilidade Societária nos Direitos Privado, Trabalhista e Tributário:* uma panorâmica histórica. Revista da Procuradoria-Geral do Banco Central do Brasil, vol. 1, janeiro-fevereiro. Brasília: Banco Central, 2013, p. 137-180.

PRICE, Russ. *The Role of Service Providers in Establishing Networked Regional Business Accelerators in Utah.* Cambridge: International Journal of Technology Management, vol. 27, nº 5, 2004.

RAMOS, Pedro; PERRONI, Diogo; BAPTISTA LUZ, Felipe. *A regulação do Investimento-Anjo no Brasil*: comentários e perspectivas a respeito da Lei Complementar 155/2016 (2017). Disponível em: <https://baptistaluz.com.br/wp-content/uploads/2018/06/artigo-baptista-luz-pt-regulação-do-Investimento-anjo-no-Brasil.pdf>. Acesso em 28.04.2017.

RAMSINGHANI, Mahendra. *The Business of Venture Capital:* insights from leading practitioners on the art of raising a fund, deal structuring, value creation, and exit strategies. 2ª ed. Hoboken: John Wiley & Sons, 2014.

RAUPP, Fabiano Maury; Warken, Ricardo Muller. *Utilização da Due Diligence em Processos de Fusão e Aquisição* (2009). Disponível em: <http://www.atena.org.br/revista/ojs-2.2.3-08/index.php/pensarcontabil/article/view/4>. Acesso em 20.06.2017.

REGALADO, Antonio. *Google's Growing Patent Stockpile.* Cambridge: MIT Technology Review, novembro de 2013. Disponível em: <https://www.technologyreview.com/s/521946/googles-growing-patent-stockpile>. Acesso em 29.03.2018.

Relatório de Economia Bancária 2018. *Banco Central do Brasil* (28.05.2019). Disponível em: <https://www.bcb.gov.br/content/publicacoes/relatorioeconomiabancaria/reb_2018.pdf>. Acesso em 06.07.2019.

RIBEIRO, Leonardo. *O Modelo Brasileiro de Private Equity e Venture Capital.* São Paulo, 2005. Dissertação de mestrado. Programa de Pós-Graduação em Administração, Departamento de Administração, Faculdade de Economia, Administração e Contabilidade da Universidade de São Paulo. Disponível em: <http://www.teses.usp.br/teses/disponiveis/12/12139/tde-02042006-163402/pt-br.php>. Acesso em 03.04.2017.

Ries, Eric. *The Lean Start up*: how today's entrepreneurs use continuous innovation to create radically successful businesses. Nova York: Crown Publishing Group, 2011.

Rocha, Lenine. *O redirecionamento da execução fiscal para o sócio gerente cujo nome consta na certidão de dívida ativa:* uma análise do entendimento do STJ (2014). Disponível em: <http://revista.unicuritiba.edu.br/index.php/RevJur/article/view/1050/737>. Acesso em: 05.04.2017.

Rostowsky, Ian. *Venture capital investment in Israel*: market and regulatory overview (01.12.2015). Disponível em: <https://uk.practicallaw.thomsonreuters.com/5-561-9027>. Acesso em 06.09.2017.

Salama, Bruno Meyerhof. *O Fim da Responsabilidade Limitada no Brasil.* História, Direito e Economia. São Paulo: Malheiros, 2014.

Schafer, Dorothea. *How important is the venture capital industry? An assessment based on a comparison of the U.S. and the German financial systems* (2011). Disponível em: <http://www.aicgs.org/site/wp-content/uploads/2011/10/schaefer.pdf>. Acesso em 19.04.2017.

Schumpeter, Joseph. *Teoria do desenvolvimento econômico:* uma investigação sobre lucros, capital, crédito, juro e ciclo econômico (série "Os Economistas"). São Paulo: Abril Cultural, 1982.

Seedrs claims sucess for first secondary market sales. *Forbes* (16.06.2017). Disponível em: <https://www.forbes.com/sites/davidprosser/2017/06/16/seedrs-claims-success-for-first--secondary-market-sales>. Acesso em 19.01.2018.

Shane, Scott. *The Importance of Angel Investing in Financing the Growth of Entrepreneurial Ventures.* SBA Office of Advocacy (2008). Disponível em: <http://signallake.com/innovation/AngelInvestingSept08.pdf>. Acesso em 31.03.2017.

Shane, Scott. *What Explains Recent Trends in Angel Activity?* (2016). Disponível em: <https://smallbiztrends.com/2016/09/angel-investing--trends.html>. Acesso em 09.06.2017.

Shaw, Eric; Stock, Harley. *Behavioral Risk Indicators of Malicious Insider Theft of Intellectual Property:* misreading the writing on the wall. Symantec (2011). Disponível em: <http://www.symantec.com/content/en/us/about/media/pdfs/symc_malicious_insider_whitepaper_Dec_2011.pdf>. Acesso em 19.06.2017.

Smith, Adam. *Investigação sobre a natureza e as causas da riqueza das nações* (série "Os Economistas"), São Paulo: Abril Cultural, 1983. Disponível em: <https://edisciplinas.usp.br/mod/resource/view.php?id=648134>. Acesso em 17.06.2017.

SPINA, Cássio. *Investimento Anjo*: guia prático para empreendedores e investidores. São Paulo: Nversos, 2011.

SPINELLI, Luís Felipe; SCALZILLI, João Pedro; CORRADINI, Luiz Eduardo Malta; TELLECHEA, Rodrigo. *Contrato de investimento coletivo como modalidade de sociedade em conta de participação.* Revista de Direito Bancário e do Mercado de Capitais. Ano 16, vol. 61, julho-setembro. São Paulo: Thomson Reuters Revista dos Tribunais, 2013.

SULLIVAN, M., MILLER, A. *Applying Theory of Finance to Informal Risk Capital Research*: promise and problems. *In* CHURCHILL, Neil (coord.). Frontiers of Entrepreneurship 1990. Babson Park: Babson College, 1990.

TEODORO JUNIOR, Humberto. *Lei de Execução Fiscal:* comentários e jurisprudência. 8ª ed. São Paulo: Saraiva, 2002.

The 8 biggest startup acquisitions of 2017. *Inc.com* (20.12.2017). Disponível em: <https://www.inc.com/sonya-mann/big-startup-acquisitions-2017.html>. Acesso em 23.01.2018.

The Angel Investor Market in 2015: a buyers' market. *Center for Venture Research, 2016.* Disponível em: <https://paulcollege.unh.edu/sites/paulcollege.unh.edu/files/webform/Full%20Year%202015%20Analysis%20Report.pdf>. Acesso em 17.06.2017.

The Angel Investor Market in Q1Q2 2018: seeking stability in post seed investing. *Center for Venture Research,* 2019. Disponível em: <https://paulcollege.unh.edu/sites/default/files/resource/files/q1q2-2018-analysis-report.pdf>. Acesso em 19.06.2019.

The Angel Investor Market in 2021: metrics indicate strong market. *Center for Venture Research*, 2022. Disponível em: <https://paulcollege.unh.edu/sites/default/files/resource/files/fy_2021_analysis_report_final.pdf>.. Acesso em 25.09.2022.

The Employment and Investment Incentive (EII) – IT55 Relief for Investment in Corporate Trades. *Enterprise Ireland* (mai/2016). Disponível em: <https://www.enterprise-ireland.com/en/Invest-in-Emerging-Companies/Source-of-Private-Capital/Revenue-Employment-Incentive-and-Investment-Scheme.pdf>. Acesso em 06.09.2017.

The Global Venture Capital and Private Equity Country Attractiveness Index. *IESE Business School* (Instituto de Estudos Superiores da Empresa). Navarra: University of Navarra, 2021. Disponível em: <https://blog.iese.edu/vcpeindex/brazil/>. Acesso em 23.09.2022.

TIAN, Xuan; UDELL, Gregory F.; YU, Xiaoyun. *Disciplining Delegated Monitors:* evidence from venture capital. SSRN Electronic Journal. Bloomington: University of Indiana, 2011. Disponível em: <http://www.erim.eur.nl/fileadmin/erim_content/documents/paper_Gregory_Udell.pdf>. Acesso em 28.06.2019.

TIMMONS, Jeffry A., SPINELLI, Stephen. *New Venture Creation*: entrepreneurship for the 21st century. 6ª ed. Nova York: Irwin McGraw-Hill, 2004.

TORUN, Mustafa. *Business Accelerators and their Differences from Incubators*. Multincubadora – Universidade de Brasília. Working Paper. Brasília: CDT/UnB, 2018.

TOSTES, Vitor Sampaio. *Taxa de Performance em Fundos de Investimento regulados pela Instrução CVM nº 409/04*. Trabalho de Conclusão de Curso. Rio de Janeiro, de Direito da Pontifícia Universidade Católica do Rio de Janeiro. Disponível em: <https://www.maxwell.vrac.puc-rio.br/19420/19420.PDF>. Acesso em 30.01.2017.

VCs, Angels, Crowd Funds: who rules the Israeli investment landscape? *Nocamels* (23.06.2015). Disponível em: <http://nocamels.com/2015/06/investing-israel-startups-vcs-angels-funds/>. Acesso em 03.04.2017.

Venture capital is a hell of a drug. *Techcrunch* (2016). Disponível em: <https://techcrunch.com/2016/09/16/venture-capital-is-a-hell-of-a-drug/>. Acesso em 22.03.2018.

VICTORETTI, Thais. *A Regulação do Investimento-Anjo no Ordenamento Jurídico brasileiro:* reflexos da Lei Complementar nº 155/2016. Trabalho de conclusão de curso. Juiz de Fora: Universidade Federal de Juiz de Fora, 2017.

WALD, Arnoldo. *O futuro do direito bancário e a regulação*. Revista de Direito Bancário e do Mercado de Capitais. Ano 17, vol. 64, abril-junho. São Paulo: Thomson Reuters Revista dos Tribunais, 2014, p. 13-73.

WANG, Xinxin. *Catering Innovation*: entrepreneurship and the acquisition market. SSRN Electronic Journal. Berkeley: Haas University of Business, dezembro de 2015. Disponível em: <https://www.rhsmith.umd.edu/files/Documents/Departments/Finance/seminars-spring2016/wang.pdf>. Acesso em 29.01.2018.

WETZEL, William E. Jr. *Angels and Informal Risk Capital*. MIT Sloan Management Review, 24:4. Cambridge: Massachusetts Institute of Technology, 1987, p. 23-34.

Why Investors EVADE Non-Disclosure Agreements. *Jumpstart* (2011). Disponível em: <https://www.jumpstartinc.org/2011/12/09/why-investors-evade-non-disclosure/>. Acesso em: 30.04.2017.

Why selling a startup for $20 million can be better than selling it for $200 million. *Business Insider* (20.10.2014). Disponível em: <https://www.businessinsider.com.au/why-its-better-to-sell-a-startup-for-20-million-instead-of-200-million-2014-10>. Acesso em 11.07.2019.

WILLIAMSON, Oliver. *The Economic Institutions of Capitalism*. SSRN Electronic Journal. Londres: Free Press, 1985. Disponível em: <https://papers.ssrn.com/sol3/papers.cfm?abstract_id=1496720>. Acesso em 24.05.2017.

WILTBANK, Robert, & BOEKER, Warren. *Returns to angel investors in Groups*. Angel Capital Association & Kauffman Foundation (2007). Disponível em: <http://www.baylor.edu/busi-

ness/finance/doc.php/229628.pdf>. Acesso em 04.01.2017.

WILSON, Karen. *Policy Lessons from Financing Innovative Firms*. OECD Science, Technology and Industry Policy Papers, nº 24. Paris: OECD Publishing, 2015. Disponível em: <http://dx.doi.org/10.1787/5js03z8zrh9p-en>. Acesso em 19.04.2017.

WONG, Andrew; BHATIA, Mihir; FREEMAN, Zachary. *Angel finance*: the other venture capital. Wiley InterScience (2009). Disponível em: <https://qcconference.com/wp-content/themes/qcciir-v2.5/uploads/2012/ppf/papers/12-Wong_Bhatia_Freeman_Angel_Finance_The_Other_VC.pdf>. Acesso em 25.03.2017.

XAVIER, Mateus Eckert. *Segurança jurídica nas operações de Private Equity e Venture Capital*. Trabalho de conclusão de curso. Florianópolis: Universidade Federal de Santa Catarina, 2015. Disponível em: <https://repositorio.ufsc.br/handle/123456789/133935>. Acesso em 03.04.2017.

YANAKA, Guilherme M.; HOLLAND, Marcio. *Basiléia II e exigência de capital para risco de crédito dos bancos no Brasil* (2014). Disponível em: <http://basileiabrasil.com/wp-content/uploads/2014/08/Basileia_II_artigo_Holland_Yanaka.pdf>. Acesso em 26.05.2017.

YAZBEK, Otávio. *Regulação do Mercado Financeiro e de Capitais*. Rio de Janeiro: Elsevier, 2007.

YE, Huojie; ZHONG, Shuhua. *Business Accelerator Network*: a powerful generator of strategic emerging industries. Ontario: Ontario International Development Agency, 2009. Disponível em: <http://www.oidaijsd.com/Files/4-6-1.pdf>. Acesso em 31.05.2017.

ZIMMERMAN, Stephanie. *Secret's Out:* the ineffectiveness of current trade secret law structure and protection for global health. Penn State International Law Review, vol. 29, article 4. State College: Penn State Law, 2011. Disponível em: <http://elibrary.law.psu.edu/cgi/viewcontent.cgi?article=1201&context=psilr>. Acesso em: 31.05.2017.

ZIDER, Bob. *How Venture Capital Works*. Cambridge: Harvard Business Review, 1998. Disponível em: <https://hbr.org/1998/11/how-venture-capital-works>. Acesso em 08.06.2017.